大展好書　好書大展
品嘗好書　冠群可期

大展好書　好書大展

品嘗好書　冠群可期

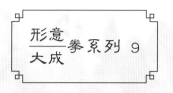

形意 拳系列 9
大成

戴氏心意拳
功理秘技

王毅 編著

大展出版社有限公司

自 序

　　戴氏心意拳是我國傳統優秀內家拳種之一。此拳法順從自然之道，遵天人合一之理，循渾圓、陰陽、三才、四象、五行、六合、七星、八卦、九宮、十方之規，攝自然生靈變度之法，熔佛、道、儒、醫、武等各家思想理論精華為一爐。其修煉講究形神兼備，內外兼修，曲直方圓，形隨意轉，以意導氣，以氣為歸，柔而不軟，剛而不折，鬆靜定慧，以靜制動，精煉丹田，剛柔相濟，是一門具有獨特導引養生功效和神妙莫測防身技擊功能的武學體系。

　　戴氏心意拳作為昭餘（祁縣古稱）文化的一顆璀璨明珠，曾經輝煌的歷史同晉商的發展緊緊相聯，對晉商的興盛起了很大的推動作用，使其成為行走天下的第一大商幫，至今留下「戴隆邦榮得皇馬褂」「戴二閭喊鏢過滄州」等美談。

　　山西省青年作家王進曾說，晉商如果沒有戴家拳的保駕護航，大約只能在本鄉本土做買賣，不會把生意做出娘子關；戴家拳如果沒有晉商的發跡，也只能在家裡鍛鍊鍛鍊身體。余深以此言為然。

　　戴氏心意拳獨特的技擊功能，對晉商發展起著推動的作用。但由於某些歷史原因，戴家拳多年來僅在本族直系中傳

授，有一條「秘不外傳，秘不示人」的家傳祖訓。

第四代傳人戴魁因無後，才打破了戴家秘不外傳的陳規。民國時期，戴魁於口外「穴點六十二」，於是戴氏心意拳才在山西、內蒙古兩地山西人開辦的商鋪中流傳。

祖師戴隆邦、二祖戴文熊創立並完善了戴氏心意拳之後，三百餘年間此拳名人輩出，為這門技藝的衍傳，奉獻了畢生的心血。但由於種種原因，時至今日，這門拳技才全部、完整、科學、系統地展示出來。

我作為一名愛好武學的後來人，潛心察訪、鑽研戴氏心意拳多年，精讀多種手抄本和墨本拳譜資料，聆聽了老拳師及老人們的口傳講解，查閱參考了許多有關書籍，先後深入祁縣的魯村、曉義、賈令、城內、溫曲等地，對王映海師父的師兄高陞禎、段錫福、馬二牛、岳蘊忠、趙萬躍、王步昌、田九元的嫡傳弟子及數十名傳承者進行了詳盡的採訪和反覆論證；還和恩師王映海一起前往太原拜見他的師兄任大華，並與任大華師伯多次交談，較詳細地瞭解了戴氏心意拳的概貌，對戴氏家族的衍變和戴氏心意拳拳技的傳承做了更為全面系統的歸納整理。

近些年，隨著文學、影視等媒體對戴氏心意拳的宣傳，特別是戴氏心意拳被列入國家級非物質文化遺產保護名錄，這一「秘不外傳，秘不示人」的拳種以其特有的身形步法、獨到的拳理以及嚴謹、實用、巧妙的特點得到了更多人的喜愛，也受到了武術界的重視。

基於能全面、系統記錄和論述戴氏心意原傳拳技的書籍還甚少，就每一種功法而言，熟知的人更少的狀況，為了保

持戴氏心意拳的完整性，亟需我們用文字、圖片和影像對此拳加以記錄。師父王映海曾經對我說，戴魁師爺講過這樣一句話：「戴家拳還沒有出祁縣。」就是指戴家拳有很多族傳的拳技還沒有完整、系統地廣泛流傳。為了讓更多的人瞭解戴氏心意拳，為了讓此拳發揚光大，深挖、細研、記錄戴氏心意拳的原傳拳技，形成一個完整傳承載體，則顯得十分必要。專門著書論述戴家拳技是前輩的心願，亦是我們晚輩的責任和義務。

徵得師父的同意，筆者對已有的資料進行了整理，師父口述，師兄王仲廉、王全福講解演示和撰寫資料，並在其他師兄弟陳振家、吳振德、郭瑾通、陳晉福、龐高鵬、劉恩斌、楊宗俊、喬俊海、史耀鵬、郭繼強、高錫善、高錫全、戴寶書、馬繼忠、李秀甯、段樹雄、張玉嶺、趙水根、穆金橋、段天林、郭子貴、梁鋒耀、許初寬、劉必耀、張立道、田汝文、恩師嫡孫王喜成、王喜忠等的幫助下，對戴氏心意拳的傳承、功理、功法進行了較為系統的歸納整理，並進行分析研究；特別是把多種手抄及墨本古拳譜、1984年祁縣挖掘整理的影像資料、恩師不同時期練功的影像資料以及近幾年來各種媒體刊登播放的有關戴氏心意拳的資料，對戴氏心意拳徒手拳的基本功、三拳、四把、五行、五種手法、十大形、七小形、七炮、五膀、閘勢、聯珠把、連環手、六合拳、咬扣等核心功法的修煉及其實戰技法做了較為詳細的闡述整理，遂定名為《戴氏心意拳功理秘技》。

出版此書是我多年的想法，也是王映海師父、任大華師伯及師兄們的心願。該書內容分拳源、拳譜、拳理、拳技四

大部分。

拳源介紹了戴家拳起源；拳譜收集整理了原汁原味的遺存拳譜；拳理部分整理、解讀了老拳師對此拳的闡釋；拳技部分對戴家拳原傳拳法做了系統的整理，特別是和啟蒙師戴寶書、師兄陳振家、郭瑾通把諸多原傳單式手法結合現今中國武術的競賽規則進行組編，形成了由易漸難的競賽套路。同時，為了使讀者能更好地目睹戴氏心意拳的真實風貌，本書匹配了老拳師的影片及照片以供參照。在內容講解上，力求通俗易懂，圖文並茂，使讀者讀文明法，觀圖有形，能達到自學自練的目的。

圖中所示的方位，以功照中人物身體之前、後、左、右標示動作軌跡。書中的一些功照，可能有不到位的地方，用文字加以詳細說明，以文字講解為準。每個章節的動作除了闡述運動軌跡外，還點明了要點和技擊內容。

此書既是初學者入門的好教材，也是武林同仁的參考書。由於作者水準有限，技藝尚淺，書中訛誤之處在所難免，如有不妥，希同仁斧正。

王 毅

目 錄

第一章

戴氏
心意拳拳源

　　戴氏心意拳，亦稱心意六合拳、心意拳、形意拳、意拳，是我國傳統武術寶庫中優秀的內家功法之一。2011年5月，戴氏心意拳被國務院列入國家級非物質文化遺產保護名錄。

　　據戴氏家譜記載，戴隆邦先公生於1713年，山西祁縣小韓村人，自幼天資聰穎，嗜好武術，青年時已武藝精湛，在當地頗有名氣。乾隆後期，他率兩個兒子戴文良、戴文熊在今河南省社旗縣開設了廣盛鏢局，以武會友，謙虛好學，廣交武術名流，博採眾長，經過十幾年的潛心研究，在繼承岳氏意拳基礎上運用易經道學之原理，創編了五行拳法和富含陰陽哲理的內功樁法，最終編創出了功法獨特的戴氏心意拳。

第一節　戴氏心意拳簡史

　　目前，心意拳在全球各地都有流傳，海外有日本、新加坡、巴西、義大利、英國、美國、澳洲等國家。國內主要在山西、河北、河南、江蘇、安徽、山東以及京、津、滬等省、市流傳。

姬際可開宗創派以來，歷經數百年、十餘代人傳承，已經形成了龐大的體系。在傳承過程中，因受時間、地域、文化、信仰、宗教、習俗等客觀和主觀因素的影響，逐漸形成了比較明晰的、具有廣泛代表的三大主流派：

一是以戴良棟、戴魁、戴鴻勳、王映海等為代表的山西戴氏心意拳傳系；

二是以李洛能、車毅齋等為代表的河北、山西太谷形意拳傳系；

三是河南心意拳傳系。

在心（形）意拳界有北派、南派之別和「北有戴隆邦、南有馬學禮」之說。在山西有祁縣戴氏心意拳及太原、榆次、太谷等形意拳之分。

在山西晉中一帶的傳承體系主要是以戴良棟、戴魁、戴鴻勳、王映海等為代表的祁縣戴氏心意拳；以李廣亨等為代表的榆次心意拳傳系；以車毅齋、宋世榮、吳連福、吳殿科等為代表的太谷形意拳傳系。

這三大傳承體系，雖然在拳學理論體系上沒有太多的本質區別，但祁縣戴氏心意拳在歷史上受戴氏家族「只傳戴姓，不傳外家」的家訓影響和制約，保持了較為原始古樸的拳術風貌。

關於心意拳之創立

關於心意拳之創立，據傳有三說：一曰「心意拳為印度高僧達摩所創」；二曰「心意拳為岳飛所創」；三曰「心意拳為姬際可始創」。

一曰「心意拳為印度高僧達摩所創」

據近年來武術史學家考證，達摩死後，始有其傳播武技之說，後來，又有了關於其創立心意拳的傳說。而考心意諸古譜，如《姬際可自述》、王子誠《拳論質疑序》、曹繼武《拳論‧十法摘要》、戴隆邦《六合拳序》、祁縣《戴良棟拳譜抄本》等墨本，都無片言隻字提及達摩創心意拳之事。

可知達摩創立心意拳之說，不過是托神名以示拳貴，使之易於傳播而已。

二曰「心意拳為岳飛所創」

此說最早見於文字的是曹繼武的《十法摘要》。曹氏云：「惟此六合拳者則出自宋朝岳武穆王。嗣後金元明數代，鮮有其技，至明末清初有蒲東諸馮姬隆風先生……遍訪名師，至終南山，得岳武穆王拳經。」

戴隆邦承其師曹繼武之說，於乾隆十五年（1750年）為「六合拳」作序云：「岳飛當童子時，受業於周侗師，精通槍法，以槍為拳，立法以教將佐，名曰意拳，神妙莫測，蓋從古未有之技也。」以後，便有了「心意十形為岳飛被困牛頭山時所創」之說。此說雖無確切史料佐證，但順應了民間對異族統治的不滿和敬仰民族英雄岳飛的心理，對心意拳的廣泛傳播起到很大的作用。

三曰「心意拳為姬際可始創」

明代是武藝集大成的大發展時期，到了明末，已出現了「內家」與「外家」之說。

明末清初，山西永濟尊村人姬際可（1604—1689

年），訪名師於陝西終南山，遇異人指教，授予《岳武穆拳譜》，朝夕研練，盡得其妙。因此拳係按「意由心生，心之發動曰意，意之所向皆為拳」立拳，故有心意拳之稱。又因此拳講究六合，即「心與意合，意與氣合，氣與力合」為內三合，「肩與胯合，肘與膝合，手與足合」為外三合，合者即一動而全身內外上下配合嚴謹，於是又有心意六合拳之稱。

姬際可創拳立法，亦托之岳飛，以示拳貴，並宣揚終南山得岳武穆《六合拳經》這一托詞。

「心意」一拳確為姬際可始創，並由其命名。《姬際可自述》云：「老朽感焉，悉心研習其精義，十易寒暑，會其理於一本，通其形於萬殊，以六合為法，十形為拳，以心之發動曰意，意之所向為拳，名曰心意六合拳。」他承襲了中國古代武學的傳統和眾多拳經之精華，諸如陰陽、五行、六合等原理，參照元代太原人白玉峰在少林寺創編的龍、虎、豹、蛇、鶴等五拳，並根據對某些飛禽走獸的細緻觀察與技擊要道創編了象形拳。

姬際可完成了對心意拳的整理研究。其後，姬際可離開終南山東行，開始了尋訪傳人的行程。在秋浦，姬際可遇到曹繼武，經過12年的精心調教，將曹繼武培養成優秀的後繼傳人。

這段歷史在乾隆十五年（1750年）戴隆邦所著的《六合拳序》中記載為：「姬公名際可，字龍峰，明末清初生於蒲東諸馮，在終南山探訪名師過程中因機緣巧合獲岳武穆王拳經，後傳授於吾師曹繼武，吾師曹繼武生於秋

浦……」

後曹繼武於池州授業於山西祁縣人戴隆邦。乾隆十五年（1750年），戴隆邦從師命返晉，在歸途中專程探訪曹繼武的弟子河南洛陽馬學禮，並在師兄馬學禮的書房中著成《心意六合拳序》。戴隆邦在池州拜師時，曹自稱為「南山鄭氏」，並將《拳論·十法摘要》以及《姬際可自述》等重要文獻贈予他。

藝成後，戴隆邦奉師命回歸山西時，曹繼武始將真實姓名告之。由於師祖姬際可及師父曹繼武諸多不便明言的坎坷經歷，加之雍正五年（1727年）清廷下令禁武，戴隆邦返歸故里後，即將心意拳禁錮，只傳子、侄及內親，不再外傳。嘉慶七年（1802年），戴隆邦終前留遺囑給戴文熊，「心意拳不得外傳」，始有「戴氏家拳」「戴氏祖傳心意拳」之說。

道光十六年（1836年），直隸深州（今河北深州市）人李洛能（老農）聞戴二閭大名，千里迢迢到山西祁縣小韓村學習戴家心意拳術，多次登門求教遭拒，但始終心誠意堅。二閭感其誠，遵母命於道光十九年（1839年）正式收其為徒，傳授心意拳術。

光緒二十一年（1895年），李廣亨作《心意精義》墨本記載了這一史事。

民國十四年（1925年），李老農的第二、第三代傳人集資樹立的《車君毅齋紀念碑記》中述及這一史事時，云：「戴氏小字二閭，則祁人也。戴氏祖傳心意拳……外傳李老農。」

民國二十四年（1935 年），戴二閭第二代傳人祁縣高降衡作的《形意拳基本行功秘法》（墨本）及《戴良棟拳譜抄本》（墨本）中也都有戴二閭傳李老農的記載。戴文熊收李老農為徒，開創了戴氏心意拳外傳的歷史。

關於戴家拳之衍傳

戴氏心意拳承襲淵源之一：

據傳心意拳創始於岳飛，岳飛得技於周侗，周侗學於道家隱士。南宋時期，岳飛、牛皋在訓練部下時編創了採用十種動物之形象與技能，曲盡其義而熟練運用，以達自衛攻擊之效的「十形象」練法。

岳飛遇害後，此拳術便由其弟子秘密地傳習下來，還將此拳稱為「岳家拳」，歷經金元明各朝，岳飛傳下的此拳鮮為人知，幾近湮沒。

明末清初，山西永濟尊村人姬際可，訪名師於陝西終南山，遇異人指教，授予《岳武穆拳譜》朝夕研練，盡得其妙。其後，姬際可離開終南山東行，在秋浦，遇到了曹繼武接承其技，曹繼武再傳戴隆邦。戴隆邦返鄉後嚴格限制心意拳的傳承，規定只有親族方能傳授。

戴氏心意拳承襲淵源之二：

宋末年間，牛皋之孫牛慶將心意拳法授於祁縣戴伯苗，從此心意拳在戴氏家族傳習十數代。

據戴氏老譜記載：戴公名芝，字伯苗，幼年酷愛武術，成年貿易於東京，與牛慶為友，經牛慶介紹於焦鵬，戴芝便拜焦、牛二人為師，習練心意拳。後又回鄉，閉門

練拳數載，戴氏伯苗壽長九十八，技藝大成，僅傳戴環、戴玖。從此，心意拳便成為戴氏歷代家傳之密，直至清道光年間，始由戴隆邦展現於世。

據古拳譜記載，明朝萬曆年間，牛皋的後裔牛慶離秦赴豫，在河南開封結識了貿易於東京的戴伯苗，伯苗以武交友，以商養武，從牛慶與焦鵬手中學到岳飛所創之意拳，同時戚繼光之好友唐荊川還授予他槍法。伯苗得其意拳之後，傳於族人明代進士戴運昌，戴運昌再傳次子戴廷栻，廷栻傳於族侄戴環、戴玖，戴環、戴玖兄弟傳於聰穎絕頂的戴隆邦。

就在家傳意拳之際，得到姬隆風岳氏意拳。曹繼武於池州將所學之意拳傳於戴隆邦。戴隆邦離晉赴豫在河南佘旗鎮（今社旗縣）開設廣盛鏢局，以鏢護商，以武交友，與曹繼武先生傳授古心意拳、傅山先生傳授的內功心法、山東金世魁螳螂拳以及牛皋的後裔牛希賢的岳氏意拳，同時又將先祖戴伯苗沿傳下來的武當導引功——渾元樁（即蹲猴勢），定型為戴氏心意拳的樁功，形成了有起有落、有吞有吐、有斜有正、有橫有順，與其他拳種風格迥然不同的拳種。

戴隆邦在改進、提高拳技的同時，又新創了充盈五行相生相剋之理的五行拳法（劈崩鑽炮橫），此拳處處孕育陰陽哲理，勢勢反映生剋衍變。戴隆邦又與其子戴文熊結合家傳武學，經過二十餘年的苦心研究，博採眾武道之長，融眾武道之要，遵「天人合一」之理，攝自然生靈之長和天干、地支之數，汲取傅山先生道家吐納、導引養生

之精華，對姬氏原傳心意六合拳進行了進一步的改革和完善。

戴氏父子還將其進行歸類，稱修養內功心法的部分為悟心拳，簡稱心拳；稱其修明法則，直達要領的練習部分為會意拳，簡稱意拳；稱其模仿動物特點的部分為形意拳。終於獨創了風行全國的戴氏心意拳。

雖然戴隆邦威名遠揚，但在開辦廣盛鏢局過程中，誤保「商鏢」得罪匪寇，以致後來血染戴家，此拳再不外傳。戴氏心意拳在戴隆邦晚年時被整理成譜，拳法傳其長子戴文良（大閭）、次子戴文熊（二閭）、妻侄（有證為女婿）郭維漢。其後戴文熊傳戴良棟，戴良棟傳子戴魁、侄戴鴻勳。

戴氏心意拳經百餘年相傳，僅在本族直系中傳授，以致形成「自古心意無雙傳」的家訓，相傳「只知戴家拳打人，不見戴家人練拳」。

戴氏心意拳傳至戴魁時，其心意拳技爐火純青。他在歸化有了「穴點六十二」事件，使戴家拳再現異彩，從而使戴氏心意拳族傳拳技在近八十年才又為世人所重視。

第二節　戴氏心意拳之發展

戴氏心意拳內容豐富，博採眾長，融佛道儒醫易武等各家思想理論精華於一爐，是一門科學的內外兼修之武學體系，為三大內家拳之一的形意拳之鼻祖。

現今，戴氏心意拳已分三支：一支為戴魁及其弟子王

映海、高陞禎、馬二牛、岳蘊忠、段習福、王步昌、田九元、程連風等所傳；另一支為戴鴻勳及女戴桂蘭、徒段仙所傳；還有一支為郭維漢（隆邦妻侄或女婿）及再傳弟子郭和、范甲元等所傳。

20世紀20年代至1949年，戴良棟一系戴魁傳王映海、高陞禎、馬二牛、岳蘊忠、段錫福、田九元、王步昌等；戴鴻勳傳段仙等一支已達五世。新中國成立後（1949年），傳人解放思想，開始傳藝，特別是20世紀80年代後此藝傳播更加開放，戴氏心意拳在山西祁縣已傳至第七代、第八代。

第六代門人弟子開設的戴氏心意拳協會、武館，弟子學員已遍及全國及海內外。

也就是說，由戴魁、戴鴻勳二支傳人在祁縣也形成了在基本功的習練方法、內勁的形成、功架的展現、技擊的要求等方面各自的風格特點，在各種媒體上都可以看到有戴魁一支魯村高陞禎一系，其代表人物為其五子高錫全、外甥馬繼忠功法演示；賈令岳蘊忠一系，其代表人物為其子岳建祖、徒郭瑾剛等功法演示；曉義田九元一系，其代表人物為其子田汝文等功法演示；城內段錫福一系，其代表人物為其徒段天林、戴寶書等功法演示；溫曲馬二牛一系，其代表人物為其徒史小東等功法演示；北堡王映海、王步昌一系，其代表人物為王映海嫡孫王喜成、王喜忠，徒王毅、陳振家、郭瑾通、陳晉福、王太晨、梁曉峰等功法演示；王步昌子王映貴（根元）、徒郭子貴、張立道等功法演示；戴鴻勳一支西關段仙一系，其代表人物為其子

段樹祺、徒穆金橋等功法演示。

　　然而不應諱言的是，出於客觀歷史原因，目前戴氏心意拳的傳承仍有過於保守之弊，核心的戴家拳至今仍傳播不廣，僅限祁縣一地。

　　如何保持先師拳貌並發揚光大戴氏心意拳，是我輩傳人面臨的一項重大的任務。

第二章

戴氏
心意拳拳譜

第一節　六合拳序

六合拳序之一

　　天下之治道有二：曰德曰威；天下之學術有二：曰文曰武。然武之所重者，技藝也。況國家講禮有法，蒐苗獮狩，各有其時，豈徒事為虛文也哉！故武之技藝，不可不親歷其事，而其間精微奧妙，更有不容率意妄陳者。余嘗擬著為論，公諸同好，特恐語言不精，反誤後世。此心耿耿，曷其有極？

　　茲見岳武穆王拳譜，意既純粹，語亦明暢，急錄之，以志余愛慕之情。云：王諱飛，字鵬舉，河南湯陰人也。王父早卒，侍母最孝。少負節氣，家貧力學，尤好《左氏春秋》《孫子兵法》，有神力，能挽弓三百斤、弩八石。其優於將略，有大將才，剛毅多謀，智勇絕倫超群。當時名將無匹及。及長，應募於東京。留守宗澤與談兵曰：「如將軍者，方可與言孫武、姜尚。」此後屢立戰功，遂成大將，善以少擊眾，嘗自率八百騎破王善等五十萬眾於南熏門，八千人破曹成十餘萬眾於桂嶺。其戰兀術於穎

昌，則背嵬八百騎。大破金兵於朱仙鎮，只精銳五百人。
凡有所舉，必謀定而後戰，故有勝而無敗。

猝遇敵而不動，故敵為之語曰：「撼山易，撼岳家軍
難！」張俊嘗問用兵之術於王，王曰：「仁、信、智、
勇、嚴，缺一不可。」平生好賢禮士，博覽經史，雅歌投
壺，恂恂然如書生。每戰勝，必辭功，曰：「將士效力，
飛何功之有？」而忠憤激烈，議論持正，不附奸佞，卒以
此得禍，余為宋深惜之。

當童子時，受業於名師，精通槍法，以槍為拳，立一
法以教將佐，名曰意拳，神妙莫測，蓋從古至今未有之技
也。王以後，金、元、明數代，鮮有其技。獨吾姬公，名
際可，字隆風，生於明末清初，為蒲東諸馮人氏。訪名師
於終南山，得遇異人，以岳武穆王拳譜傳授，揣練數載，
盡悟其妙，後將其術授予余師曹繼武先生於秋浦。時人不
知其勇，先生習武十有二載，技勇方成。康熙癸酉科，聯
捷三元，欽命為陝西靖遠總鎮大都督，致仕歸籍。余遊至
池州，先生以此拳授余，余學之十易寒暑，先生甚喜曰：
「子武勇成矣。」余回晉，經洛陽，遇學禮馬公，談藝甚
洽，囑余為序。余不善文，焉能為序？但見世有勇敢之
士，未嘗無兼人之力，及觀其藝，再叩其學，手不應心，
語不合道者，何也？不得個中真傳故也。所謂真傳者，名
雖曰武，其實貴和。和者，智與勇順，成自然之謂也。

豈今世捉拿鈎打，分閉閃展，逞其跳躍，悅人耳目者
可比。有其論，古今英勇之氣，剛正之概，威武嬌嬌不群
者，盡為所失，而與作戲之輩，夫相同也。而論此藝，其

大要不外陰陽、五行、動靜、起落、進退、虛實，而其妙
又須六合。六合者，肩與胯合，肘與膝合，手與足合，心
與意合，意與氣合，氣與力合。苟能日就月將，智無不
周，勇無不勝。得乎知之理，會乎知之情，自然知之乎
精。自然能去能就，能弱能強，能進能退，能柔能剛，不
動如山岳，難知如陰陽；無窮如天地，充足如太倉；浩渺

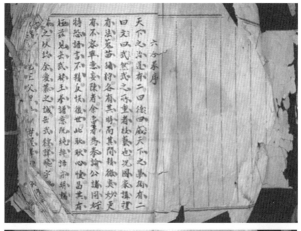

六合拳序之一藏本原貌

如四海，眩曜如三光。以此視近世演武者，異乎？不異乎？同乎？不同乎？學者不可不詳辨之，是為序。

時在乾隆十五年（1750 年），歲次庚午荷月，山西昭餘戴隆邦書於河南洛陽馬公書屋。

六合拳序之二

予於拳術，非曰能之，願學也。蓋因拳術為中華之國粹，且為體育之正徑，故不可訊然置之。至予於拳術，不寧唯是，兼有二意在也。一則借雞鳴之舞，以消胸中忿鬱之氣；一則乘養晦之時，藏器於身，待機而動耳。況中國重文輕武之習相沿已久，今欲移風易俗，非士大夫著手不為功。誠以風動草偃，上有好者，下必有甚焉者也。此予所以不畏人訾議，而敢於自議者，值是故耳，是為序。孟子曰：「矢人豈不仁於函人哉！」其意在勸人，慎乎擇術，學說亦然，拳術之學說，為殺人之學說。若將此學說傳播於世，大傷天地太和之氣，促人群者紛爭，此予所以不欲將此書付梓之故也。介子推有言云：「言，身之文也，身將隱，焉用文之，是求顯也。」格言：家資千萬，不如薄藝在身。

武術流派雖多，但大約都由「外家」「內家」兩派輾轉脫化而出。外家稱太祖拳法，謂趙匡胤始創，或云神授，並神其術，實無可考。根據記傳，還以少林寺僧為可信（在河南省嵩山一帶），因其代有嫡傳，此派專講先發制人，以動襲敵，主於跳躍奮搏，其弊在一束字，往往氣力先疲竭時，為人所乘，以剛為勝，終歸挫折。

　　內家拳始宋朝道士張三豐，修調息，呼吸靜動，專講斂神息照，以靜制動，主於禦敵，不取攻勢，非困危當前而不發，一發而敵立敗。因係以柔為用，自己先立於不敗之地。功力深至，更不以縱躍為能，因勢赴敵，行所無事，一舉一動之間，往往致人死命。並善講穴道，拳無虛發，穴分木穴、暈穴、啞穴、死穴，一指戳去，無不立應。最要之法還有敬、緊、徑、勤、切五字，並非技術，都為兵家的仁、信、智、勇、嚴，非以為用，都以神其用。

六合拳序之三

　　人莫不有拳，而能顯其用者則鮮。蓋因有拳而無心意，則拳無法術，其功不著，雖有亦等於無耳。誠以心意者，一本者也，拳術者，萬殊者也。以一本心意之靈，方生萬殊拳術之妙，且宇宙之事業，皆成於心意。事業亦然，何況拳術？此心意之所以見重於拳術，而不可失（缺）者也。至拳術之重視六合者，又何也？蓋有心與意、意與氣、氣與力之內三合；手與足、肘與膝，肩與胯之外三合，則內自印合，外自整飾，達到內印外整之境，則渾元一體，無懈可擊矣。苟六合者不合，則外無整形，內無印合，無整無印，勢同散沙，不敗猶幸，安望勝敵？此六合之見重於拳術者也。學拳者，果能心意靈通，六合印整，而曰藝不成者，吾不信也。

六合拳序之四

　　拳者，保生、保身，盡年之道也，亦自衛之術，擊敵

之法也。然而必須明其本末，自衛是目的，打人乃手段。首先是自衛，其次才是打人，被迫而打人，完全是為了自衛。立足於此，循法熟練，持之以恆，必臻妙境。

身為人生之本。凡人為一切勞動、學習、思考、成功、立業、幸福、長壽等莫不有賴於一軀筋骨堅實、精力充沛、氣魄渾厚之健康體質。成大事者為此，建小業者仍為此，即使一個但求生活愉快的平凡人，又何嘗不是為此。故人人皆歡，而仍應該養護身體。

然而，攝生之道各別，調養之法有異。有以滋補藥物調攝者，有以營養食物將養者。另一種則以運動鍛鍊為攝護。歷來經驗證明，藥物久用使人虛弱，但憑豐食使人孱柔，唯有根據不同年齡進行適當的運動鍛鍊，才能使氣血暢通，經絡舒活，骨肉堅實，氣壯力勇，精力充沛，魂魄靈厚。而拳術就是運動鍛鍊之一，也是使大腦安靜、全身皆動、內外雙修、全面鍛鍊的最佳方法。

人何以病？一是外來之侵襲感染，二是內在氣血因故失調，即使是前者，仍多屬引發後者而致疾。如果氣血暢通，人就沒有不舒服的感覺，也就無病可言。運動鍛鍊就是促進氣血的循環，並保持其暢通平衡。所以，對人的機體來說，藥物僅起局部性生剋作用，食物起著能源作用，而運動鍛鍊則對全部機體起著潤滑作用。當然潤滑沒有能源來得重要，但如果沒有潤滑油，能源的作用和價值，也會因而降低或喪失。以拳術中的「點穴」為例，穴為經脈筋骨之關竅，乃氣血通過之要隘，點穴就是梗塞這些關口，使氣血受阻而不得通行。猶如在一部機器的縫隙間，

投進一枚釘子，輕則失靈停頓，重則殘損或全毀，似此能源再足，抑有何用？

第二節　岳武穆九要論

器，上而通乎道；技，精而入乎神。惟得天下之至正，秉天下之真精者，乃能窮神入妙，察微而闡幽。心意之用，器也，技也；心意之體，道也，神也。器技常人可習，而至神道，大聖獨得而明。

岳武穆精忠報國，至正至剛，其浩然之氣，誠沛然充塞於天地之間，故心意之精，非武穆不能道其詳。然拳譜散失，不可得而見，而豪芒流落，只此九要論而已。吾儕服膺心意，得以稍涉藩圍，獨賴此耳。此論共九篇，理要而意精，詞詳而論辯。學者有志，朝夕漸摹，而一芥之細，可以參天，濫觴之流，泛為江海。九論雖約，未始不可通微，合莫造室拜堂也。

氣

散之必有其統，分之必有其合。故天壤間，眾類群傳，紛紛者各有所屬。千匯萬品，攘攘者，自有其淵。蓋一本可散萬殊，而萬殊或歸一本，乃事有必然者。且武事之論，亦甚榮美，要之說變奇化，無往非勢，既無往非氣，勢雖不類，而氣歸於一。

夫所謂一者也，從首至足，內之有五臟筋骨，外之有肌肉皮膚。五官百骸，連屬膠聚，而一貫者也，擊之不

離，牽之不散；上思動而下為隨，下思動而上為領。上下動而中節攻，中節動而上下和。內外相連，前後相需，所謂一貫，乃斯之謂而要，非強致襲為也。

適時為靜，寂然湛然。居其所向，穩如山岳。直時為動，如雷崩出也。忽而疾如閃電，且宜無不靜，表裡上下，全無參差牽掛之累。宜無不動，左右前後蓋無遁信猶豫之部。洶若水之就下，沛然莫禦；炮之內發，疾不掩耳。無勞審度，無煩酌辯。不期然而然，莫之致而致，是豈無故而云，然乃氣以日積而見益，功以久練而方成。

揆聖門一貫之傳，必俟多聞強識之後，豁然之境，不廢鑽仰前後之功，故事無難易，功惟自盡。不可等躐，不可急遽。歷階以升，循序而進，而後官骸肢節自能貫通，上下表裡不難連結，庶乎散者統之，分者合之，四體百骸，終歸一氣而已。

陰 陽

論拳而必兼論氣。夫氣主於一，實分為二，所謂二者即呼吸也。呼吸即陰陽也，陰陽即清濁也。拳不能無動靜，氣不能無呼吸。吸則陰，呼則陽。靜者陰，動者陽。上升為陽，下降為陰。蓋陽氣上升而為陽，陽氣下降而為陰；陰氣下降為陰，陰氣上升為陽，此陰陽之分也。

何謂清濁？升而上者為清，降而下者為濁，清氣上升，濁氣下降。清者為陽，濁者為陰。要知陽以滋陰，陰以滋陽，統言為氣，分言為陰陽。氣不能無陰陽，即人不能無動靜，口不能無呼吸，鼻不能無出入，乃對待循環者

然，則氣分為二，實主於一。學貴神通，慎勿謬執。

三　節

夫氣本諸身，而身之節無定處。三節者，上、中、下也。按吾人之三節，頭為上節，身為中節，腿為下節。

然分而言之，三節之中又各有三節，如頭之三節則天庭為上節，鼻為中節，海底為下節。身之三節，則胸為上節，腹為中節，丹田為下節。腿之三節，則足為上節，膝為中節，胯為下節，又，肱為梢節，腰腹為中節，腿腳為根節。三節之內又有三節，如肱之三節，則手為梢節，肘為中節，肩為根節，此梢節之三節也。肩為梢節，腹為中節，胯為根節，此中節之三節也。足為梢節，膝為中節，胯為根節，此根節之三節也（表2-1）。

至三節之妙用，不外起隨追而已。梢節起，中節隨，根節追。所謂追隨者何也？蓋因吾人之力，發於根而始出於梢，即由根節漸次催至梢節是也。催即隨而不滯，追而直進之意。故手之力，肩催肘，肘催手。足之力，胯催膝，膝催腳。肩之力，胯催腹，腹催肩。但力催至梢節，手腳之指非大炸，其力不易出。

表2-1

三節	部　位				
	全身	頭	身	股	肱	手
上節	頭	天庭	胸	足	手	指
中節	身	鼻	腹	膝	肘	掌
根節	股	海底	丹田	胯	肩	掌根

　　至三節之中，以胯之一節為最要，誠以胯為根節中二節之根，故不可輕視。俗語云：「萬法胯為根」，亦此意也。

　　學技者與三節之理果能明曉，則長短曲直，參差俯仰之病可以去矣。苟一節不明，則非全乎。蓋上三節不明，易中人之擒拿；中三節不明，渾身是空；下三節不明，恐中人之盤跌。故必先明乎此，然後六合之藝可學至上乘也。內中所言上節梢節是也，下節根節是也。人之全身，自頂自足，莫不有三節也。要知，若無三節之所，即無著意之處。蓋上節不明，無依無宗；中節不明，渾身是空；下節不明，動輒跌傾，不可忽乎哉。

　　故氣有所發，則梢節動，中節隨，根節催。然此乃按節分言者，若合而言之，則上至頭頂，下至足底，四體百骸，總為一節，夫何三節之有，又何各有三節之足云？三節既明，而內勁發動之脈絡即可知矣。

　　蓋指之力源於掌，掌之力源於掌根，故掌根催掌，掌催指而勁乃出。手之力源於肘，肘之力源於肩，故肩催肘，肘催手，而勁乃行。足之力源於膝，膝之力源於胯，故胯催膝，膝催足，而勁乃通。然肩胯之勁源於身，身之勁源於丹田，故丹田為內勁之總淵源也。

　　至於丹田之有勁與否，在氣之貫與不貫，果能氣貫丹田，則丹田之勁足，其他各節之勁，均能摧而出也。至於摧勁之法，即某節用勁，而心意之間即由丹田貫氣，循其脈絡至某節是也。至氣之貫丹田也，亦是將呼吸之氣，心意間走到丹田耳（表2-1）。

四 梢

試於論身論氣之外，而進論乎梢者焉。夫梢者，身之餘緒也。言身者初不及此，言氣者亦屬罕論。拳以內而外發，氣由身而達梢，故氣之用，不本諸身，則虛而不實；不行諸梢，則實而仍虛，則梢亦不可不講。然此特身之梢耳，而猶未及乎氣之梢也。

四梢為何？髮其一也。夫髮之所繫，不列於五行，無關乎四體，似不足立論。然髮為血之梢，血為氣之海。縱不必本論諸髮，以論氣，而亦不能離乎血而生氣，氣不離乎血，即不得不兼及乎髮。髮欲衝冠，血梢足矣。

舌為肉梢，而肉為氣之囊，氣不能行於肉之梢，即無以充其氣之量。故必舌欲催齒，而後肉梢足矣。

至於骨梢者齒也，筋梢者指甲也。氣生於骨，而連於筋。不及乎齒，即未及乎筋之梢，而欲足乎爾者，要非齒欲斷筋，甲欲透骨不能也。果能如此，則四梢足矣。四梢足而氣自足矣，豈復有虛而不實，實而仍虛者乎？

五 行

拳者，即錘以言勢，即勢以言氣。人得五臟以成形，即由五臟而生氣。五臟者心、肝、脾、肺、腎，乃性之源，氣之本也。

心為火而象炎上，肝為木而形曲直，脾為土而勢乃敦厚，肺為金而有從革之能，腎為水而有潤下之功，此乃五臟之意。而有準之於氣者，皆各有所配合焉。乃論武事所不可離者，其在內也。

胸位乃肺，乃五臟之華蓋，故肺動而諸臟不能不動。兩乳之中為心，而護以肺。蓋心居肺之下，胃之上。心為君屬火，心動而相火無不奉令焉。兩肋之間，左為肝，右為脾，背脊骨十四節，皆為腎位，分五臟而總繫於脊。脊通周身骨髓，而腰為兩腎之本位，故腎為先天第一，尤為諸臟之源。故腎水足，而金木水火土咸有生機。

然五臟之存於內者，雖各有定位，而機能又各具於周身。領頂腦骨背皆腎也。兩耳亦為腎，兩唇兩腮皆脾也，而髮則為肺。天庭為六陽之首，而萃五臟之精華，實頭面之主腦，不啻為一身之座督矣。

印堂者，陽明胃氣之沖，天庭性起，機由此達，生發之氣，由腎而達於六陽（**手足各有太陽、陽明、少陽三經故曰六陽**），實為天庭之樞紐也。兩目皆為肝，細澤之上包為脾，下包為胃，大角為心經，小角為小腸。白則為肺，黑則為肝，瞳則為腎，實為五臟精華所聚，而不得專謂之肝也。鼻孔為肺，兩耳為腎。耳門之前為膽經，耳後之高骨亦腎也。鼻為中央之土，萬物資生之源，實為中氣之主也。人中乃血氣之會，上沖印堂，達於天庭，而為至要之所，兩唇之下為承漿，承漿之下為地閣，上與天庭相應，亦腎位也。

領頂頸項者，五臟之導途，氣血之總會。前為食氣出入之道，後為腎氣升降之途。肝氣由之而左旋，脾氣由之而右旋，其系更重，而為周身之要領。

兩乳為肝，肩窩為肺，兩肘為腎，四肢為脾，兩肩膊皆為脾，而十指則為心肝脾肺腎。膝與脛皆為腎也，兩腳

跟為腎之要。湧泉為腎穴。

大約身之各部，突出者為心，陷者為肺，骨之露處皆為腎，筋之連處皆為肝，肉之厚處皆為脾。會其意，則心如猛虎，肝為箭，脾氣暴發似雷電，肺經翕張性空靈，腎具伸縮動如風。其用為經，制經為意。臨敵應變，不識不知，手足所至，若有神會，洵非筆墨所能預述者也。至於生剋制化，雖另有專載，而究其要領，自有統會。五行百體，總為一元，四體三心，合為一氣，奚必斷斷於一經一絡，節節即為之哉！

六 合

心與意合，意與氣合，氣與力合，內三合也。手與腳合，肘與膝合，肩與胯合，外三合也，此為六合。

左手與右腳相合，左肘與右膝相合，左肩與右胯相合，右之與左亦然。以及頭與手合，手與身合，身與步合，孰非外合？心與眼合，肝與筋合，脾與肉合，肺與身合，腎與骨合，孰非內合？

豈但六合而已耶。然此特分而言之也。總之，一動而無不動，一合而無不合，五行百骸，悉在其中矣。

進 法

頭為六陽之首，而為周身之主。五官百骸，莫不為唯首是瞻。故身動頭不可不進也。手為先行，根基在膊，膊不進，則手怯而不前矣，故膊貴於進也。氣聚中脘，機關在腰，腰不進，則氣浮而不實矣，故腰亦貴乎進也。

意貫周身，運動在步，步不進，而意則瞠然無能為矣，故步尤貴乎進也。以及上左必須進右，上右必須進左，其為七進。孰非為易於著力者哉？要之未及其進，合周身而毫無靈動之意；一言其進，則統全體，而俱無抽扯游移之形也。

身 法

身法為何？縱橫、高低、進退、反側而已。縱則放其勢，一往而不返。橫則裏其力，開括而莫阻。高則揚其身，而有增長之意。低則抑其身，而有撲捉之形。當進則進，彈其身而勇往直衝。當退則退，領其氣而回轉伏歛。至於反身顧後，後即前也，側顧左右，左右豈敢當哉！而要非，拘拘為之也。

外察敵之強弱，內用吾之機關，有忽縱而忽橫，因勢而變遷，不可一概而推。有忽高而忽低，高低隨時以轉移，不可執格而論。時而宜進，故不可退，而餒其氣。時而宜退，即當以退而鼓其進，是退固進也。即退而亦實賴以進。若返身顧後，而後亦不覺其為後。側顧左右，而左右亦不觀其為左右矣。

總之，機關在眼，變通在心。而握其要者，則本諸身。身而進，則四肢百骸不令而行矣；身而退，則百骸莫不突然而退矣。身法安可置而不論哉？

步 法

身之動也以步，步乃一身之根基，而運動之樞紐也，

以致應戰對敵本諸身之砥柱者，莫非步。所以，為身之砥柱者，莫非步。隨機應變在於手，而所以為手之轉移者，亦在步。進退、反側非步何以作鼓彈之機。抑揚伸縮，非步無以操變化之妙。

所謂機智在眼，變化在心，而所以轉彎抹角，千變萬化，而不至於窘迫者何？莫非步為之司命也，而要非勉強以致之也。動作出於無心，鼓舞出於不覺。身欲動，而步為之周旋；手將動，而步亦為之催逼。不期然而然，莫之驅而驅。所謂上欲動而下自隨也。

且步分前後，有定位者步也，然而無定位者亦為步。如前步之進，後步或墊或拖，前後自有定位。若以前步作後，後步作前，更以前步作後之前步，後步作前之後步，則前後亦自然無定位矣。

總之，拳乃論勢，而握要者為步，活與不活，固在於步，而靈與不靈，亦在於步。步之為用大矣哉！

第三節　鄭氏拳法訓譜

起手橫拳勢南照，展開四平前後梢，望眉斬截反見背，如虎搜山斬手炮。鷹抓四平，足下存身，進步踩打莫容情。搶上搶步十字拳，剪子股十連擒拿。進步不勝，必有含膽怯之心。退步緊防，定無跌撲之慮。拳打遍體是法，足踢渾身是空。拳去不空回，空回總不奇。遠處不發足，發足不打人。見空不上，先打顧法後打人。依本心隨機應變，隨手足快如追風。手起莫要望空落，回腳起莫要

望空落閃。

　　強退者十連緊追，欲閃者還填相迎。隨高打高，隨低打低。起為橫，落為順，乃為正方。手去足不去不能打人，足到手不隨亦是枉然。心不勇則手不催，磕不上多出變化。推其原因，由於三節不明。上節不明恐中人擒拿，中節不明則自己渾身是空，下節不明恐被人盤跌。故必肩與胯合，肘與膝合，手與足合；心與意合，意與氣合，氣與力合。此六合，然後三節明，而藝可習也。

　　六合自古無雙傳，許多玄妙在其間。設若妄傳無義人，招災惹禍損壽年，此藝之不可輕傳也。武藝都道無真經，任意變化勢無窮。豈知悟得嬰兒玩，打法天然自生成，此藝之不可強制也。足打七分手打三，五行四梢要和全。氣浮心意隨時用，硬打擁進無遮攔，此藝之不可輕試也。

　　但上如風響，起落如箭躦。遇敵要取勝，四梢尤要明。明瞭四梢多一精，明瞭五行多一氣，明瞭三節多一力。三回九轉是一勢，一件通了件件通，是在學者能悟而已。悟開起落進退精，眼觀耳聽語中情。血梢分開多害怕，害怕之時緊存心。牙骨肉梢多強辯，強辯之時仔細聽。筋骨未動要一氣，四梢裡邊無遠近。

　　明瞭四梢多一息，閉住動容永不凶。拳打一氣，兵戰殺氣。攻無不克，戰無不勝。君與臣、將與兵合，一氣蓋乾坤總無反意。遠進一丈步為疾，兩頭回轉眼為先。要知回轉這條路，近在眼前一寸間。三起不見，三落不見，可見而不見。能見一身，莫見一行。能交一言，莫交一心。

　　總之，一動占中間，只在中間占為先。起落不見形，

見形不為能。天地交合，雲蔽日月。武藝相戰，蔽住五行。誠乃要訣也。故曰：五行真如五道關，無人把守自遮蔽。心比懸膽鏡，手似如意鉤。君子若學文武藝，全憑二情合其真。學者於公能暇時，可悉心揣摸，自能階進耳。

第四節　曹繼武先生《十法摘要》

聞子不語力，固尚德不尚力之意也。然夾谷之會，必用司馬。且曰吾門有由，惡言不入於耳者，是武力誠不可少矣。於是顧其身家，保其性命，有拳尚也。拳之種類不同，他門亦不悉造自何人。

唯此六合拳，則出自宋朝岳武穆王。嗣後，金、元、明數代鮮有其技。至明末有山西姬際可先生，遍訪名師至終南山，曾遇異人，以岳王拳譜傳授。先生自得斯書，如獲至寶，朝夕磨煉，盡悟其妙。而先生濟世心切，猶恐人民處於亂世，出則持器械以自衛尚可，若太平之日，刀兵伏鞘，倘遇不測，將何以禦之，是除學習技擊外無他法，於是盡傳其術予人。

何謂六合？肩與胯合，肘與膝合，手與足合，心與意合，意與氣合，氣與力合，內陰外陽，內外貫為一氣也。最為要者，前後各六勢，六勢變為十二勢，十二勢仍歸一勢，即一氣也，且又有剛柔之分也。

剛者在前，固徵其異；柔者在後，尤寄其妙。亦由顯入微，由粗得精之意也。乃世之演藝者，多惑於異端之說，而以善走為奇，亦知此拳有追法乎？以能閃為妙，亦

知此拳有捷法乎？以左右封閉為得力，亦知此拳有動不見形，一動則至，而不及封閉乎？出手如電，回手似箭，或避或趨，擊人不見，則至而不及封閉乎？且能走、能閃、能封、能閉，亦必有所見而能然。

故白晝間遇敵尚能僥倖取勝，若黑夜時，偶逢賊盜，猝遇仇敵，不能見其所以來，將何以閃而逃之，尤不能見其動，將何以封閉之，豈不反誤自身耶？唯吾六合拳，練上法、顧法、開法於一貫，而其機自靈，其動自捷。雖黑夜之間，而風吹草動，有觸必應，並不自知其何以然也。獨精於斯者，自領之耳。

然得姬際可老師真傳者，只鄭師一人。鄭師於刀槍劍棍無所不精，會同其理，著述為論，乃知一切武藝皆出於拳內也。彼世之學六合者，亦各不同，豈其始，藝之不類否耶？諒業此者，究未得領真傳，故差之毫釐，謬之千里，況乎愈傳愈訛，且不僅差毫釐耳。

余幸得學於鄭師之門，以接姬際可老師之傳者也，雖未臻佳境，而稍得其詳。分為十則，以誨弟子，不敢云，能接姬氏薪傳也。

三 節

一曰三節：舉一身而言，則手肘為梢節，腰腹為中節，腿足為根節。分而言之。三節之中，亦各有三節，分為九節。如梢節之三節，則手為梢節，肘為中節，肩為根節。中節之三節，則頭為梢節，心為中節，丹田為根節。根節之三節，則足為梢節，膝為中節，胯為根節。

至三節之用，皆不外起、隨、追而已。蓋梢節起，中節隨，根節追之必能插押，此法則渾身上下都不至有長短曲直、參差俯仰之病，此三節之所以貴明也。

四 梢

二曰四梢：蓋髮為血梢，甲為筋梢，牙為骨梢，舌為肉梢。四梢齊，則內勁出。有謂兩手兩足為四梢者，非也。至於齊之法，髮欲衝冠，甲欲斷筋，牙欲透骨，舌欲催齒。心一顫而四者皆至。四梢齊，而內勁出矣。

蓋氣自丹田而生，如虎之恨，如龍之驚。氣發而為聲，聲隨手發，手隨身而落，故一動而百枝搖，四梢無不齊，內勁無不出矣。

五 行

三曰五行：土、金、水、木、火是也。內對人之五臟，外應人之五官。如心屬火，火動勇力生。脾屬土，脾動大力攻。肝屬木，肝動似飛箭。肺屬金，肺動震雷聲。腎屬水，腎動快如風。此五行之存於內也。目通於肝，鼻通於肺，耳通於腎，口通於脾，舌通於心，此五行之著於外也。故曰：五行真如五道關，無人把守自遮攔，天地交合雲遮月，武藝相戰蔽五行，三起不見，三進不見，可見如不見也，真確論也。

而所謂宜者，手心通心屬火，鼻尖通肺屬金，火到金回自然之理，而餘可類推，鼻聞、耳聽、眼看、眉神、舌嘗味，腎起心落，自然上法。心與鼻合多一力。

身 法

　　四曰身法：身法有八，起落、進退、反側、收縱。起落者，起為橫，落為順；進退者，進步低，退步高；反側者，反身顧後，側身顧左右也；收縱者，收如伏貓，縱如放虎。大抵以中平為宜，以正直為妙，與三節相貫，此不可不知也。

步 法

　　五曰步法：步法者，寸步、墊步、快步、剪步。如與人交手時，相距二三尺遠，寸一步可到，即用寸步。如離四五尺遠，則用墊步，後足墊一步仍上前足。如遇身大力勇者則用過步，進前足急過後足，步起在人前，步落過於人。如相離一丈八尺遠者，則用快步，快步者起前足帶後足，平飛而去，並非躍之而往。此馬奔虎踐之意，非藝成者不可輕用。

　　謹記遠處不發足，趁勢近擊。如遇人多或有器械者，則連腿帶足並剪而上，即所謂踩腳而起之說。善學者，隨便用之。總之，法不熟習不可用，以純熟用之，用於無心，方盡極妙也。

手 法

　　六曰手法：手法者，出、起、領、截手。蓋當胸直出者，為之出手；筋梢發，有起有落者，曲而非曲，直而非直，為之起手；筋梢不發，起而未落者，為之領手；橫起

順落者，參以領搓者，為之截手。

起前手如鷂子鑽林，須束翅束身而起，推後手如燕子取水，往上一翻，藏身而落，此單手之法也。兩手交互，並起並落，起如舉鼎，落如分磚，此雙手之法也。

總之，肘護心肋，手撩陰起，而其起如虎之撲食，其落如鷹之捉物也。手法、足法本自相同。足法，起翻落鑽，忌踢宜踩而已。蓋起腿望膝，起膝望懷，腳打膝分而出，其形上翻，如手之撩陰。左腿未落右腿隨，如猛虎捕食那般勇，方要分出寬窄並遠近。

至於落則如以石碾物，如手落之似拂眉也。其忌踢者，足踢即渾身是空也。宜踩者，如置物於足下也，即足落如鷹捉是也。手起莫向身外去，足踢渾身皆是空。而足之用亦必如虎行之無聲，龍飛之莫測，然後可知也。

上進法

七曰上進法：蓋上法，以手為妙；進法，以步為奇。總之，以身法為要。

其起手，如丹鳳朝陽是也。其進步，如搶上搶下，進步踩打是也。必得三節明，四梢齊，五行蔽，身法活，手足之相連，知其遠近，隨其老嫩，一動而即至也。

然其方有六，六方者：工、順、勇、急、恨、真。工者，巧妙也；順者，自然也；勇者，果斷也；急者，緊急快也；恨者，憤怒也，動不容情，心一動而內勁出矣；真者，發心中的先見之明、之真，而彼難變化也。六法明，上法、進法從此得矣。

顧法、開法、截法、追法

八曰顧法、開法、截法、追法：顧法者，單顧、雙顧、上顧、下顧、顧前後左右是也。單顧則用截錘，雙顧則用橫錘，顧上則用通天炮，顧下則用掘地炮，顧前後用前後梢錘，顧左右則用括邊或摸邊炮，此亦隨機而動變，非若他門之鈎連崩架。

開法者，左開、右開，剛開、柔開。左開如裡括，右開如外括勁。剛開即前六勢之硬勁，柔開即如後六勢之軟勁是也。

截法者，截身、截手、截言、截面、截心。截身者，彼未動而我先截之。截手者，彼手已動而未到則截之。截言者，彼言露其意則截之。截面者，彼面露其色而截之。截心者，彼眉喜目笑，言其意恭，我須防其有心而迎機以截之。則截法豈可忽乎哉？

追法者，於上法，進法一氣貫注，即所為隨身緊趨，追風趕月不放鬆是也。彼雖欲走而不能，又何慮其有邪術乎？

三性調養法

九曰三性調養法：蓋眼為見性，耳為靈性，心為勇性，此意三性者，乃藝中之妙用也。故眼中時常循環，耳中時常報應，心中時常驚醒，則精靈之意在我，庶不為人所滿，而有見機之哲也。

內勁法

十曰內勁法：夫內勁者，寓於無形之中，接於有形之表，可意會，而難以言傳者。然其理亦可參焉，蓋志者氣帥之也，氣者體之充也。心動而氣即隨之，氣動而力極赴之，此必知之理也。

今以功與藝者言之，以為撞勁者非也，以為功勁、崩勁者皆非也，殆顫粘勁是也。撞勁太直，而難起落；功勁太死，而難變化；崩勁太拙，而難展招，皆強硬露形而不靈也。

顫粘勁者，先後天之氣，日久練為一貫也。出沒甚捷，可使日月無光而不見形。手到勁發，可使陰陽交合而不費力。至大至剛，以直養而無害，誠確論也。

總之，運於三性之中，發於一戰之傾，如虎伸爪不見爪，而物不能逃，龍之用力不見力，而山不能阻，如是前九法合而為一，而武藝豈有不成乎？克人豈有不利乎？

第五節　拳術學

拳術之學，至深且奧，非訪求名師鉅子，不易得其玄旨也。既遇其人，宜誠以求之，專以學之，恒以習之，虛以處之，拙以藏之，怯以掩之，忍以守之，靜以制之，逸以待之，暇以乘之，整以禦之，方有得也。至其動作，宜堂皇焉，端莊焉，柔和焉，游優焉，不存心焉，不著意焉。順其氣，隨其勢，任其勁，自然而然也。故其行也，

行乎其所不得不行；其止也，止乎其所不得不止。超然泰然，如羽化之仙然。而其致極之功，則熟尚也。

蓋熟生巧，巧生妙，妙生化，化之至焉，莫與論矣。若是技也，非僅技也，而進乎道矣。始予之學技也，所動者身，而未及乎心。數年之後，則心以神動而身隨之。方今之時，動以神而隨以心，至於身則忘之矣。

官之神行，依乎天理。其動靜也，疾徐也，剛柔也，進退也，趨避也，反側也，曲伸也，開合也，起落也，莫不因其固然而已。學至此，方可臻上乘之境，達保生全身、養親盡年之旨矣。此學者宗旨也。

第六節　六合拳論

起手橫拳勢難照，展開四平前後梢，望眉斬截反見背，如虎搜山斬手炮。車行如風，鷹捉四平，足下存身。

進步踩打莫容情，搶上搶步十字起，剪子股勢如擒拿，進步不勝，必生膽怯之心，退步要防，定無跌仆之憂。

打人如走路，看人似蒿草，膽上如風響，起落似箭鑽；遇敵要取勝，四梢俱要齊，手起足不起枉然，足到手不到亦枉然；未起是摘字，未落是墜字，三藝不相連，必定藝術淺；拳法不空回，空回總不奇，兵行詭道，槍紮如箭，拳打一氣，兵戰殺氣；戰無不勝，鬥無不克；君與臣，將與兵，合一氣，蓋乾坤，並無反意。

遠進一丈步為疾，兩頭回轉寸為先；要知回轉這條

路，近在眼前一寸中；守住一心行正道，小路雖近車難行。拳打渾身是妙法，足踢遍體皆是空；未起先居摘物心，未落預存墜地意。

遠處不發足，發足難打人；見空不打，見空不上，先明顧法後打人，先打哪裡顧哪裡，渾身之法，俱打得是本身；隨機應變察真情，手起不要望空落，足踩最忌往遠探；閃轉兩邊提防左右；見空不發腳，發腳不打人，先打顧法後打上法，以心隨機就變，隨手腳快如追風，強退者十連緊追，欲閃者即裏相迎。

虎打推身之勁，龍有撅骨之法，隨高打高，隨低打低，起為橫，落為順，乃為正方。心不勇則手不催，氣若緩則撞不上。撞不上，多出變化，手起足不隨不能打人，腳進手不上亦是枉然。

思此總由於不明三節之故，上節不明恐中人擒拿，下節不明恐中人盤跌，中節不明則自己渾身是空。有反意必有反氣，有反氣必有反力；言其心形未動，必有意反之心，面笑眉喜不動唇，小心謹防，定有伶俐之心。能知其歸一合順，則天地之事無不可推測矣。

見識不是隨時意，遇事無有不到頭。悟開起落進退精，眼觀耳聽語中情；血梢分開多害怕，害怕之時緊存心；牙骨肉梢多強辯，強辯之時仔細聽；筋骨未動要一氣，四梢裡邊無遠近。

眼心到時手莫停，顧進連時快如風，回兼顧手不空落，落帶摸，出拳由陽變陰，回拳由陰變陽，手掌之出入起落，有轉撐方有勁也。

顧法以截擊為妙，腿打七分手打三，五行四梢要和全，氣浮心意隨時用，硬打撞進無遮攔；步步行動剪子股，落用鷹捉要平身；身子未動眼先到，六合貫注一氣行；未曾開拳先打顧，後打上法動五行；學者要靈六合意，尊信老師寸步行。

姬師云：文武古今之聖傳，且係國家之大典，上有益於社稷，下能趨吉避禍，此人生不可缺也。今之習武者，專論架勢，封閉躲閃等法，不知日間了然在目，尚可少用。若黑夜之中，伸手不見五指，則難防預，必自誤其身，悔之何及。唯大剛之氣，養之平素，而忽然發於一旦，依本心本性，直撲上去，隨左打左，隨右打右，不怕他身大力勇，一動而即敗也。夫於其深察否！學者務要專心研究，自然能練到其佳境。

第七節　心意拳之自重不可濫傳論

此藝三教，三不教。三怕，三不怕。三教者：有剛有柔者可教，靈通機變者可教，孝悌忠信者可教；三不教：愚人不教，賊盜不教，無義之人不教。三怕：能服尊長者可怕，年高有德者可怕，耍笑頑童者可怕；三不怕：身大者不怕，力勇者不怕，藝高者不怕。

夫三教三不教，三怕三不怕何也？蓋因天下人廣君子少，山上石多金玉稀；世上師眾明師少，自居武藝高者亦不稀；吾要一見重其語，心服於他不算苦；如逢奸人不打量，濫教真藝才算苦；不如自悟自立志，行到人前得其

志。樹大有名人多望，望他清涼蔽日光；狂風損枝無人見，不如慈長入深山。三拳三棍非尋常，經章圓滿是正方；學者要得真靈妙，武藝之中狀元郎。心意自古無雙傳，多少玄妙在其中；設若妄傳無義人，招災惹禍損壽元。武藝都講無真經，任意變化勢無窮；悟得嬰兒玩打法，乃知此拳天生成。

　　打法定要先上身，足手齊到方為真；拳如炮形龍折身，遇敵好似火燒身；頭打起意站中央，渾身齊到人難當（頭打落意人難防，起而未起占中央）；腳踩中門搶地位，就是神仙也難防；肩打一（以）陰反一（以）陽，兩手隻在洞中（暗處）藏；左右全憑蓋勢取，縮長（束展）二字一命亡；肘（手）打去（起）意占（在）胸膛，其勢（起手）好似虎撲羊；沾實用力須展放，後手只在肋下藏；捶打起落頭手當，或是括橫一邊走。

　　武藝相戰蔽日光，天地交合雲遮月；胯打陰陽左右便，兩足交互演自然；左右進取宜劍勁，得心應手敵自翻；胯打中節並相連，陰陽相合必自然；裡胯踩步變勢奸，外胯好似魚打挺；神龍未起劈雷響，去意好似捲地風；與人交勇無虛備，消息全憑後腳蹬；膝打幾處人不明，好似猛虎出牢籠；和身輾轉不定勢，左右橫順任意行；腳打七分手打三，五行四梢要齊全；氣符心意隨時用，摔打硬進無遮攔；遠進一丈步為能，兩頭回轉急相迎；要知回轉這條路，只在眼前一寸中。

　　腳打踩意不落空，步步行動剪子股；把把鷹捉發雷聲，身子未動擒拿意，六合貫注一氣行；釘頂毒狠弓催

翻，束身直進虎撲羊；武藝只怕見識淺，世事人心都一
般；明起求通也不難，只看人心專不專。

第八節　宗　旨

宗旨即陰陽、五行、六合。拳術之陰陽，以其有變化
之靈也。蓋天有陰陽，始能化生萬物而不窮，拳有陰陽，
始能翻轉變化而有勁，若無翻轉變化，直鈎直掛，直出直
入，有何勁可言？故以有陰陽為可貴也。

拳之出也，由陽變陰；拳之入也，由陰變陽。掌之出
也，須手心由外翻內，而復翻向前，方為有勁。其入也，
雖不若出之翻轉，而也要含有翻轉之意。手之起也，由陽
變陰，而複變陽；手之落也，與起勁相同。然變化翻轉，
臨敵之身，方始動耳，若過早翻，則不靈也。

第九節　八字、九歌、十六注

八　字

四梢之外，又有八字。三體一站，八字俱備，皆所以
蓄力養氣，使敵人失所措也。八字之名稱，「一曰頂，二
曰扣，三曰圓，四曰毒（敏），五曰抱，六曰垂，七曰
曲，八曰挺」。而八字各有三事，共二十四事分述於下：

三頂：頭上頂，有沖天之雄；手外頂，有推山之功；
舌上頂，有吼獅吞象之容，是謂三頂。

三扣：肩扣則氣力到肘，掌扣則氣力到手，手足指扣則周身力厚，是謂之三扣。

三圓：脊背圓，則力催身；前胸圓，則兩肱（肱指從肩到肘的部分）力全；虎口圓，則勇猛外宣；是謂三圓。

三毒：心毒如怒狸撲鼠，眼毒如視兔之餓鷹，手毒如捕羊之餓虎，是謂三毒。

三抱：丹田抱氣，氣不外散；膽量抱身，臨危不亂；兩肘抱肋，出入不亂，是謂三抱。

三垂：氣垂則氣降丹田，肩垂則力催肘前，肘垂則兩肱自圓，是謂三垂。

三曲：兩肱宜曲，曲則力富；兩股宜曲，曲則力湊；兩腕宜曲，曲則力厚，是謂三曲。

三挺：挺頸則精氣貫頂，挺腰則力達四梢，挺膝則氣恬神怡，是謂三挺。

九　歌

九歌者，乃三體之九事，分條研究，以資熟練也。其九事即：身、肩、肱、手、指、股、足、舌、肛是也。分述如下：

一身：前俯後仰，其勢不勁，左側右倚，皆身之病。正而似斜，斜而似正。

二肩：頭欲上頂，肩須下垂，左肩成拗，右肩自隨，身力到手，肩之所謂。

三肱：左肱前伸，右肱在肋，似曲不曲，似直不直，曲則不遠，直則少力。

四手：右手在臍，左手齊心，後者勁揚，前者力伸，兩手皆抣，用力宜均。

五指：五指齊分，其形似鈎，虎口圓開，似剛似柔，力須到指，不可強求。

六股：左股在前，右股後撐，似直不直，似弓不弓，雖有曲直，每見雞形。

七足：左足直出，欹側皆病，右足勢斜，前踵對脛，隨人距離，足指扣定。

八舌：舌為肉梢，捲則氣降，目張發豎，丹田越沉，肌肉如鐵，內堅腑臟。

九肛：提起肛門，氣貫四梢，兩腿繚繞，臀部肉交，低則勢散，故宜稍高。內中股足，稍有不合，觀者察之可也。

十六注

一存：身下束（亦作縮），腿微曲，為心意拳之起勢。

二踐：進步也，前足進，後足追，後足落地，前足即提起。

三就：縮身也，上下縮而如一，束如旦（團），去如箭，打倒人還看不見。

四鑽：身手一起鑽出也，出足時，足尖須翻起。不翻不鑽，不鑽不翻，翻鑽、鑽翻，一動響連天。

五夾：如夾剪之夾，即穀道上提，兩股夾緊也。

六合：內外六合。

七齊：內外如一，內五行往外發，外五行即相隨，四梢齊勁也。

八正：正直也，所謂直者，即至頭至足，如一直杆，牮柱之式也。

九脛：脛相磨而行也。脛磨脛，意氣響連聲，按脛相磨者，謂進步退步，兩足相度，勿使開張也。最重穀道上提，兩股夾緊，若兩足橫張，則提肛夾勁均失之矣。必須兩脛磨而行，始免此弊也。

十驚：疾毒也，如槍擊物，火機一發，物必先落。按警為戒，莿或機警之意，此注疾毒也。尤為進一步說法，拳術家非疾步不能應敵，非毒不能制敵。拳如炮，龍折身，遇敵好似火燒身。

十一起落：起是去，落是打，起亦打，落亦打，起落如水之翻浪，終成起落。

十二進退：進步低，退步高，進退不識枉學藝。

十三陰陽：看陰卻有陽，看陽卻有陰，天地陰陽相合，能以降雨澤，拳術陰陽相合能成一致，皆為陰陽相合一氣之理也。

十四五行：內五行要動，外五行要隨。

十五動靜：靜為本體，動為作用，若言其靜，未漏其機，若言其動，未見其跡，動靜是將發未發之間，謂之為動靜也。

十六虛實：虛是精也，實是靈也，精靈皆有乃成虛實。精養靈根氣養神，元陽不走得其真，煉就金丹隨時用，易筋易骨與易形。

此注乃說拳式，一注為起式；二注為起式進入頭拳之式；三注為頭拳之守式；四至八注為頭拳之攻式；九至十六注為全部共同之法式。此拳除調膀單練外，共為四拳（每拳一攻一守），故曰：四拳八式。

心意匯錄

人之靈性，腦要時常轉動，眼要時常靈活，眼有監察之神，手有上下翻飛、撥轉之能，足有行程之法。

人有七拳：頭為一拳，肩為一拳，肘為一拳，手為一拳，膀為一拳，膝為一拳，足為一拳。二七十四拳，頭頂一拳卻是十三拳。

步法：快步、寸步、踐步、串步。起前足帶後足不過前足平飛而去為快步；後足不過前足為寸步；起前足帶後足過前足，再上前足為踐步；雙膝彎曲而非屈，展而非展，起前足，帶後足為串步。

膀法：鷂入林膀是束展身法，前步催弓，後步如崩蹬或用左右膀，上下直起為妥；犁行膀是身法要束展，步法要前步如催弓，後步如崩蹬，左右膀或用何處宜向何落打；裹風膀，身法要束展，前步如催弓，後步如崩蹬，左步在前，左膀裹是順步，右步在前，右膀裹是拗步，肩打一陰反一陽，兩手只在肋下藏；雲摩膀，手心對手心互相而摩左右地盤勢，轉起轉落身法不歪。拳法議來本五行，生剋之理變化精，學者要得真消息，只在眼前一寸中。

炮法：顧上則用通天炮，顧下則用挖地炮，顧右用摸邊炮，顧左用捉邊炮，顧前則用前後錘，起而未起占中

央，兩肘緊在肋下藏。兩肘不離肋，兩手不離心。口是洞口，丹田是虎窩，出洞入洞緊隨身，起不起何用再起，落不落何用再落，起落二字與心齊。

心一動渾身俱動，心一停渾身俱停，眼一動手足齊到，能在一齊前，莫在一齊後；起如鋼銼，落如鈎阻，起如蟄龍升天，落如劈雷震地。

拳打三節不見形，若見形影不為能，起無形落無蹤，遇敵好似火燒身，急熱吞吐魚抖鱗，膝打幾處人不明，好比猛虎出牢籠；起要翻落要鑽，五行四梢要合全，足踩中門搶地位，就是神仙也難防。

三把：丟摟抽。

三拳：鑽裹剪，鑽拳形是閃，裹拳類乎踐，剪拳似馬奔，連環一齊演。

周身五行相剋，心屬火，肘拐屬水，水能剋火，肘拐能剋心；指肚屬火，發齊屬金，火能剋金，指肚能剋發齊；膝屬土，蛋泡（陰囊）屬水，土能剋水，膝能剋蛋泡；足心屬火，三里穴屬金，足心能剋三里穴。

三翻：天地翻，陰陽翻，波浪翻。

三和：眼要和平，舌要和平，手要和平。輕如鵝毛，重如泰山，不動如山嶺。

上節不明，多出七十二把神拿，根節不明，多出七十二般腿法，中節不明渾身是空。打人不發足，發足不打人，見之如婦女（喜愛之物），奪之如猛虎，面笑眉喜唇不動，必有歹意之心，膽欲大而心欲小，打鼠形象即如打虎一樣。

第十節　踐躦法

一寸、二踐、三鑽、四就、五夾、六合、七齊（疾、奇）、八正、九驚、十脛（鏡）、十一起落、十二進退、十三陰陽、十四五行、十五動靜、十六虛實。

一寸，是步，寸步為先。**二踐**，踐腿也，是腿極快也。**三鑽**，鑽是進也。**四就**，就束身也，即上下束而為一，就其來勢，貼近對方。

五夾，如夾剪之夾也，兩腿行似剪也。**六合**，內外六合，合而為一，成其六合也，內三合，心、意、氣、力之合也，即心動、意到、氣隨，力自生矣，此內三合之妙也，亦即心與意合、意與氣合、氣與力合。外三合，手與足合、肩與胯合、肘與膝合，即膀、胯、肘、膝、手、足之合也。兩肩鬆開，均齊抽勁。兩胯裏根，亦均齊抽勁，是膀與跨合也。兩肘往下垂，勁不可顯露，後肘裡曲，不可有死彎，要圓滿如半月形；兩膝往裡扣，勁不可顯露，扣是肘與膝合也。兩足後跟均向外扭，勁不可顯露扭，肘不離肋，手不離心，出洞入洞緊相隨，是手與足合也。

七齊（疾、奇），齊急（疾）毒也，成其齊也，即心要疾、眼要疾、手要疾、足要疾，身要疾，出勢要疾。

八正，正是直也，看正是斜，看斜是正，成其斜正也。

九驚，驚起四梢，手心發足心，發起到天門，成其驚也，火機一發物必落是也。血、肉、筋、骨之末端曰梢，髮為血梢，舌為肉梢，指甲為筋梢，牙為骨梢，四梢用

力，則常態猝變，令人生畏。一血梢，怒氣填胸，豎髮衝冠，血輪速轉，敵膽自寒，毛髮雖微，摧敵何難；二肉梢，舌捲氣降，雖山亦撼，肉堅比鐵，心神勇敢，一舌之威，落魂喪膽；三筋梢，虎威鷹猛，以指為鋒，手護足踏，氣力兼雄，指之所到，皆可奏功；四骨梢，有勇在骨，切齒則發，敵肉可食，皆裂目突，唯牙之功，令人恍惚。總之，驚吾之四梢之功，配以掌力，則全身合為一塊。又觀人四梢之榮枯，則知其本人之盛衰，按五行生剋之理，而行攻擊之法也。

十脛（鏡），摩脛（精）摸勁（鏡），意響連聲（身），成其脛也。**十一起落**，是打也，起打落打如水上翻浪，成其起落也。起是去也，落是打也，起也打，落也打，起落如水之翻浪，形容起落之用也。又起謂瀉，落為補，形容起落之理也。起落不空，形容起落之形也，必緊貼敵身。瀉是瀉其力與氣，補是滯其氣與力。又起如蟄龍升天，落如劈雷震地，形容起落之猛也。又起如鋼銼，落如鈎阻。又未起是摘子，未落是墮子，三意不相連，必定意爾淺，形容起落之快也。

十二進退，進步身要低，退步身要高，成其進退也，進退不明枉學藝。進之，足跟先落地，漸次踏至足梢，退是足梢先落地，漸次至足跟。何也？進則取其有勁，退則取其勢穩。進步先起足尖，退步先起足根，不可不知也。

十三陰陽，看陽是陰，看陰是陽，天地陰陽相合，始能下雨。拳上陰陽相合，成其一塊。又拳勢之動者為陽，靜者為陰；出手為陽，收手為陰；進步為陽，退步為陰；

剛勁為陽，柔勁為陰；發勁為陽，收勁為陰；沾勁為陽，走勁為陰。手足關節之伸為陽，曲為陰，分為陽，合為陰，開展為陽，收斂為陰。出手進步則勁發，勁粘勁，升、分、開、仰，為陽，退步柔勁收，走、曲、合、斂、俯為陰。總之，無論何種動作，皆屬陰陽之理也。

十四五行，內五行要動，外五行要隨，成其五行也。內五行：心、肝、脾、肺、腎；外五行，左耳木、右耳金、兩眼水、口火、鼻土。目通肝，鼻通肺，舌通心，耳通腎，口通脾。

十五動靜，變化物體之位置或方向曰動，保持原態，曰靜。拳法以靜為本體，動為作用，成其動靜也，若言靜，未露其機；若言動，未見其跡。動作敏速則跡不見，心意拳當行動時，心中泰然，抱元守一，未嘗不靜。及其動也，神明未測，有觸即發，未嘗無動。於動時存靜意，於靜中寓動機，一動一靜，互為其根，合乎自然也。

十六虛實，虛是精也，實是靈也，精靈皆有，成其虛實也。眼有監察之神，手有上下翻飛撥轉之能，足有行程之法；人之頭、肩、肘、手、胯、膝、足，左右十三拳，另加尾閭一拳，共十四拳，皆有虛實也。

第十一節　五行合一處

遠踐近鑽，鑽進合膝，粘身縱力。起手如擋搓，手落如鈎杆；出手是銅錘，回手若金鈎。摩經磨脛，意氣響連聲，心一動渾身俱動，心一停渾身俱停。心動如飛劍，肝

動似火焰，肺動成雷聲，脾腎肋夾功，五行合一處，放膽即成功。

　　起落二字自身平，蓋世一字是中身。身似弩，手似弓，拳如藥箭。能要不思，莫要停住。蟄龍未起雷先動，風吹大樹擺枝葉；上法須要先上身，手足齊到方為真。內要提，外要隨，起要橫，落要順。打要速，氣要催，拳似炮，龍折身，遇敵好似火燒身。起占身平進中間，手起似虎撲，足去不落空。拳打三節不見形，如見身影不為能。能在一思進，莫教一思存，能在一氣先，莫在一氣後。起橫不見橫，落順不見順。起不起，何用再起；落不落，何用再落。低之中望為高，高之中望為低，起落二字與心齊。死中反活，活中反死。明瞭四梢永不懼，閉住五行永無凶，明瞭四梢多一精，明瞭五行多一氣，明瞭三節多一力，三回九轉是一勢。勢怕人間多一精，一精知其萬事精。萬事只要圍了中，身體圍中勢要奇。好字本是無價寶，有錢將往何處找？要知好字路，還往四梢求。何為四梢？舌為肉梢，牙為骨梢，手指、足指為筋梢，渾身毛孔為血梢。四梢俱齊，五行亂發。血梢髮起永不凶，牙梢肉梢不知情，筋梢發起不知勁，身起未動可知情，終知靈心大光明。兩肘不離肋，兩手不離心，出洞入洞緊隨身，手足身去快如風。疾上更加疾，打了還嫌遲。天地交合雲蔽日月，武藝相戰閉住五行。三起不見，三落不見，三進不見，可見亦好，不見亦好，勢占中央最難變化。

　　與人交戰須明三前，眼前、手前、足前。踩定中門去打人，如蛇吸食，內實精神，外示安逸。見之如婦，奪之

似虎。布形猴氣，形與神往。急若脫兔，追其形，退其影。縱橫往來，目不及瞬。大樹成材在其主，巧言莫要強出頭。架梁閃折不在重，有秤打起千斤鉤。行其弱色之事，丟去虎狼之威，遇事三思無自悔，保住身體享今福。

演武藝者，思吾之道，依吾之言，永無大害。見其理而自尊，交勇者莫要思誤，思誤者寸步難行。血梢發足心，發起到天門，再無別疑真英雄。牙骨肉梢仔細評，評出理由是一通，筋骨一氣要以和，天地陰陽通一氣。

氣之通，萬物皆通，氣之傷，萬物皆傷。哪見痕跡，哪有阻隔。以和為始，以和為終，明天地之理，則知吾人之心意，不知吾術之心意，還往四梢尋。目中不時常旋轉，行坐不時要用心，耳中不時常報應，語中不時常調和。調和者，何也？調和萬事吉與凶。

吾有攏樹之心，種苗之意，奈其人心不知，松柏四時常青。牡丹雖好，開一時豔盛；松柏常綠，緣何嚴霜不能打？因它根深心實。人心若得人心意，意思之時不回頭，可喜孝悌忠信，禮義廉恥，再思學意而自中矣。

第十二節　骹見一心，莫不見一身

三意無路任縱行，早備晚上去避身。知吾思悟，何為三意？莊稼耕讀萬事用，只為仁義禮智信。武藝但掃世不平，路途結交須用心，晚間店內須防備，一切萬事莫放鬆。逢橋須下馬，過渡莫爭先。一人莫上舟，搬重且停行，寧走高崗十里遠，不走低凹五里平。未晚先投宿，雞

鳴早看天。人量人來莫小量，可比韓信楚霸王。黑夜烈風休行路，行路必有禍與凶。十人擒住一人難，一人存心要佔先，有人參透這句話，萬事吉凶都消散。

並無此心，妄思別意，見其何功？自思不到，萬事無心，三思無意，不可以傳。自思不到，道吾無理，能見一心，莫不見一身。都遇賢才卻也少，牆比高山萬不能；雪裡漂黑自然黑，蜜調黃柏終是苦。自己之業誤不通，每自迷來枉費神，大樹有名人多望，望他清涼敝日光，狂風損枝無人見，不勝茲長入山林。人比花開滿樹紅，後來結果那個成。可見奇才終何用，可惜奇才不多生。

天下人廣君子少，山大石多金玉缺，世上師眾明師稀。我重其人語，將心意付與他，曰不可，伊必見財有壞。父母生身有恩，將心意付與他，亦不可，背毀有壞。好樹長在嵩崖，將心意付與他，不可，崖崩有壞。好地成苗，將心意付與他，不可，天地有損壞。長流水，將心意付與他，不可，伊晝夜不眠，亦不可。未見海中水，見一海中月，卻也光明，將心意付與他，不可，水潮有壞。訪一名師，將心意付與他，不可，未出他人之心。心意無處不到，不如自悟自身，見世事而後行。行到天堂無地獄，行到地底無天堂，行到人前得其志，行到家內無禍害。離開解勸世人，總要學習武藝。凶多吉少難以知，丟財惹氣在眼前，不如息氣養身卻自然。千般巧計，萬般設習，可有破手？用好心腸一條勇，心膽宜目報事耳，三恩四維終可破也。逢善則善，遇惡還惡，審時度勢，憑其三性名自高。若還不依本論行，凶多吉少後悔遲。常存仁義之心，

能除萬事之凶。天上慈悲大海水，常流山中飲泉起。山水潮露，水改來水，天賜神水，萬物聚成歸一處是海水。在山上常流水，翻花海水不長久。日煎全無草露水，非力不動改來水。人人都講長流水，卻也難得思水意，有人悟透水中意，難得相逢遇知人。

世人有三不到頭，行路不到頭，可知鳥音不到頭，妄交愚人不到頭。又有三到頭，丁蘭刻木行孝是到頭，初世為人無知是到頭，郭買齊僧是到頭。世人皆知何為無益？養虎餵鷹，子女不孝是無益，人人都有玩花意，不知花園中有詭計。滿目觀花盡是空，名利無邊禍有根。世人皆知好字意，便易哄住不得行。未學武藝先學精，先學伶俐後學恨。不知講著怯不用怯，講著伶俐不用疾。精細不是演武藝，可容不可容，指何為道，仁義為道，父母恩情不用恨，不孝之人何學藝？不知起落枉伶俐，不知進退枉學藝。貧富原來天生成，何用精細去哄人。萬事歸於善，不可有始而無終，半途而廢，其為有志之人也？

卻說五虎群羊陣勢，眼不精為一虎，耳不精為一虎，鼻不精為一虎，口無味為一虎，言不精為一虎。不精者為虎，精者為風雨。風雨灑遍乾坤，遇山林而不能阻隔。哪怕他洩世機謀，有一個古神駕隨身帶著，帶他有何用？帶他若是真明白，驚起四梢，四梢起，若要怕懼，個個齊明，言其五虎群羊陣勢，是我那一時不明白了。有個青龍缺少眼目，少頭尾，無牙爪，是我一時明白了，此陣勢誤傷此身，幸遇老天降了猛雨，出離了那陣勢，以後不會用，莫要強用。言不精中了他桃李邊謀，眼不精中了他飛

沙走石，耳不精中了他詭計，跑在南倒往北行。鼻不精中了他麝香風氣，舌不精中了他嘗不出水裡邊什麼滋味。

　　講五虎，何為五虎？五行、五精即為五虎。後世裡行動營用計，如風雷疾驚動四梢，四梢裏緊要封閉。蟄龍未起雷先行動，風吹大樹擺枝搖。五行本是五道關，無人把守自遮攔。無意求財去採花，難出火坑一陣間。

　　講十面埋伏陣勢，再意參想。莫想人間逞勢強，好強一定受顛狂，人不能欺天滅地，究竟此陣之事，是我自己失料理，到此陣悔之晚矣。解此陣不明，是自己不明，知道三心不犯，不知為戒律，既知巧手心不明，既知攻腳心不明，既知蹬橋下自空。論此橋，搭橋事，有何緣故？此橋即是智謀，過此橋純凶無吉。以何為故？以後理事，見橋是橋下有凶，如不小心指輕為重，切莫中此橋之計。大將傷壞三十二位，以下的千眾有餘，如不是拆橋計，齊傷他陣，未出淨眼樓，眼前猛見三條路，腳下有窟井，後有火燒身，可往前進，可往後退，幸遇拆橋之計，莫拆淨，拆兩孔，留一孔，後人可行。逢一生一風一燭，非能見之深，惡能議其好歹。要務莊農先受苦，未到寒冬早備棉，看書千卷備應考，武藝只論見識淺，世事人情都一般，只看人心專不專。有人留意數句話，命宜求通也不難。

　　言不明，藝不精，只怕誤傷世上人；百鳥飛，投森林，會合一處，求其一安。蜜蜂採花調一處，成其為蜜人羨慕，人比開花樹滿紅，不知結果幾個成；精蜜之言約立身，全其為人在心明，心既明瞭萬法滅，照破世間無罪孽，己心明瞭萬法終，自有賢人歸吾宗。

第十三節　手腳法

眼要毒，手要奸，腳踩中門襠裡鑽。眼有監察之神，手有撥轉之能，耳有聽風之靈，鼻有吸氣之精，舌有嘗味之巧，腳有行程之功。兩肘不離肋，兩手不離心，出洞入洞緊隨身。乘其無備而攻之，出其不意而取之。

前腳趁後腳，後腳踩腿彎，後腳趁前腳，前腿拾後連，起先前進後腿隨。心與眼合多一明，心與舌合多一精，心與耳合多一靈，心與鼻合多一力。先分一身之法，心為元帥，胳膊腳為五營四哨，左為先鋒，右為元帥，手足相顧，準備萬般。一日務，千著會，不如一著熟，早知此應驗，過後見識不如無。

頭為一拳，肩為一拳，肘為一拳，胯為一拳，把為一拳，臀尾為一拳，膝為一拳，足為一拳。頭打起落隨足走，起而未起占中央，腳踏中門搶地位，就是神手也難防。肩打一陰反一陽，兩手只在洞中藏，左右全憑蓋勢力，束長二字一命亡。肘打去意占胸膛，起手好似虎撲羊，或在裡胯一旁走，後手只在肋下藏。把打起落頭手擋，降龍伏虎霹靂掌，天地交合雲遮月，武藝相戰蔽目光。胯打中節並相連，陰陽交合必自然，外胯好似魚打挺，裡胯搶步變勢難，臀尾打落不見形，猛虎坐窩藏洞中，背尾全憑精靈氣，起落二字自分明。膝打幾處人不明，好似猛虎出木籠，和風輾轉不停勢，左右分撥任意行。足打踩意不落空，消息全憑後腳蹬，與人交勇無須

備，去意好似捲地風。足打七分手打三，五行四梢要和
合，氣浮心意隨時用，硬打硬進無遮攔。起無形，落無
蹤，起如蟄龍登天，落如霹雷擊地。以上，上下左右十四
處打法，俱不脫丹田之精。腹打去意要沾陰，好似返弓一
力精，丹田久練靈根本，五行合一見奇能。

第十四節　力與勁之別

　　人之肢體，發射之物有二：一曰力，二曰勁。陷於肩
背謂之力，達於四肢者謂之勁。又力澀遲而勁暢速，力局
限於部，而勁達於全身，力方而勁圓，力長而勁短。善拳
者貴勁不貴力，蓋勁雖不能久有，而能時用不竭，力雖可
以持久，而不能達於四肢，不適於應敵。蓋之應敵，如矢
離弦。其著於身，如蜻蜓點水，一著即止。誠以勁之擊
人，發其一指，則全身之勁在指端；其中人也，未中之先
無勁，既中之後，頃疾如掣雷，一發便收，是謂之勁。

　　然何以易力為勁也？務使力透出肩背，其法在初演
時，不多用力，手因勢吐出，習之日久，肩背之力自然流
暢，然後再求功穩，斯過半矣。

　　又勁有路，不可牽之逆，牽之送之，自殺其勁也。能
破人之勁者，乘人之勁路也。善拳者，不當人之勁；若猝
不及防，而敵勁已至，則應之以驚勁。

　　驚勁者，斂氣束身，緊以當之，震以殺之，如行所無
事矣。又勁者巧力也，力者笨勁也。吾人用勁，當及身而
緊，一緊即發，乃用勁之訣得矣。

第十五節　要語彙錄

養法：精養靈根氣養神，元陽不走得其真；丹田養就長命寶，萬兩黃金不與人。

戒色詩：二八佳人體似酥，腰中伏劍斬愚夫；雖然不見人頭落，暗地教君骨髓枯。

拳之命名：不外象形會意二種。象形者，象其形，如十大形之意，如形形之意是也；會意者，如五行拳之意，其他一切名目，皆有取意，唯學者隨勢認之耳。

三法：手法者，應敵之各種方法；步法，進退左右用步之法；身法，扭轉裏胯，俯仰屈伸之法。

三尖：要正而靈，三尖者，鼻尖、手尖、足尖是也。

三心：要正而硬且要靈。三心者，頂心、手心、足心是也，不但要硬，且要發外。即頂心要上射，足心要踏地，五指（趾）抓地，手心發外打空，五指大炸。即頂心要射塌天，足心要踩塌地，手心要推塌山。

三盤：肩至頭謂之上盤，胯至肩中盤，胯至足下盤是也。

三和明：即和明言、和明眼、和明手是也。

三催：步催、身催、手催，亦即根節催中節，中節催梢節之謂。

三到：即眼到、手到、心到是也。

三彎：即肘彎、膝彎、胯彎是也。

三抱：丹田要抱，心氣要抱，兩肋要抱，明瞭三抱多

一勢。

三提：肛門要提，腎中要提，筋胃要提，明瞭三提多一力。

三法：眼、手、腳法，明瞭三法多一急。

三才：八勢之中，三節宜明，手身及足，分梢中根。三尖要照，鼻手足尖，三尖不照，身法不正。三彎要彎，手腰腿彎，三彎不彎，不能成體。三心要實，眉手足心，三心不實，發力不足。三意要連，拳動心意，三意不練，出手不中。

九數：三節之中，各分三節，理合九數，三節中各有三節，三三為九節，與洛書九數相合。

勢法：勢者，因利而制拳也，法者，制而用之之謂也。

技：拳者，圈也。技者，忌也。統而言之，詐而已矣。夫虎閉其勢，將有擊也。狸縮其身，將有取也。與人相角，如遇閉縮之勢，宜慎也，不可忽視（不知）。

藝：藝者，能也，亦出其不意，攻其不備之謂也。古人云：拳無拳來藝無藝，無藝之中是真藝。學技宜韜光以示拙，不宜逞能以自炫，宜養成犯而不校、大勇若怯，不宜鋒芒太露，致招禍由也。況隆隆者絕，炎炎者滅，故宜慎也。

心意拳為短打截法，為拳中最捷要之手法，拳打一條線，不持拳然，即練械亦然。攻動乎九天，則來而不可備；守藏乎九地，則幽而不可知，能達此境，則攻守之法得矣。看敵人如同猛虎，時加小心，打敵人如同打鼠，馬

到成功；未角不可輕敵，已角不可畏敵，相角時，寧讓打錯不可停住。拳打一口氣，一口氣者，一鼓作氣也。相角時，先如狗，後如虎，持久之道，取勝之法。頭不宜低，腰不宜彎，眼宜平視不轉，牙宜合而不含。又兩肘不離肋，兩手不離心，出洞入洞緊隨身，又出入總要與心齊為主，不可過高。

洞者，丹田也；洞口者，口也。寫字忌描畫，練拳忌重複，誠以錯則錯矣，再練時改正可也。若及時重複，則成惚疑之勢，拳法不靈矣。故宜忌也。凡練拳，初練似有勁，不知此非真勁，乃笨勁。由笨勁再練出和勁，由和勁再練出靈勁，則成矣。

動靜：靜如山岳，動如雷霆；靜若游龍，動若驚鴻。

輕重：重若山崩，輕若風掃。重則驚天動地，輕則踏雪無痕。與人相角，要占上風，頭宜防金沙迷眼，又不可對著太陽，防晃眼也。地形亦宜留意。打人要先打其四肢之腕，封閉其官，而其主旨一心眼為要，多則敗矣。心意拳入手之法，系逆運先天自然之氣。中庸所謂致中和，孟子所謂調（直）養而無害，皆此氣也。其與氣力一道，純任自然，合乎中庸之極，則殆內家之上乘也。

鮑自安角朱彪之法：打虎截爪，打人亦然。打人要先打其四肢之腕，封閉其視官，而其主旨，以一個心眼為要，多則敗矣。

軟硬：軟若棉花，硬若剛。又軟，柔也；硬，剛也。《拳經》曰：綿裡藏針。

快：身如弓，手如箭，拳打來回不見人。慢若抽絲，

以練其氣，快若射箭，以練其用。

太極拳：人剛我柔謂之走，我順人背謂之沾，由著熟而漸悟懂勁，由懂勁而階及神明。走也，沾也，皆於勁中求之必也，感覺靈敏無有窒礙而後謂之董（懂）勁必也；隨機應變，純任自然，而後可謂之階及神明，此太極之訣也。

知機：要知時間，掌握時間，機不失也。

知勢：要知空間，掌握速度。

周身之法：足起而翻，足落而鑽，鑽而行，行而挫。挫而抓，抓而釘，釘而漲。足弓反漲，技臻絕頂，背項強直，窮身而入妙也。

內家三派：內家之技擊也，必求直中。太極空中，八卦變中，心意直中。中則自立不敗之地，偏者遇之靡不挫。心意攻人之堅，而不攻人之瑕。八卦縱橫矯變，太極渾然無間，隨其來體，不離不拒，而應之以中。致柔之極，持臂如嬰兒，忽然用之，雖憤育無所施其勇；雖萬鈞之力，皆化為無力矣。

形意說：形者五官百骸也，意者心意也，二者合言之，即內五行要動，外五行要隨。或曰心意之動作，即取法乎形形之意，其意亦通。總之，斯拳在太谷名曰形意拳，在祁縣名曰心意拳，然究其實，一而二，二而一者也。雖然予為祁縣派，予師名斯拳曰心意拳，予不敢背而曰形意拳也。

內功外功說：內功外功之意，非指內家外家而言，唯論其所練之術而定。無論武當少林，及任何派別，其專主

鍛鍊筋肉骨骼皮膚者為外功；其專主鍛鍊腦筋、臟腑神經感覺以及神氣精者為內功。但專練外功者，其內部未必不練，決無精氣神不動，而筋肉骨骼皮膚可單獨自動者。只練內功者，筋骨皮膚決不能不牽動，唯練外之成分少，練內之成分多。此特就專者而言。凡功深者，無不內外俱練而後有成，則所謂專練者，尚非完善之法。今人自詡其專精，且未見其專精者何所謂者。

傳意篇：隨機應變，靈活應用，應用之妙存乎心，一決皆在乎意。你知，我也知，心乖打心癡，以上諸說法即意也。意者，靈活之心眼也。與人相交致勝之訣，固在於藝，而尤在於意。有藝無意謂之死藝，有意之藝乃是真藝。昔孫臏減灶以誘龐涓，孔明增灶以怯仲達。或聲東擊西，或指南攻北，或出炸聲以哧敵，或出敗聲以示怯，隨機應變，出奇制勝，非用意莫致也。

昔少林寺某僧，學藝於其師，藝成後辭師外出，途中遇以猴賽武者，與之角弗勝，慚而歸。見寺壁人與猴角圖，其先敗於猴，繼繪人以帽擲空中，猴驚奇，仰視，人乘機出擊，將猴擒捉。僧以其法，復於猴角，卒勝猴。觀此事例，傳意一著，實為重要。

心意訣竅：天君居寶座，意念運周身，後升與前降，循環莫時停；華池生玉液，過關如雷鳴；修持莫間斷，玄妙難以容。

飛衛論眼法：甘蠅，古之善射者，彀弓而獸伏鳥下。弟子名飛衛，學射於甘蠅，而巧過其師。紀昌者，又學射於飛衛。飛衛曰：爾先學不瞬，而後可言射也。紀昌歸，

偃臥其妻之機下，以目承牽挺。二年後，雖錐末倒眥而不
瞬也。以告飛衛，飛衛曰：未也，必學視而後可。視小如
大，視微如著，而後告我。昌以氂懸虱於牖，南面而望
之。旬日之間，浸大也。三年之後，如車輪也。以觀餘
物，皆山丘也。乃以燕角之弧，朔蓬之竿射之，貫虱之心
而懸不絕。以告飛衛，飛衛高興地說汝得之矣。

　　紀昌既盡衛之術，計天下之敵己者，一人而已，乃謀
殺飛衛。相遇於野，二人交射中路，矢鋒相觸而墜於地，
而塵不揚。飛衛之矢先窮，紀昌遺一矢，既發，飛衛以棘
刺之端扞之，而無差也。於是二人泣而投弓，相拜於途，
請為父子，克臂以誓，不得告術於人。

第十六節　技擊篇

打　法

　　打法與進法之訣，不外束、鑽、抖、撖、剎五法。五
法之中抖撖為要，即身要抖，手要撖是也。至進時以束鑽
為主，而步法以後催前，足跟踏實為要。而其最要者，靈
快是也。與人相交時，須將自己的丹田，對準敵人猛射
之，即肚挺肚是也。或曰：舒時天收地出，展時應地收天
出，此何肚之挺也？不知展時，並不收內地，人但見內天
之出，疑內地亦收耳。至打人步法，以我之前足，趕敵之
前足，我之後足上而踩敵之後腿彎，此通法也。倘用膀打
時，以步小為妙。又與人相角，當場不可讓步，舉手不可

留情，讓步則身法不能就前，雖勇而無功，留情則拳法不靈矣。又打人全憑反掌靈，到身變化法術精。

頭：頭打落意人難防，起而未起占中央。

腳：腳踩中門搶地位，就是神仙也難防。

肘：肘打去意占胸膛。

手：起手好似虎撲羊，或是括橫一旁走，後手只在肋下藏，捶打起落頭手當，武藝相戰蔽目光，天地交合雲遮月，神龍未起霹雷響。

肩：肩打一陰返一陽，兩手只在洞裡藏；武藝全憑蓋勢取，束展二字一命亡。

胯：胯打中節並相連，陰陽相翻得之難；外胯好似魚打挺，裡胯踩步變勢難。

膝：膝打幾處人不明，好似猛虎出牢籠；和身輾轉不定勢，左右橫順任意行。

腳：腳打踩意不落空，去意好似捲地風；二人交勇無需備，消息須得後腳蹬；步步行動剪子股，把把鷹捉發雷聲；身子未動擒拿意，六合貫注一氣行；未曾開拳先打顧，後打上法動五行。君子要習心意拳，尊敬老師寸步行。

人以虛來，則以虛應之；人以實來，則以實對待；凡上虛下實，前虛後實，拒之則虛，不拒則實，在人用時變化耳。天為一大天，人為一小天。牆倒容易推，天塌最難擎。雨灑灰塵淨，風順暴雲回。熊出洞，虎離窩，勇似穿山越大河。摔崩摘豆角，犁正其項，將有所去，虎閉其勢，將有所取。勢正者不上，勢遠者不上。知遠知近，知老知嫩，知寬知窄，渾身一氣，上下相連。

心動身不動則枉然，身動心不動亦枉然。一場要把勢吊鬼，閃展騰挪足底隨。明知八勢要去，打來不算好武藝。問爾何所據？答曰：我的場中本不定勢，或把或拳望著便是。行如槐蟲，起如挑擔，若遇人多，三搖兩旋。隨高打高，隨低打低，打遍天下即如老雞。

守戰之道

凡守戰之道，內實精神，外示安逸，見之似弱婦，奪之似猛虎。布形候氣，形與神俱往，逞之若日，偏如騰兔，追形逐影，光若彷彿，呼吸往來，不及法禁，縱橫逆順，直復不聞，炫耀如電，目不及瞬。打法須要先上身，手腳齊到方為真；拳似炮，龍折身，遇敵好似火燒身；起無影，落無蹤，去意好似捲地風；五行一動雷聲響，拳去雷動快如風，山林縱密，不能阻隔；風吹浮雲散，雨打灰塵清，牆倒容易頂，天塌最難擎。拳打遍身是法，腳踢渾身是空；遠去不發腳，發腳不打人；見空不打，見空不上，先打顧法後打空。先打哪裡顧法？渾身是法，俱打的是本身。隨機應變，察其真情。手打莫往空裡落，腳去莫往空裡走，閃展兩邊，提防左右。彼退者，當跟進緊追，隨高打高，隨低打低；起為橫，落為順，其為方正。但遇人交手，心不勇，手不捷，多出於變化無方。

三存者不上，心裡所悟，原來是本身上、中、下不明。若三節分明，四梢俱齊，無不取勝。腳打七分手打三，五行四梢要和全；氣呼心意隨使用，硬打撐進無遮攔。蟄龍未起雷先動，風吹大樹百枝搖。一枝動，百枝

搖，心一動全身俱往；內要提，外要隨，起要橫，落要
順，打要連，氣要催，躦身手，進中間；手起為虎撲，腳
起不落空；遇敵無奈戰，放膽進成功。有反心必有反氣，
有反氣必有反力。其形未動，後有異反之心，面笑眉喜不
動唇，提心防他心有意。會意之心能和氣，歸一合順者，
則天地之事無不可推也。拳打三節不見形，倘若見形不為
能；拳打三條路，兩條人不明，能要不是莫要停；能在一
思前，莫在一思存；能在一氣先，莫在一氣後。

防身訣

六合心意真傳留，身背似弓四梢求；練到巧妙靈通
處，倉猝發機如彈仇；好似猩猩出洞形，為要提防不勝
心；蔽他兩膀埋伏計，真情全在含精神；束展二字莫輕
視，周身含抱丹田基；左右橫順蓋勢立，統歸腹內注神
氣；處處行動揆意用，得來全在長精神；勿拘晝夜要起
動，四梢齊發可閉凶。

總之，行坐時要常提防，提防一切風吹草動，交際要
審察來往通道情形，生朋故友和明人，和明眼，出入檢點
自身，行路勿色他人。聖人曰：行人讓路，能審來人行
跡，豈不免事乎。

挫實截諸訣

實來須寸挫，左右裏風行；得勢得機截，寸步巧鑽
身；敵勇君休懼，束展不放空；固我丹田氣，心意寓此
中；任他來何快，精神通目神。

古師云：精神在眼中，是乃至訣。練拳技者又曰：手到哪兒，眼到哪兒，是為正著。令周身神氣，全在乎雙目發現，精神充足與否，皆表現為兩眼，是以大拳技家雙目如電，遇敵時雙目注射敵者，其有生龍活虎之威倍耳。

進退訣

進步要低，退步要高，進步速如箭，退步速似弓，進退不明枉學藝；反側裏風膀，取敵捲地風；手在懷裡變，腳從肚裡蹬；做實沉元氣，發勁用神功；出勢發聲怪，變化似蛟龍。

發手論

守靜穩如泰山，發動如起暴風。譜云：起橫落順捲地風（風者亦如橫念），看正似斜，看斜似正；卻敵要寸步，取敵宜底攻；哪怕他身大力勇，只要我束展不空；拳打出，全身是法，最妙處，不露身形；發出時速雷閃電，拳到處鬼泣神驚；要截他詭計多端，全憑我嘿、呵、哈、噫。

交手論

與人相戰，先明三前：眼前、手前、足前是也。與人交勇，蔽住五行（眼、耳、口、鼻、面外五行）；天地交合虛熠明，拳之交合蔽五行；膀似懸明鏡，身似如意鉤（鏡能監妖察邪，手可如意撈搭）；丹田養穩固，身似押海舟。明此乎，不受敵之欺詐，心穩膽固，非從靜處悟不出至妙端倪。天之陰陽相合能下雨，拳之陰陽相合能打

人。（主訣自悟，拳理自明，即成自精，受用無窮）

交手之道與運用法目：如遇對手出任何手段，吾只宜斂神靜氣，勿發愚力氣為要。待其來勢勁至吾身處，隨其來勁接而速合之，使其發勁放而難收之際，吾用斬截之法躦入其洞，使其不倒而跌矣。漸知用勁不用力，漸知妙化不硬抵，是即所謂交手明三前，出洞入洞矣。

三 法

手法，應敵之各種方法；步法，進退左右用步之法；身法，扭轉顧胯，俯仰屈伸之法。三前要分明，眼前、手前、足前。打人先打顧法，後打空隙，出其不意，攻其不備，內實精神，外似安逸，行如神龍，動如猛虎。起左腿，左腿未落右腿隨，進右腿，右腿未落左腿追。

眼耳手足

眼有監之神，如水逝也。手有撥轉之能，如電掣，急雲捲摩也。足有行程之功，如虎之踐，箭之射也。耳有聞聲之靈，如風馳也。四者俱練到神化，臨敵自無失機之虞。

三 動

重動、輕動、靈動，屬意念之法。意念重者練重動，意念輕者練輕動，意念靈者練靈動。

點穴法

八蛾穴、田燕穴、花蓋穴、氣海穴、陽胞穴、毒脈穴、左縐曲穴、右步亭穴、左夾窩穴、右閉窩穴、尾閭穴。

第十七節　心意氣論篇

戴氏心意拳為大腦支配下的意氣運動，以意行氣，以氣動身。心為令，氣為旗。全身意在神，意到氣到勁到，內氣真氣深入骨髓，久練之後行氣才能達到高深的功夫。意練意識，肢體運動是意的外部表現。心意行氣、以氣運動是貫穿練拳全過程的內部運動狀態。

立法與平素一樣，頭頂天足抓地

先定心，心定神寧，神寧心安，心安清靜，清靜無物，無物氣行，氣行絕像，絕像覺明，神氣相同，萬氣歸根，合為一氣。

用氣訣法

眼上翻屬陰，陰氣落在枕骨。鼻一縐屬陽，陽氣落在齶角。脾氣緊，心氣沉；肝氣頂，肺氣行。肺氣一努落腎經，心氣一沉自然成。

引氣法

目視鼻，鼻對臍，處處行遲不可移，撤開二六連還鎖，一點靈光吊在眉。

周天法

緊撮穀道內中提，尾閭一起縐節骨，玉枕難過目視

鼎，來到丹田存消息，往前又視雀橋路，十二時中降下池，鎖住心猿拴意馬，要到丹田海地基，一時快樂無窮盡，返本還原心自知，久練自成金剛體，百病皆除如童子。

得真法

渾元一氣悟道成，道成莫外悟真形，真形內藏真精神，精神神藏氣輕輕，如問真心求真形，須要心形合形形，真心合來有真訣，合道真訣得切靈。養靈根而動心者，敵將也；養靈根而靜心者，修道也。

武藝雖精竅不真，費盡心機枉勞神，祖師留下真妙術，知者不可輕傳人。正不必一拳打倒門外漢，亦不必一腳踢翻陵陽判，英雄好武真本領，況是將門三軍冠，羨君親身來自算，英姿颯爽動星間，每向射圃張弓按，壁上觀畫咸稱讚，更有盤根葆真算，旋轉旁通功不斷，忽然沖空翻波浪，鵬虎鷹熊來天半，雷動風行勇且悍。

凡此諸法在平日，學步邯鄲俱驚歎，功夫全貴不臨亂，笑余學道未一貫，終日只知守書案。安能與君遊汗漫，博得偉軀好俱換。

心意拳養氣學

氣者，勇之實也。養氣即所以養勇，黝舍之流，不膚撓，不目逃，視不勝猶勝。刺王侯，若刺褐夫，視三軍若無物。蓋習拳有素，氣充乎四體，而溢乎其外。見乎其勇，而不自知也。然此持氣之粗者，抑猶有精者存焉。至大至剛，配義道而無餒，塞天地溢四海，故孟軻養之以成

賢，文天祥守之以遂忠。蓋磅礡凜烈，是氣長存。足以助精魂，強神明，不隨生死而滅。其所謂大勇者，豈可與黝舍同論哉？夫粗者魄氣也，精者魂氣也，魄氣生於體，魂氣生於天。魂氣清明，而富於仁。魄氣強橫，而偏於貪。神人不以體魄用事，故以養魂而棄魄。愚夫只知有身，故養魄而棄魂。聖賢重魂而輕魄，故以魂制魄。勇士重魄輕魂，故以魄制魂，此養氣之大別也。心意之養魂氣與魄氣乎，亦以魂而制魄，抑或以魄而制魂乎？曰此非心意拳養氣之道也。心意以身體為運動，固不能捨魄以養魂。然養生之術，須準天地進化之序，生剋變化之方，必按五行循環之意，化生萬物之形。苟捨魂以養魄，復不能盡心意之能事也。然則何謂而後可，曰：魂氣靈明，心意之生剋變化，賴以神其用者也。魄氣渾厚，心意之實內充外，賴以壯其動者也。輕魂則變化不靈，輕魄則實力不厚，必魂魄並重，乃盡心意養氣之要功也。

1. 氣論序

自古相傳，有文事者必有武備。

凡學捶者，要明七拳。知三節，身如彎弓，手如藥箭，足蹬起似箭離弦。手起莫往空裡落，遠進一丈步法奇，步位之法，精之到人，能一思進，莫一思退，進步起勢如猛虎下山。兩手出洞入洞要隨身，身起足不起是枉然，足落身不落亦枉然。進步打莫留情，留情藝不成。剪子股、十字擒、虎撲鷹捉身四平。梢節不明難出變化，中節不明渾身是空，根節不明多出七十二般跌法。本心不明，勢徒勞心。五行四梢，發施不知，尚遇凶禍難避。

吾能與人規矩，不能使人進攻得法。明瞭三心多一力，明瞭四梢多一精，明瞭五行多一氣。三回九轉一勢起，把勢不同理法同。知其始終，死中反活，活中反死。勢精人間多一精，一精知其萬勢通，萬勢不要盡了終。勢占中間難變化，揉定中門去打人，如蛇吸食閃路徑。騰挪而未失正者不打，其遠者不打，先打顧法後打空。不見起落，進打為何？雖有智能不如乘勢，又打內外合法，又打上下合法，又打隨機應變合法。一枝動而百枝搖，上下相連。雞爭鬥、虎擒羊，轉身四梢行似閃，連環一氣掩之打。

花勢雖明，不算武藝，遠近並濟，用與臨場，不定孰勢。隨高打高，隨低打低，或拳或把，望著就打。豈知武藝多術，絕口不談，唯惑亂人心，反悟身能戰。勇而無凶象，心平氣穩，血脈貫通，日積月累，循序漸進，成熟之後，三節、四梢不見，生於自然。

能交言語，莫能交心，手到不如心到。心為君，四梢為臣；心為將，四梢為兵。君與臣、將與兵，共合一處自無不勝。學者立志慎哉。

歌曰：習藝如登萬重山，先生言語是指南；藝中若得無窮趣，只有功夫不間斷。

又曰：武藝真傳法無奇，起落縱橫立根基；身心難練用苦功，藝法雖深可盡知。

總之，武藝相傳，必思忠、孝、信、禮、義之人，方可傳授。逢殺家、捨友，行為不端者，寧可失傳不可傳也。傳道得心，願習武藝之人，為身小弱薄者一助云耳。

2.中氣論

中氣者，即先天之元氣。醫道所謂元氣者，以其居人身之正中，故武備名曰中氣，即先天真一之氣也。文練之則為內丹，武練之則為外丹，然內丹未有不借外丹而成者也。蓋動靜互根，溫養合法，自有結胎還原之妙。俗學不解中氣根源，手舞足蹈，欲入玄巧必不能也。

人自有生以來，稟先天之神以化氣，積氣以化精。當男子以生身之精初凝於丹田、衝脈、帶脈之中，前對臍，後對腎。非上、非下，非左、非右，不前、不後，不偏不倚，正居人一身之正中，稱天樞，號命門，即所謂太極是也。真陰真陽，俱存此中。神志賴之，呼吸依之，十二經、十五絡之流通也。此氣靈明，或盛或衰，非由功修何成諸狀。

今以人功，變弱為強，變短為長，變柔為剛，變衰為盛。易動也，身之利也，聖之基也，屬之地也。以氣為主，天地生物氣之所至。百物生長，內與外對，表與裡對。壯與衰對較，壯可敵也；內與外對較，外可略也。即孟子所謂氣大至剛，塞乎天地之間，是謂浩然之氣也。一曰揉有定勢，人之一身左血右氣。凡揉之法，右邊推向於左，是蓋氣推入血，令其通融。又取胃居於左，令胃寬能多納氣。又取揉者，右掌有力，使用無窮。使人而咽之善者，大皆仙去，其法秘密，世人莫知也。

初用功也，以輕為重，心宜意其力平也。功逾百日，其氣盈脯，天地之間，充塞周遍，然後才可迎送於外。蓋以根在內，由中送於外，有存之學也。內外兩全，方稱神

勇。其功畢矣，常宜錘煉，勿輕逸試。觀林中樹木，有大且茂者，是水土旺盛相之氣於外也。

3. 陰陽轉接

天地之道，不外陰陽。陰陽轉接，出於自然。故靜極而動，陰斷乎陽也；動極而靜，陽斷乎陰也。推而至於四時，春、夏之後接以秋、冬，發生盡而收藏隨之。陰必轉陽，陽必轉陰，陰陽乃造化之生成也。故有去有生，生生不窮無有歇息。人稟陰陽之氣以生，乃一小天地，其勢唯陰與陽轉接乘受，豈可不論哉。故高者為陽，低者為陰；仰者為陽，俯者為陰；正者為陽，側者為陰。勢高者落之一低，陽轉乎陰也。若高而更高，無可高矣，勢必不相連，氣必不相接。勢低者必起之以高，陰轉乎陽也。若低而更低，無可低矣，勢必不相連，氣必不相實。俯仰側正，曲直動靜，無不皆然。唯有陽復轉陰，陰復轉陽，其一氣不盡，復催一氣以足之也。非陰盡復轉陽，陽盡復轉陰。明於此，則轉接有一定之勢，接落有一定之氣，無悖謬、無牽拉矣。蓋勢之為快，氣之流利，中無間斷也。一有間斷，則另起爐灶，是求快而反慢，求利反鈍矣。

4. 行氣論

歌訣曰：任他勇猛氣總偏，此有彼無是天然；進截橫巧橫截直，一氣催二二催三。

又曰：任他歸快是路遠，守吾安然自粘連；如問是謂何妙訣，只在行氣一動間。

5. 陰陽入核論

煉氣不外陰陽，陰陽不明從何練起。先始之督脈，行

於背之當中，統領諸陽經。任脈行於腹之當中，統領諸陰經，故背陽腹陰。二經上交會陽、下交會陰。一南一北、子午相對。又如坎卦，陽居北之正中。離卦，陰居南之正中，一定而不移也。故俯勢為陰勢，宜俯卻又入陽氣。蓋督脈領諸陽經之氣，盡歸於會陽上之前也。仰首為陽勢，卻入陰氣，蓋任脈領諸陰經氣，盡歸於會陰上之後也。

6. 入陽附陰，入陰附陽說

以背為陽，大俯而曲，則督脈交任，過陽入陰，陽與陰相附也。大仰而曲，則任脈交督，過陰入陽，陰與陽相符也。陰推陽、陽推陰，循環無端，凡旋轉勢用之。以俯勢入陽也，不將陰氣扶起則偏於陽，必有領拉前跌之患。以仰勢入陰氣，不將陽氣扶起則偏於陰，必有掀翻後倒之憂。故俯勢出者，落點即還之以仰勢，使無偏於陰也。陽來陰送，陰來陽送，不偏不倚，無過不及，落點還原，所云「停」字，即是此法。

推而至於曲者，還之以伸；伸者，還之以曲；高者，還之以低；低者，還之以高；側者，還之以正；正者，還之以側，以及斜歪、標旋、往來，無不皆然。逐勢練法，則陰陽交結，自有得心應手之妙。其扶氣之源也，通於四梢，氣之注也。如通行之道路，總要無壅滯，無牽拉也，方能來去流利，捷便莫測。故上氣在下欲入上，莫牽其下；下氣在上欲入下，勿滯於上；前氣在後，順其後而前氣自入；後氣在前，理其前而後氣自去；右氣在左，留意於左；左氣在右，留意於右。

如直搥：手入氣以前，不勒後手，後肘氣不得自背而

入。上沖手：下胸不開，則氣不得上升，而入於後。合抱勢：背不開，則氣不得裹於前。直起勢：須勾腳。直蹲勢：須縮項。左手氣在右手，右手氣在左手。俯勢、栽勢、掀其後腳跟。墜勢者，坐其臀。起勢者，顛其足。栽蓋莫蹺腳，恐上頂也。仰勿伸腳，慮下拉也。擴而充之，勢勢皆然。

總之，氣之路也，歸著一處。氣之來也，不自一處。唯疏其氣，其氣源通，則道流利，自不至步步為營，有牽拉不前之患矣。

7. 陰陽併入並扶說

此為反勢，反勢陰陽，各居其半。故左反勢者，右邊之陰陽併入以左之，左邊之陰陽併入以扶之。故右反勢者，左邊之陰陽併入以右之，右邊之陰陽併入以扶之。

8. 陰陽分入分扶

此為平轉開合勢，開胸合背者陰氣，分入陽氣。開背合胸者陽氣，分入陰氣。勢分兩邊，故氣也從中劈開分入分扶之。

9. 陰陽旋入旋扶

此為平掄勢、紐綯勢、搖晃勢也。勢旋轉而不停，氣亦隨之旋繞不息。陰入陽分，陽入陰分，接續連綿，並無休歇。左旋右旋，陰陽旋相入扶也。

10. 陰入陽扶，陽入陰扶

此為直起直落不偏不倚勢也。直身正勢，陽不得入於陰分，陰不得入於陽分，各歸本分。上歸百會穴而交，下至湧泉穴而合，陰陽之扶在兩穴也。

11. 陰陽斜偏，十字入扶

此為斜偏側身俯仰勢也。左斜俯勢，陽氣自脊背右下提於左上，斜入左前陽分。右斜俯勢，陰氣自脊背左下提於右上，斜入右前陰分。斜劈、斜邀手用此。左斜仰勢，陰氣自腹右下提於腹左上，斜入右後陽分。斜擢、斜提手用此。

12. 陰陽亂點入扶法

此為醉形式是也。醉形者，忽前、忽後，忽左、忽右，忽俯、忽仰，忽進、忽退，忽斜、忽正，勢無定形，氣也隨之亂為入扶也。

13. 剛柔相濟

勢無三點不落，氣無三點不盡。此陰轉陰蹭一陽，陽轉陽蹭一陰之謂也，蓋落處盡處，氣凝血暢而充實之。所用剛法，則氣撲滿身。而兼陰兼陽，是氣血流行之時，宜用柔法。不達乎此純用剛，則氣撲滿身，牽拉不利，落點必不猛勇。純用柔法，則氣散不聚，無所歸著，落點必不堅硬。應剛而柔，散而不聚；應柔而剛，則聚而不散，皆不得相濟之妙。故善用剛法，落點即如蜻蜓點水，一沾即起；善用柔法，遇氣如風輪旋轉，滾走不停。若是剛柔相濟得宜，方無氣歉不實，澀滯不利之患也。

以上總論：一身之大陰陽，俱以入其扶。至於手背為陽，膊外為陽，三陽經行於手背之外也。太陽經起於手之小指背，少陽經起於無名指背，陽明經起於食指背，皆上循轉外而赴頭也。手心為陰，膊內為陰，三陰經行於手膊之內也。太陰經止於手大指內，厥陰經止於中指內，少陰

經止於小指內，皆循膊內止於指。足背為陽，腿外為陽，三陽經行於足腿也。太陽經止於足小趾外側，少陽經止於足大趾內及小趾內及小趾、次趾間，陽明經止於足大趾及次趾背。三經皆循腿外，而止於趾背。足心為陰，腿內為陰，三陰經行於足腿之內也。足太陰經起於足大趾側下，足厥陰經起於足大趾內側上，足少陰經起於小趾過足心湧泉穴，三經皆循腿內。

14. 三尖為氣之綱領論

事專一，則治於以其有主宰之統。雖有千頭萬緒之多，而究之總歸一轍也。如行軍有主帥之運動，治家有家宰之規範，方能同心協力於事。筋經貫氣，動關性命，其氣統領之歸結，不可不究哉。夫頭為諸陽之會，領一身之氣，頭不合，則一身之氣不入矣。

如左側俯勢：而頭反右歪，則右半之陰陽不入。右側俯勢：而頭反左歪，則左半之陰陽不入。直起勢：頭反縮，則下氣不得上升。直落勢：頭反頂，則上氣不得下降。旋轉而右，頭反左顧，則氣不得右入。旋轉而左，頭反右顧，則氣不得左入。

三陰止於手內，三陽起於手背，為臂膊往來氣血之道路，指法之曲伸、手腕之俯仰、伸翹，則氣不入矣。如平仰手直出，反掌勾手氣必不入。陰手下截者，掌翹則氣不入。仰手上出者，掌翹則氣亦不入。平仰手前蕩者，腕勾則氣不入。平陰陽手截打者，腕勾則氣亦不入。側手直打者，翹手則氣不入。側手沉打者，翹手則氣不入，餘可類推。

三陽止於足之背，三陰起於足之下，為腿胯往來氣血

之道路。一足之尖、跟、棱、掌、腳脖之伸翹，內外一有不合，則腿氣不入。如仰勢，腳尖若伸，則陽氣不入。俯勢，腳尖若翹，則陰氣不入。起勢直跟躋者，腳尖若伸，則氣不得上升。若落勢下墜，腳尖若翹，則氣不得下降，皆不可不知也。

15. 三尖照說

煉氣不外動靜，動則氣榘不散，靜則如山岳而難搖，方能來去無失。視俗手動靜俱不穩妥，蓋亦未究三尖照與不照耳。三尖照則無東歪西斜之患。不照則牽此拉彼，必有搖晃之失。如十字勢：左腳前、右手前者，右手正照左腳尖，頭照右手，則上中下一線，不斜不歪必穩。側身右腳前，右手前之順勢，頭順勢照右手，右手照右腳必穩，餘可類推。又有三尖不能強照者，則與十二節照之，紐繚必用之。

16. 三尖到論

三尖到則一齊俱到也，不然此先彼後，此速彼遲，互有牽拉而不利也。右手正照右腳尖，蓋氣之著落點。雖云：「一尖二催」，此一尖之氣者在全身。一尖不到，必有牽拉，身氣不入矣。自練不靈快，催不堅剛，皆是此尖不照之患。練形者，須刻刻留意此三處，方為中的。

17. 十二節、往來、氣落、內外、上下、前後論

三尖為氣之領袖，乃氣所歸著之處。人且知此三處，宜堅實勇猛，全體堅如石，方能不怕人之衝突，不慮我之不敵也。其所以堅硬者，則在逐處之骨節。蓋骨節之空隙乃一人之經脈、神明之所流注此處。精神填實，則如鐵如

鋼，伸之不能曲，曲之不能伸，氣貫方全。起手有肩、肘、腕三節；腿有胯、膝、足三節，左右相併共計十二節。手之能握，足之能步，全賴於此。如將沙袋逐層填實，雖軟物可使之堅硬，此雷同氣貫筋經之理也。

氣落全勢有前後、內外、上下之分，宜明辨之。如側身直勢雙手前推者：肘心氣填於上，手腕氣填於掌，翹於肩。雙手下劈者：肘心氣填於手腕，氣填於下，前肩脫下，後肩提起。正身前撲：兩手平托，肘心氣填於上，手腕氣填於內。膝翹與臍平：氣實腿外側，腳脖內側，著力胯外間，上下節數隨之起落運動。餘可類推。

18. 槃停成論

歌曰：天地交會萬物生，不偏不倚氣均停；千秋萬載氣停聚，唯有和合一氣通。

此交手法也。槃者：非交手先將中氣吸入中宮，滿腹堅硬如鐵，全體振動，勃然莫遏。如行軍未對敵之先，予將士鼓其勇氣，以待敵至，使其根非空洞虛殼也。停者：已交手也，落點不前不後，不偏不倚，陰陽均停，不多不少也。成者：已交手至落點之後，仍還挨再發也。落點氣不還原，氣散不聚，後不可繼，再發發甚矣。故陰勢陽出者，仍還之以陰。陽勢陰出者，仍還之以陽。成住不散，生生不窮。雖千手萬手，氣總不散敗，更兼內丹有成，食氣不絕，即不得食，而真氣充之，自無餓餒之患。歷數古之名將，愈戰愈猛、勇增百倍者，皆是此訣作用無窮也。

19. 點氣論

詞曰：似夢地著驚，似吾道忽醒，似皮膚無意燃火

星，似寒浸，骨裡打戰凍。想情形，快疾猛，原來是真氣泓濃，震雷迅發離火焰，烘俗不悟元中窮！丟卻別尋哪得醒，著人肋膚堅剛，莫敵形，而深入骨髓截斷營。

己剛在於氣所著，未有疼痛。疼則不通，通則不疼，理應然也。能隔斷氣血之道路，使不接續；能壅塞氣血之運轉，使不流通；可以粉骨絕筋斃性命於頃刻，氣之為用大矣哉。但須明其方，知其發，神其用，方能入殼。如射之中，得先正形體，不偏不倚。如矢之端正，簇羽之停，習勻中氣，神凝氣充。再如開弓弛、張弓圓、漸滿而其中，得之神通可於此，可穿七紮，乃在放散之靈不靈耳。故氣之發也，當如炮之燃火，弓箭之離弦，陡然而至。熟玩此詞，自然會得心應手，切勿作閒話略過也。

20. 過氣論

落點堅硬，猛勇莫敵，賴全身之氣，盡握一處也。然，有用之，而氣不至，氣去而牽拉不利者，未知過氣之法也。蓋人身之氣，發於命門，氣之源也，著於四梢，氣之注也。而其流行之道路，總要無壅滯、無牽拉，方能手法流利，捷便莫測，故上氣在下，欲入上莫牽於下。下氣在上，欲入下莫滯於上。前氣在後順其後，而前氣自入；後氣在前理其前，而後氣自去。左氣在右，留心於右；右氣在左，留心於左。

如直撞手：入手氣於前，不勒後手掌，後肘氣不得自背而入。上沖手：下手不下撞，肩不下脫，氣不得自筋而入。分擺手：胸不開，則氣不得入手後。合抱者：背不開，則氣不得理於前。直起勢，須勾其腳；直落勢，須縮

其項。左手氣在右腳，右手氣在左腳。俯勢、栽勢、前探勢，掀起後腳跟也。墜勢，坐其臀。舉勢，踮其足。栽蓋莫翹腳，恐上頂也。仰蓋莫伸腳，慮下拉也。擴而充之，勢勢皆然。

總之，氣落也，歸著一處。氣求也，不自一處。唯疏其源，通其流，則道路滑利，自不致步步為營，有牽拉不前之患矣。前敘二十法論，乃為筋經貫氣之秘訣。

心意拳養氣之必要

或曰：身體之伸縮也，四肢之變化也，都賴於筋骨血肉，而五臟之主於內者，似與氣無涉。

曰：不然。人得五臟以成形，復由五臟而生氣，故五臟之於人，猶輪船之汽房，火車之鍋爐，運動變化固賴乎此。然無蒸氣以促動之，則機關再靈，終無善其用。氣之於人，亦猶是也。故五臟之動，賴乎於氣，氣之強弱虛實，可使人壯老勇怯。況心意為內家運動之一，而變化靈捷，實力充厚，非魂魄並養不為功，使外培而裕之，內擴而充之，又何足供吾人無量之用哉。

心意拳養氣之功用

氣始生於一，終分為二，即魂魄也、陰陽也。魂氣屬陽，靈明、輕清，可虛實剛柔，循環變化，神乎神乎，至於無形、微乎微乎，至於無聲，此陽氣之妙用也。魄氣屬陰，渾厚重濁，可堅強猛烈，不撓不逃，雄魄毅兮，可摧堅，氣剛大之而拔山，此陰氣之妙用也。

武術專家，技臻絕頂，其攻人也，無跡可尋，雖稠人廣眾，千目共睹，莫能見其手之所至，足之所履，身之所止，謂之玄無，乃魄氣充有以致之也。其攻人也，手觸其身如金城，足衝其股如鐵柱。當之者頹，狼狽卻退，乃魄氣厚，有以成之也。昔武穆用兵，先謀後動，其動也，靈妙變化，飄忽猛烈，莫可推測。其靜也，嚴整壯重，如山岳堅實，莫可撼移，兵家謂：不動如山岳，難知如陰陽，非魂魄二氣修養有素，何克臻此？故武術之精者，必精於氣；精於氣者，必精於兵。養氣之道，何可忽乎哉。

心意拳養氣之法則

心意之謂養氣者多矣，或胸中努力，或腹內運氣，是皆不明根本，而恃齊其末。如告子之不動心者，雖直接而易為，終無補於實際。夫根本者何也，曰：循理集義，明三節，講四梢，練八字，熟九歌是也。蓋氣分魂魄，魂氣生於天，根於義理；魄氣生於五臟，根於四事。如水之有源，木之有本，清源而水流，培本而木茂，自然之理也。夫若孟賁穿窬，童子不支，夏育為盜，懦夫不抗，是乃背禮喪義，魂氣全失，而猛怯資殊也。江湖無賴，弄姿擺勢，然每被擊於浮淺。世俗拳師，旋舞跳躍，然每被撲於傖夫。倘四事修明，魄氣堅實，何至於此。故心意之善養氣者，非禮不動，非義不往。

自反而合理，雖萬人無懦；自反而非義，雖褐夫亦懼。動必以禮，趨必以義，而魂氣自盛矣。牽措動靜，必合四事，三節不明勿措也，四梢不明勿措也。八字九歌未

熟練勿措也。人一己百，人十己千，如是而謂魄氣不強者未之有也。必有事焉，勿助勿忘。過用心則助，助則暴而氣亂矣。不用心則忘，忘則蕩而氣散矣。果明此義，則內家要術，畢盡乎斯，又豈獨心意哉。

內外相見合一法

震龍兌虎各東西，朱雀玄武南北分，戊己二土中宮位，意為媒引相配成。眼、耳、口、鼻、舌五行，手足四梢並頂心。久練內外成一氣，迅雷電雨起暴風。

誠心練養精氣神，眼前變化此中存，拳無拳來意無意，無意之中是真藝。

內功運氣法

人之周身氣滾滾，前任後督血脈通。任脈起之於承漿，直下陰前至高骨。督脈尻尾而直上，夾脊再上泥丸宮。下至印堂人中處，井池雙穴勁循循。渾身三催動一力，節節貫串變化通。煉氣技擊不離此，得真奧妙歎無窮。丹田練神龜尾提，真氣自然往上升。氣下於海光聚天心，面如童子才是正宗（小腹正中為氣海，額上正中為天心，光聚天心是練功得法之徵）。蓄勁意守丹田處，能使元神穩於身。動急則急應緩相隨，克敵自然如水中游。

調氣法

吾道之人，凡出入門或旅行客住，每早晚盤膝靜坐，閉目鉗口細調呼吸，一出一入皆從鼻孔，而少時氣定，須

吸氣一口，但吸氣時須默念真氣至湧泉發出，升於兩肋，自兩肋升於前胸，再升於耳後，遂升於泥丸至印堂，由印堂至鼻，再至夾脊遂至於前心，由前心沉至丹田，丹田氣足，自然從尾閭再升於夾脊，再上泥丸如是反覆循環，隨意而調。《拳譜》云：「斂神化氣練靈根，六陽不泄養真精；丹田穩固如砥柱，神技妙術脫凡塵。」

呼吸動靜法

呼吸者氣也，動靜者心也，心一動而氣一吸，則無力而勢虛矣。心一動而氣一呼，則有力而勢實矣。然靜要專一，動要精神，吸必緊急，呼必怒發，心為元帥，氣為先行，目為旌旗。目若恍惚，指示不明，則動靜失宜，呼吸倒置，陣必失矣。習此藝者，先要講明眼位，視之不至恍惚，則目之所注，志必至之，志之所至，氣必隨之，心一動，而百體從令，振其精神，揚其武威，動靜呼吸之間而接法取法盡納於一氣中矣。所謂捶把尚一氣，兩氣不打人者，此之謂也。身之起落，步之進退，手之出入，法活而氣練，來速而去疾，不戰則已，戰則必勝矣。

納氣分路法

氣者呼吸也，納者收其內也，分者分明其氣，不使其顛倒混亂也。路者道路也，一吸一呼各有其路，不可混亂也。法規矩也，身之束縱，步之存尺，手之出入，或進或退，或起或落，皆當一氣貫注，而因何宜納於吸之中，一吸即得，因何，宜納於呼之中，一呼而無失，接取之間勝

敗系焉，萬不可以混施。吾見世之學藝者，或大小紅拳，或大小通背合習等。而問其氣之何以運用，則曰：吾未思也；或曰：吾雖思之，而無以論之也。吾非習藝而精於氣者，而願以素所聞於諸公同好焉。

用力法

逐日心端表正，以心意沉氣於丹田，久而久之，自知氣沉於下，此謂運用底功之法。底功練至穩步如山，兩膝曲直堅固如柱，襠和胯際內外夾緊。含胸拔背，束抱相宜，剛柔相濟，頭正側撞敵如意，堅肩貼背，三意相連。橫豎用肘，三彎要隨。穿骨左右，破彼之勁；堅骨敏捷，封敵之下。內掠敵彼之裡，外格敵彼之外，手撩陰起，捲地風暴，撩攻敵之上下內外也。足用此功，必先用矮馬，豎身縮勢穩住周身，一呼一吸自自然然。毋心燥，毋發氣，縱跳時提住丹田，兩足齊起；收時兩足齊落，穩住丹田永不可易。

然用勁如臨敵佈陣，又有高低遠近，虛實快慢變化之不同，剛柔變化之間，成敗得失之關鍵，全在底功之深淺。必須動步不動心，動身不動氣，然後心靜兩步堅，氣靜而穩，精靈得而能飛騰變化。蓋如靜之為靜，靜亦動也，動之為動，動亦靜也，所以明瞭底功者，善能用之者，神氣自然固，靈氣自敏捷，神緩而眼急，心緩而手急，氣緩而步急外急而內緩，外柔而內剛，才知底功實力之靈妙也。《拳譜》云：「斂神練氣養靈根，不泄元陽保真精；丹田元滿下步穩，技擊神化超凡群。」

吐納運氣法

吐納運氣是專練氣功和硬功運用的。牙齒扣，舌捲頂上向前在牙床上邊，將嘴唇少許離開，吸氣由牙縫間吸，到不能再吸時，將嘴唇關閉不得呼出少許。同時再吸氣，一連吸七口，到了最終再不能吸時，開始做運動的動作。

到了憋不住需要放氣時，即時由牙縫間吐出，吐到不能再吐的時候，按法再行吐納運氣。

運氣用氣法

每朝清晨，面向太陽，吸氣三口，然後運氣，下運之腳心，上運之崑崙，手之出入足之進退，身向左旋右轉，起落開合，練成一氣。習之純熟，則三節明，四梢齊，五行閉，身法活，手足之法連，由是講明眼位，分清把位，視其遠近，隨其老嫩，你來我來，你去我去，接取呼吸一動即至。蓋運氣則貴乎緩，用氣則貴乎急，取出則宜於呼，接來則宜於吸，身以滾而動，手以滾而出，捶打不見形，要在疾中疾，此中玄妙理，只在一呼吸。

詩曰：氣出丹田手撩陰，氣提手起緊附身；至口翻手隨氣發，氣回手握步即存。

技擊呼吸運氣法

蓄勁呼吸要短促，用勁呼吸要急促；運氣呼吸要深長，虛勁呼吸要緩慢；實勁呼吸要壯出，姿勢呼吸要隨轉。虛而吸，實而呼；縮而吸，伸而呼；起而吸，落而

呼；身輕而提，身重而沉；備腿要吸，出腿要呼；運氣遵
規，勁力倍增。技擊運氣時，要配合打擊的勢法，用技之
巧存乎，用氣之妙存乎，用勁促勁之妙存乎。技擊重要的
是勁功，勁功必須是氣功，打法必須是技擊功。提勁存
氣，發勁要急呼氣。蓄勁要養氣，機可逞可沉，取勝時要
繼續增加運氣，達到技擊目的時，將氣緩慢徐順而沉。

放氣法

在平時練功或較技停止運動時，漸次將氣放平。鼻呼
要暢通，吸氣要深長，肩勁要下垂，兩足跟提起，同時用
鼻吸氣；足跟落地，用鼻呼氣。

如是三次，將氣恢復自然。

第十八節　形形論

形形之意，遠取諸物，以察貓捕、狗逐、兔脫、鷹
搏之巧，而運用於拳術之中。凡有形可指者，皆謂之物，
而形形則特指動物動作。動物之動作，於技術似無涉。而
言技術者，動言形形何也？誠以天演公例，適者生存，
苟無自衛之能力，豈能生存於世。各動物之得生存於世
者，因其有自衛之能力故耳。今取各動物自衛之特長，
像其形，以寫其精傳其神於技術之內，以化出種種之絕妙
手法，而為攻守之技，方達無堅不摧，無懈可擊之境，
此形形之所以為學技者不可忽視也。此種理論，不僅技術
有之，不觀仲由問成人於夫子乎？

　　夫子答曰：若臧武仲之智，公綽之不欲，卞莊子之勇，冉求之藝，文之以禮樂，亦可以為成人矣。夫智也，不欲也，勇也，藝也，四子獨有之特長，合而粹於一人之身，則可以為成人。形形之意，何異乎此？不但此也，六韜之命名，內中竟有龍、虎、豹、犬之名，夫韜者，藏也，命名而取龍、虎、豹、犬之名，是兵書之中仍藏有龍虎豹犬之意也。

　　至創此說之鼻祖，根據前輩的傳說，創自岳武穆王。岳其姓，諱飛，字鵬舉，河南湯陰縣人也。謂王為將，被困湖廣牛頭山中，日日盤桓山間，見有龍虎猴馬蛇龜等動物，或其進退之速，閃躲之靈活、分閉之功、打法之能、步法之捷、上法之靈、頭法之敏、身法之和，隨取其特長之勢，而薈萃於技術之中，以教帳下健兒，卒成勁旅，以破金人。今日心意拳所練之各種形形，即王所傳也。

　　拳術之取形形，或象其形，或會其意，或含形形於身法之內，或寓形形於拳勢之中，非有一形，即練一套。一勢之內即包含數個形形之意，如舒勢之雞腿、龍身、熊腰、鷹膀、猴背、虎抱頭。

　　抖擞取魚龍之形，即魚抖鱗、龍撒骨之意。勇猛取熊虎之形，輕巧取水鼉燕猴之形，速快取鷹鷂馬雞之形，熊出洞、虎離窩，形容出勢之猛。此大略也。

　　頭之形象，仰頭上觀似乎熊，低頭下瞅形同鷹，左右轉頭像個猴，頭向內縮貓頭形，勇猛前進如虎豹，遊蕩曲折像長蛇，一俯一仰名鳥形，左右擺頭形若牛。頭之打法，前則尉遲恭碰禁門，後則老和尚撞金鐘；左右則烏牛

擺頭；低頭似鷹、仰頭似熊，名曰英雄頭。

身法，龍之和，魚之抖，和則靈，抖則猛。打人如同火燒身，則抖勁靈，但抖以從後足跟抖至頂心為要，如此則全身均抖。進退躲閃猴之靈快，上法龍蛇二行，打法水龜燕貓，步法雞之輕快、虎之踐、馬奔之勇猛、猴之跳躍、龍蛇之趨避。

總之，取形形能耐，取法不一。

腿法、步法：取雞腿輕靈、虎踐、馬奔、猴躍、蛇竄、鼉浮水滑行、站停。

身法、臀法：取龍升騰及龍跌脊撇骨。

頭法：取虎抱頭、伏身離窩、備勢尋機。猴縮束，縱躍、顧盼。馬奔、蹄擊。鼉浮水，滑行、站停。

手法、膀法：取鷂束翅、翻身、束鑽。

燕劈翅，取用法：狸貓上樹、遮日閉月；鯨吞魚抖、吸食三搖；背角走林、肩胯同用；鮐形豎尾、頭手同攻；鼉形滑步、六勢一用；兔兒踢天、敗中取勝；蜘蛛出入、手纏足絆。

取連法：一式三拳、三拳同用；一步三拳、三步一勢；蝸牛擺頭雙貫耳；白鶴亮翅擊側方；喜鵲蹬枝掏心腿；遊蜂摘蕊中扎針；獵豹搶食不留情；雞撲狗閃寒雞步；鷹眼猴爪狐狸心等形形之法。

如將各種形形之法研究精熟，按其性質借化運用於拳術之中，則拳法達精中精，技法達上中上。

第三章

戴氏
心意拳拳理

　　戴先祖曰：「心意拳主要練的是神與氣；靜為心，動為意，妙用則為神。」戴氏心意拳是神形並重，內外合一，意識、呼吸、動作三者密切配合的內功拳。

　　要想在此拳藝上有所建樹，除了師父的言傳身教，自身的刻苦磨礪，讀懂弄通其拳經、拳理，也是必不可少的重要一環。

第一節　戴氏心意拳的特徵

　　戴氏心意拳以心修道，以身合道，以德濟世，具有體用兼備，內外兼修，形簡意賅，拳械同功的特色，注重內在的意識和呼吸以及勁節和動作的內外相合。以丹田為本，勁發丹田，要求行功時處處做到鬆而不散、緊而不僵、快而不亂、慢而不滯，突出對內意、內勁以及神、氣的運用，技法上強調內外合一，以意領氣，手腳相合，攻防一體。

　　此拳在修煉上有三層功夫、三步練法的不同境界，即先祖常說的「三捆三放」，謂之重動、輕動、靈動三個過程。要想求得深知，練有所得，就需要按這三步不同進程去追尋。

　　戴家拳入門，在正式練拳之前要先掌握其特有的樁功（先站二至三年樁）──蹲猴勢和與之有關的技法理論。蹲毛猴，即丹田內功，又稱六合混元乾坤樁。此樁除了具有培養混元氣、貫通中脈的功能外，也是練習龍身三折勁的三才式，三才式也是習練提頂、抖丹的功法。站樁是為築基、定型、找勁、增力。因此，蹲猴勢是心意拳萬法歸一的樁功，故門人把它視為「入道之門」，稱其為「母式」。

　　按戴家所要求，此樁難度、精度都較高，由腿顫、氣浮，變得意氣貫四梢，手、腳心發熱，繼而手關節和膝關節吱吱作響，不但他人用手可以摸到，響得聲大時，還能聽到手指、膝蓋處的吱吱響聲，才有所得。

　　可見，修煉此樁功確有增強體力、伸筋拔骨、充實丹田、氣貫四梢的作用。應經常不斷地站才行，如不站樁，不但腿弱，周身勁散，而且會使姿式變形。因此，為了增長功力，穩固下盤，舒筋理氣，需要經常站樁，以求達到體用兼修目的。

　　大多初習武者，練樁功最初都覺得苦澀難熬，久之才會回味無窮，乃至樁實根固，內外充實，體質增強，形成六合整勁。故先祖說：「樁功是個寶，得它才能好。」

　　心意功法，從站樁開始到正式動作，不論是練外形，還是究內意，從靜到動，從簡到繁，從練到用，都有它內涵深邃的技法理論，是初學者必須掌握的。對它練熟悟通，形成自然，使之一動即有，不思自得，才算入了戴家拳之門。

戴氏心意拳的總體特徵

戴氏心意拳立於心、精於意，神形並重，寓「無極太極」之秘，「陰陽五行」之精；涵「動靜開合」之奇、「虛實剛柔」之妙，走「周天之路」，以動物技巧為術，講究內外六合，修煉人的精、氣、神，以意領氣，勁發丹田，處處體現吞吐、返弓、斜正、起落，講究「束、鑽、抖、撇、剎、踩、撲、裹、舒、絕」等勁法。有重動五訣：踩、撲、束、裹、絕；輕動五訣：輕、靈、虛、化、變；靈動五訣：裹、束、踩、撲、絕之講義。

1.師法自然，天人合一

戴氏心意拳追求的最高境界就是「師法自然，天人合一」，師的意思就是接受、傳承的意思，法就是道理和方法，自然就是返先天的意思。

戴家講，人之身分為頭部、身軀、腿足，為天地人三節，上節吸收天然空氣，中節保存人初元氣，下節吸取地之靈氣，是天地人一氣貫通的，所以，人生天地之間，一呼一吸，無時不與天地連，一動一靜，無時不與天地合。此拳養練並蓄，內外兼修，是精神氣勁功、手眼身法步高度統一的優秀內家拳種。重在練意養氣，以攻防技法的養練為核心，練功用氣，氣沉丹田，剛柔相濟，內外相合。

其拳所說的「心」是指心臟，確切地說指大腦；「意」指的是靈活的意識。僅形似是不夠的，要為其注入靈魂，做到神似，強調心為本、意為根、拳為體，是一種要求神形俱似的拳術。

其反覆論證「負陰抱陽，沖氣以為和，返者道之動」等辯證思維，達成「中和」，為立拳之本。「中和」之氣即天人合一，為修煉戴氏心意拳的最高境界。

天為一大天，天有三寶日、月、星，講究採外部精華；人為一小天，人有三寶精、氣、神，講究採人體精華。精為人之先天之元，氣為後天維持人體生命活動的一種基本物質，人之生長的過程，也是氣所生長衰退的過程。氣為血之帥，血為氣之母。氣之失調，影響人之身體健康，就會生病，氣血通則百病自癒。

煉精而能實，煉氣而能壯，煉神而能飛（靈也），練身而能堅。是煉精化氣，煉氣還神，煉神而虛之靈。持之以恆地修煉，達到煉氣養氣於一貫，便可促進內氣運行，調理人體陰陽平衡，疏通經絡，調整氣血，培養真氣。只有真氣充沛，才能使人體健身壯。

《拳譜》曰：「精養靈根氣養神，元陽不走得其真；丹田養就長命寶，萬兩黃金不予人。」

2.陰陽為母，六合為法

修煉戴氏心意拳以陰陽為母，六合為法。追求虛實互用，無浮僵呆滯之弊；陰陽轉換，有變化莫測之機。陽為陰生，陰為陽長；陽盡陰生，陰盡陽長；陽中有陰，陰中寓陽；陰陽互生，復又互長；理為互根，轉化消長。

文練為陰，武練為陽；文武並重，體用俱強。陰陽相合產生內勁，催生內勁做到手隨身而動，身隨手而去，強調身手合一。

拳法要求，內三合：心與意合，意與氣合，氣與力

合。心指大腦，意指意識，必須心神聚一，意識敏銳。而意識對動作的反射，若無充沛之內氣配合，丹田內勁難以催達四梢，所以，意欲發，「氣」先行。有氣無力缺乏質的飛躍，欲速則不達；氣欲行，「力」為本，只有「意、氣、力」相聚相合，才能將精氣神淬煉為剛柔勁，並將丹田之勁通達周身。

外三合：肩與胯合，肘與膝合，手與足合。外三合是指肢體三節部位而言，從微觀角度分析，還有「節中之節」說。根節之三節分胯、膝、足；中節之三節分丹田、心、胸；梢節之三節分肩、肘、手。三節六合是修好底功之要義。

最終，心意、動作、呼吸協調配合，內外相合，還含左與右合，上與下合，前與後合，沒有前述之合，必然滾不成一股勁，合不成一股力，雜亂無章，難成正果。因此，練習戴氏心意拳要內意與外形相結合，以養丹田，強內勁，剛柔並濟為宗旨。練功時強調，一寸為先，齊起齊落，體現出完整、協調的整體運動特點。

不論練柔勁還是練剛勁，必須做到內外合一，不鬆不散，動作一致，才能拳法嚴謹，整勁齊發，技擊時突然發勁，做到勁力齊猛，快速完整，協調和順；做到慢練內勁，快練抖勁，久練六合成一合。透過修煉，可使練習者達到心性沉靜，智慧得以增高，道德趨於高尚，技擊通其奧妙，內修生命本體，外應社會法則。

3. 五行生剋，性命雙修

五行分天五行、地五行，人分內外五行。戴氏心意功

法以束展為勢，輕靈柔順，圓活連綿，勢勢曲走，處處皆環。勁力變化講究曲蓄善變，纏絲順道，柔化剛發，功架盡合陰陽五行。取其相生之道，以為平時之練習，取其相剋之義，以為對手破解之法。

戴氏心意拳認為「人為萬物之靈」「萬物皆備於我」「物之形以人之意悟之」，主張練拳如修道，宣導「性命雙修」。即心意拳為雙修之法，強調性命合一，性是心之本，命是生之本，所謂性講內指五臟、奇經八脈、十二經絡；所謂命講外指肉體、骨骼。修煉戴氏心意拳就要既練內勁又練外形，練內謂之「心法」，練外謂之「技法」。內功主於煉「氣」，旨在貫通全身經脈，氣循周身運轉，返還先天之純陽體，平秘後天之陰陽二氣，煉性修真，期達上乘丹境，以求得自身「精氣神」的充實，達到強身健體、性命雙修之目的。外功主於練「形」，意在散架柔化，觸度綿力，靈活身法。性為柔勁、命為剛勁。講究以德為首，內練養生，以養練功，注重修養；外練技法，貴化而不貴抗，尚意而不尚力。

4. 以圓構型，簡約專精

以圓備勢，以氣催形；內圓吐納，外圓抖撒；內圓鼓蕩，外圓構形。束身展身，圓直直中；勢式圓弧，圓則滾，滾則進，在進退中形成上旋下旋，外旋內旋，平旋立旋，橫旋順旋，旋為形，滾為勁，動之如螺旋，無堅不摧。起落似彈簧，蓄勁呈威，看其攻，攻中有防，觀其防，防中有攻，身落手起束身進，身起手落展中擊。一切變化賴以圓的運轉，盡在陰陽轉換之中。

心意之妙，優在簡約而易於專精，其技擊時，橫略帶曲勢，取有餘不盡之意，其身法亦貴在圓勢。以丹田為軸心，以軸催肢體，內勁發至丹田，以意領氣，以氣催勁，丹田一動渾身動，內勁一發勁無窮，看似肢體融入，實則內勁作用也。

5. 剛柔相濟，積柔成剛

柔在修煉中，剛在技擊中。柔者，肌肉放鬆，去其拙力，產生內勁，由柔入剛，以養丹田之氣，練到一定程度，方可快慢相間，強化思維，寓柔於剛，讓思維對動作產生理性認識，以提高瞬息萬變的應變能力。不沉不浮，身正步穩。邁步如行犁，落腳如生根，寬胸實腹，氣貫周天，達到剛而不僵，柔而不軟，積柔成剛。

6. 由內催外，神形合一

其技初從由外著手，以形促神，終達由內催外，神形合一。形隨意轉，意隨心生；心隨神動，神隨形移。經過重動、輕動、靈動，三捆三放的修煉，從刻意追求所謂固定的招式，研練各種拳法姿勢，進入神形合一的內功修為，如鋼模與鋼水合為一體，成為養練各種不同方位的勁力，終達上乘武功境界，即為戴氏心意拳之本。

戴氏心意拳的技擊特點

先祖曰：「怎麼講（按拳經所說的要旨）就怎麼練，怎麼練就怎麼用。」換句話說「怎麼用，平常也就該怎麼練」。這樣才是練為所用，久而功純，用才有效。

戴氏心意拳透過內功的修煉便可產生內勁。發勁是在

修煉功法的時候，在完成正確招式的同時將內在的力自然而然匯出的一種勁道。

可催生三種勁節勁道，一是展放勁，一交手將對方放翻或扔出，而對方毫無疼痛的感覺；二是穿透勁，一交手，我若擊敵前面，必須有從背後穿出的意念，才能震盪對方內臟或穴門，造成對方重傷，使其再無還手之力，如打在前胸，對方則產生痛及背後的感覺；三是展放性穿透勁，一交手將對方放翻的同時，傷筋錯骨並傷其內臟，將展放勁與穿透勁合為一體，成展放性穿透勁。這種勁法皆是射丹田的功效，也是拳打三節不見形的底基。

戴氏心意拳技擊的總原則：

主動出擊，以攻為守，擊其不意，攻其不備。

戴氏心意拳技擊的戰略原則：

心為元帥，腦為裁判，眼為先鋒（眼有監察之神，看對方一舉一動），左手為善手（試探對方的動靜、虛實），右手為惡手（為隨時出擊之手），手似刀槍（擊、打、裹、化），腿是戰馬（進退有法），渾身毛孔好似千軍萬馬，一動渾身俱動，能驚起四梢。處處體現：知遠知近，知老知嫩，掌握對方的動靜、虛實，功底的高低，採取可勝的技法；時時強調：進步要低，退步要高，不論地勢平坦，還是高低不平，都能進退自如，出勢佈陣，顧打一體，進退有序。與人較技明三前，眼前、手前、足前。三意要相連，心意、眼意、手足意合一意。如遇敵之攻打，吾如長蟲吸食，五行四梢合一處，渾元一氣，六合一體，勁整齊法，提高警惕，時刻準備應敵。

戴氏心意拳技擊的戰術原則：

截梢顧中取根，高挑、低按、平勢推，中手難化胯中求。手閉外五行，肘護內五行。腳踏中門搶地位，步踩三角保安全，與人較技意為先，三口併一口，打人如行走。

1. 以根催梢，起落皆打

戴氏心意拳主張由內催外。束展就是顧（意思為截）打，其簡潔實用，顧打一體。束展是一拳兩式，束身為蓄勁是顧法，展身為發勁是打法。顧法分單顧與雙顧。戴氏心意拳的截法有三，都是因彼動而形成的破法：一是彼勁已發至，此時多截彼之梢節；二是彼勁尚在「途」中，此時多截彼之中節；三是彼在蓄勁中，此時直破其根節，所謂「彼微動，己先動」。三種截法均是在中距離用寸步起，在近距離展身落。總則是截梢顧中取根，掌握不好距離，勁節練得再好，也用不上。

在技擊時，處處皆可上手，「遠用拳腳，近用膝肘，貼身靠打」，頭、膀、肘、拳、膝、胯、腳一動渾身俱動，「進也打，退也打，起也打，落也打，起落進退皆打」，「打中有顧，顧中有打，打顧一體。」處處體現身內化手、聚神統形，其動作疏而無間，節奏鮮明，動動體現屈直、方圓的辯證統一關係，樸實無華，短促明快，嚴密緊湊，沉實穩固，緊湊連貫。「出手如鋼銼，落手如鉤竿」，「步步行動剪子股」，「兩肘不離肋，兩手不離心」，「拳如炮，龍折身，遇敵好似火燒身」，「出洞入洞緊隨身」。

行功時講究「束、鑽、抖、撤、剎，踩、撲、裹、

舒、絕」，渾身上下整合為一，渾元一體。手押肩出，手落膝起，腳落膀到，使敵防不勝防。與人相角，往往過手一兩招，勝負即見分曉，即上思動、下思隨；下思動、上思領；上下齊動中節攻。

2.以靜制動，柔化剛發

戴氏心意拳採取自身強大的爆發力和獨特的勁力路線快攻直取。攻敵時儘量採取最佳路線，最短途徑，即「進即閃，閃即進」。以靜制動、柔化剛發；勁足氣盛、吞進吐出。打人不見形，見形不為能；起無形，落無跡，遇敵好似火燒身。以柔克剛，以剛濟柔；柔中居九，剛中居一。低人一頭進，高人一頭出；能在一寸前，不在一寸後；一寸為先，一發即至。

3.以攻為守，後發先至

戴氏心意拳技法講究攻防一體，即攻防合一。有退中找破法，進中尋打法之說。這一特點不僅表現為一個動作中，一手防一手攻，如五行拳中之劈拳、崩拳，更有攻防合於一個動作一種手法中，此手段既是防手，又是攻手，是攻中有防，打中有破，如五行拳中之炮拳。

另外，還有手防肘攻、手防腳攻、手防膝攻、肘防肩攻等。攻守不分是戴氏心意拳技法的一個顯著特點。戴家拳法既無單純防手，又無單純攻手。戴氏心意拳主張後發制人，卻是主動出擊。主張敢打必勝，首先從精神上樹立取勝的信心。自古言「兩強相遇勇者勝」，拳論中講「未角之時，不可輕敵，已角之時，不可畏敵」。

從技法上也是以我為主，不管對方防守如何嚴密，也

不管對方是否已經攻上來，都要充分發揮自己的招數，「硬打撐進」將對方打出去。俗話說，就是「你打你的，我打我的」，以快制慢，「迎門」攻擊。

戴氏心意拳法也講借力打人，以小力勝大力，除接手要隨對方的勁力外，一旦近身，都是首先掌握主動權，在應用時有自己的獨特性，意在搶先，讓對方順應我，在變化中借力。因而，戴氏心意拳在搶位上以中為主，絕大多數動作都是腳踩中門，「腳踏中門奪地位，就是神仙也難防」。手法上也是以中為主，攻守動作不離自己中線，攻擊對方也是照著對方中線進擊。中線是人體要害集中之線，只有攻擊這些部位才能速於奏效，才能在攻敵時迫使對方撤回對我的攻擊動作，回手救援。

4.貼身靠打，七拳並用

戴氏心意拳在行功時，周身均無定向，要想在多維空間內、在動態中尋求平衡，必然先建立自己在這個多維世界中的中心與重心，才能確定前後、左右、進退、反側，再談到與人相角時踢、打、摔、拿、撞五技合用，頭、肩、肘、手、胯、膝、足七拳擊人。只有鑽進貼身，才能發揮獨特的技法，也只有鑽進貼身，才能利用身法動搖對方重心，進而將對方打出。所以，「若要打得遠，還得臉對臉；若要打得美，還得嘴對嘴，」打人如同嬰哺乳、蛇吸食。

戴氏心意拳技擊口訣：

身如弩弓發，手似百箭穿；禦勁似開弓，出手如放箭。

先曲後直，先柔後剛；先智後勇，先催後抖。

上法須要先上身，足先手後工、順、真，沾身縱力才

有效，猛衝硬打難成功。

有手則無手，打人如取偶，有無形變有形，拳在懷中變，腳從肚裡掏，顧打連環演，束展即成功。

力根在腳，勇氣在膝，兩腿互助，前勁有力。

隨機應變須認真，切記捨己要從人，顧打不分須一氣，攻中有守守能攻。

腰為主宰，胯為輔助，肩胯合力，梢節勁足。

顧用橈骨，打用尺骨，顧打統一，巧妙生出。

步踩三角，換意、換氣、換力，避實擊虛，柔勁、巧勁、化勁。

曲中求直，蓄而後發，橫以濟豎，豎以橫用。

順其意誘，乘其退攻，不丟不頂，束展成功。

敵不動我不動，彼微動我先動，起之於後，落之於先。

抱肩束胯，含胸拔背，鼻呼丹吸，丹吸鼻呼。

手閉外五行，肘護內五臟，五行本是五道關，無人把守自遮攔。

一身俱五弓，身弓最為重，肘膝四張弓，發勁不離身。三口併一口，打人如同走，兩手顧兩腮，顧打不分開。

靜中待動，以逸待勞，靜若處女，動若猛虎。

手去如風飄瓦，足似千斤墜地，進如流水鑽窟，退如風吹鵝毛。

手由心起，由口而落，口是洞口，丹田是虎窩，手出洞護五行，顧打用於無形。

尾閭穩勁，固定重心，不偏不倚，此謂四平。

打人如親嘴，承漿穴前頂，捨身於他懷，以身進逼人。

起如舉鼎，落如分石，腎起心落，水升火降。

左右盤步束展功，束身而起落而藏。

腳踢一指，拳打一寸，引人一線，出奇制勝。

中手難顧，胯中求法，身形縮小，最為上著。

顧法如蛇吸食不放鬆，打法似虎撲物不留情。

摟、抽、甩三把勁循環不斷往前攻。

兩手兩扇門，全憑腿打人，足打七分手打三，五行四梢要和全。

左右平衡，協調力均，陰陽相合，動靜相成。

兩手不離心，兩肘不離肋，出入洞隨身，打人不露形，露形不打人，如見形影不為能。

進步要低，退步要高，旱地拔蔥，曲腿蹚泥。

打人沾按吐，全憑尺骨梢，挫實截快法，此訣更重要。

吸氣不用力，呼氣要神強，調息不離此，健身有保障。

前任後督，行氣滾滾，勢正招圓，內外如一。

力出於跟，意出於循，肩井曲池，發勁循循。

三回九轉六合勢，克敵猶如水中游。

顧由柔化蓄五弓，打發五弓如爆炸。

戴氏心意拳的健身特點

1. 內養為上，德技並存

吾之拳法，乃非尋常可比，是戴氏祖宗參佛道之奧妙哲理秘術，方創此渾元內功修煉心法。遵循陰陽變化之理，八卦之術，集陰陽、五行、八卦等萬物變化之道為一爐而演練為渾元一體。為內三合，外三合，總為一合的心

意拳術。

練此拳，首重武德修養。《拳譜》曰：「心意自古無雙傳，天地奧妙在其中，養靈根而動心者敵將也，養靈根而靜心者修道也。」為將者，保國安民，衛護民眾生命；修道者，參宇宙人生之究竟，是圓滿人生的必由途徑，是人生的真理，武術的根本之道，也是人生命的真正歸宿，故演武者不可不修道與德也。若不修道德以明宇宙之真理，則只是一介武夫，乃逞匹夫之勇，是不能真正為人類造福的。為自身立命，有時反為其害，故習武者不可不知。若習此拳者務必修養道德，注意武德修養，使自身淨化而高尚。既有益於社會人生，又講究仁義道德，讓武功為道德服務，是戴氏心意拳武德修養的宗旨。

由於戴氏心意拳集意念、動作、呼吸於一體，融精、氣、神於一爐，因而舒緩演練此拳，不僅舒筋壯骨，而且養心健腦，不僅開發智力，而且增強記憶。

老一輩練此拳者長壽的例子很多：如戴隆邦89歲；戴文熊92歲；戴良棟91歲；王映海87歲；岳貴寧85歲；馬二牛82歲；段仙80歲；任大華98歲；戴鴻勳之女戴桂蘭99歲（健在）。現在，現實生活中許多人練了此拳，不僅能治癒病體，更能強健體魄。

2. 導引內氣，舒筋活絡

導引內氣、舒筋活絡是人體強健之源。戴氏心意拳是以意領氣、以氣催勁的內功拳，氣通周身經絡，對調節微細血管強健內臟有著良好的作用，只要常練不懈，可以氣貫周身，舒筋活絡，提神壯筋。

拳譜中指出，「久練自成金剛體，百病皆除如童子」，「小周天百病俱消，大周天長命百歲」。可見，氣之功能不僅是心意拳的勁源，而且有氣行病除的巨大療效。同時，養丹田之束展功的起落，對內臟產生按摩作用，從而具有增強肺活量，強化胃功能，提高肝臟排壓力，促進血液循環、心血管的功能。

3. 左右上下，勢式平衡

左右上下、勢式平衡乃矯正畸形之法。戴氏心意拳為發揮各個部位的內養技擊作用，各個拳勢都是左右上下互練，始終保持四肢功能的平衡。即便練拳之前有順拗之習慣，也會在演練過程中得以矯正、恢復和增強功能，不會出現過於明顯的不平衡現象，相反還會變拗為順促其煥發生機。

其技，下肢為根節，主練步法，步法以虛靈、虎步為基；胸腹為中節，主練身法，身法以束展、斜正為要；手膊為梢節，主練手法，手法以起落生化為本。

4. 剛柔相濟，運動適量

剛柔相濟、運動適量是提高樂趣之本。戴氏心意拳不是偏重一方的純剛或純柔拳術，而是可快可慢、可緩可急、可柔可剛，陰陽相間的自然拳，是運動量可視體質狀況自行掌握的自如拳，還是內外合一、全神貫注、精氣神融為一體的規範拳，又是意識作用於拳法，強化思維，增強記憶，提高敏銳力的開智拳。可在演練過程中增進樂趣，樂趣中促進演練。

總之，終生練習心意拳者，其不但能保家衛國，強身

健體，還可使人明理達道，提高心理素質，練出一派冷靜、明察和堅定靈活的功效，既能增強人的膽識和勇氣，又能強健人的體魄。所以，戴氏心意拳為健身之道，它以修身養性之術來育人，對青少年的心理、生理成長發育也大有裨益，確為一種寶貴的文化遺產。

第二節　第五代大師王映海論拳

王映海講：譜中說的是給會練的人看的，要想學到真東西真傳，還得口傳手傳才行。只看拳譜是不行的，光有努力也不行，還得把握火候，手把手教才行。

戴師父講，傳拳要傳有緣人，要不就糟蹋這好東西了，必須口傳加手傳才能用，不然白費心機弄不成。開始練功要聽師父的話，規整才能少走彎路，而且長功也快。

練戴家拳，不能用浮躁心來練，要實實在在地弄清功夫的大概及細緻處，內外結合點，練出整體勁，再練出靈勁，再練出一動變神色，練出殺氣才行。蹲（樁功）得全身內外通透後放出內勁才行，最後雷聲有助勁之功用。如七字訣：釘、頂、繃、橫（渾）、弓、摧、翻。一束一展七字都在其身中體現才行，一下全讓你做到是不可能的。所以要慢慢來，聽話才能進步。

人在胎中的自然狀態與丹田有關，抬頭是指吸吮母乳的自然動作，吃為人的先天自然狀態，站丹田是採取人在母親胎中的自然狀態而來的。意境是內站丹田，外端猴勢。有含著骨頭露著肉，要站出猴之靈勁、猴之束身而縱

之勁以及猴的特長為要。蹲猴猴，就是蹲丹田，束身之法屬陽，展身之法屬陰，一吸入丹（束）、一呼達肺經（開）。蹲丹田又叫「整身法」，不是死蹲，是在調理、整理身法。內練心與意的相合、相隨；外練身軀肢體的相合、協調及隨心達意的運用。

蹲丹田時身法有六勢，即雞腿、龍身、熊腰、猴背、鷹膀、虎抱頭。一開始不要太強求，只要能體現出來即可。練時束要中正、綿柔，下束時，要從頂心塌手心（丹田小腹內）手心塌腳心；展時，從腳心發起到天門，要通透，而且要慢，上下束展光有豎勁還不成，還要有膨脹橫圓之意。下蹲鬆靜，展身時身上的一點餘力也沒有才能起到腳心發起到天門的意境。起時，前後上下好似圓柱子樣膨脹出來，是束展內勁發放圓滿的勁道。

戴家心意拳就是打的六合整體勁與整體飛縱進鑽裏炸的忽顫勁。樹的根在下，人的根在上，所以練得要將上面重的勁放到腳下，即不頭重腳輕，紮根也。身形做到像弓一樣有靈勁，繃橫是飽滿開展勁意在，釘頂是上下束展意境（內中有口訣）即十字勁，都要渾身勁意圓滿了才行。身弓為外形之要求，催是疾意，內意，處處每個關節都存催勁意；翻即每處關節一翻都在內外扭動，有陰陽變化都在其中體現。

戴家傳下的話，三拳三棍是戴家的經典拳械，三拳是修煉六合分掙勁最好的功法，也是最簡捷有效的用法；三棍既有單式的練法，也可連環演示。

練戴家拳的七字訣：釘、頂、毒、橫、疾、狠、真，

一束一展都得套在身上，都得做到身上，確實感覺真實不虛才行。

第三節　第五代大師任大華論拳

任大華講：祁縣戴家心意拳由於受戴氏家族「只傳戴姓，不傳外家」的「家訓」，保持了古樸的拳術風貌。其理論完善，功法齊備，實用性強，它對於強身健體、防身自衛有神奇的功效與奧秘玄機。斯門拳技，看似深奧，卻也不難，只要心明眼亮，剛柔兼全，以仁義為主，以忠長為要即能得之。所以，此藝非正人不得學，非奇人不能悟，是一門深奧的內家武學體系。

戴家拳要先練重動，這樣才出功夫，但重動出來的功夫太死，所以重動練好後要再練輕動，以求應變靈活、內養，最後歸於靈動，結果為抖擻勁，驚顫勁，遇敵好似火燒身，就如同冷不防被火星燒了一下，就是這種勁。

此拳又名無手拳，固有勝人不見手之妙。若以此技與人較，如露手露形，即非吾正式門派。《拳譜》云：「有手作無手，取人如取偶。」又云：「拳打三節不見形，如見形影不為能，學者欲求此真藝，誠心苦煉遇知人。」此拳又曰：婦女拳。時時刻刻守靜守形，束抱三合，視之如婦女，一旦發動，放之如猛虎，即是此藝之本派也。

動手時出手越快越好，打脆冷勁，驚顫勁，一接手就變。拳法的核心為內外天地翻，全憑丹田打人。要能在動起手來真正打了人才行，如果擺個架子說說手法把人打出

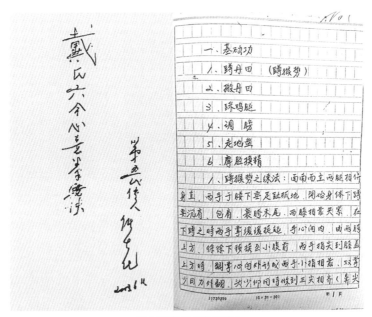

任大華拳法摘要手記

去是真正打不了人的，因為動起來的人不要說練武術的人，即使是不練武術的要想打也很難，所以平時有人說說手法，讓人比個架子把人打出去就認為有功夫根本不行，必須交起手來把人打了才行。

戴家心意拳強調從實戰出發，餵拳稱為「撕扒」或「摩手」。戴隆邦祖師規定，練拳時保持原身打扮，不准因練拳而更衣脫帽，因突然應敵，哪有更衣脫帽的時間。因此，該拳法不適合對練。

其勁力身法十分特別，一出手就能把人吃死，這就是拳譜上講的乾坤並無反意，即讓對方化不了，一接手就分勝負。練時要驚起四梢，這樣才會有膽氣，不害怕，做到驚起四梢永不懼。

第四節　第五代大師高禎論拳

高陞禎講：修煉戴氏心意拳要培養「技擊以身顧，俱練靠本心」的理念。要以領悟為先，摒棄那種練死招、死貪招的習練方法。

「拳好學，藝難得，拳拴住人不得藝，人拴住拳藝自得」，要活學活用，真正領悟「依本心本性」的道理。

內勁在修煉，翻轉靠天地，修煉內功要以循序漸進的心態去面對，不可強求，不可急求，特別是在對武林中流傳的各種絕招的誇大說法，高陞禎強調，天下武功是一家，一家武功是人創，人心無絕豈有武功之絕的道理？「萬物生剋在其理，理通自成平常事」可消除對「這把拳簡單、那套拳深奧」的誤解。

一些門派稱戴氏心意拳手法雖妙，腿法卻笨拙，對此高陞禎強調了戴氏心意拳「打法以手為妙，上法以步為奇」的實戰技藝，闡明了戴氏心意拳「起高打低，起低打高」之腿技。

第五節　第五代大師段錫福論拳

段錫福講：無論武當少林及任何派別其專主鍛鍊筋肉、骨骼、皮膚者為外功；其專主鍛鍊腦、臟腑、神經感覺以及精氣神者為內功。

修煉戴氏心意拳要存心意拳不能當拳練，要當作一種

興趣潛心玩味之理念，因作為釋道儒三教合一的內家上乘武功，要練出內勁，尤為不易。初學築基丹田功，就好比蓋樓，萬丈高樓平地起，需一磚一瓦去完成。練功要做到一日新，日日新，每天要有新的發現、新的感悟、新的體會，使內氣的運行先有熱的感覺，然後有漲的感覺，再有冷的感覺，才可能產生內勁，才算入了拳門。學理要意精，周詳而論辯，而實踐，朝夕漸摹而得精真之道。

修煉戴氏心意拳內功，初練宜慢，從慢中體會氣血的流注，陰陽的轉接，尋求天君居寶座，意念運周身，前降與後升，循環莫時停，華池生玉液，過關如雷鳴，修持莫間斷，玄妙難以容之功境。煉氣就像做炮彈一樣，往裡添炸藥，要添實裹緊，對方一觸就像點炮。這就是拳經中所講的火機一發物必落的道理。

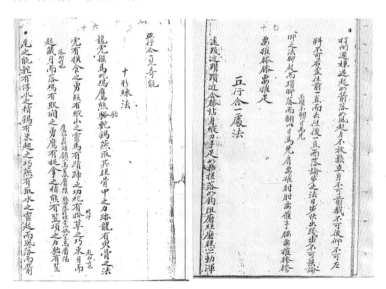

段錫福拳法心得手記

無心無意，以道載功，順其氣，隨其勢，任其自然而然也，超然泰然，如羽化之仙然，至極之功，熟尚也。蓋熟生巧，巧生妙，妙生化，化生極至。內道成後，則以心動而身隨。念動之時，動以神而隨之以心。武技官止神行，身受感應，順其自然，動靜、疾緩、剛柔；進退、趨避、反側；曲直、開合、起落，六合變化莫測。

器藏而通乎道，技精而入乎神。心意拳之體道，傳意一著，實為重要，在視覺上把人從大逐漸看小，有一種自我放大的作用；氣血流往好像一個小珠滾動，這就叫人身無處不丹田，對方一觸及，好像觸及炸藥一樣，爆發出來。

練拳要做圓，不圓不成拳。至於拳者圈也，要圈與圈接，不能拳與拳碰。出拳要繞圓，不圓不成拳，每招每勢，就連細小的動作都必須做到位，每一個姿勢都必須符合拳理的要求，每一細小動作都有其重要作用與用途，多餘動作等於畫蛇添足。

行功時，由立圓、平圓、斜圓的轉換與觸覺，感悟從慢中體會一觸即發的心意拳特有的由內向外的爆炸勁，同時，修煉每把拳必須有對拉拔長勁，即上下、左右前後的對拉勁。必須身備七勁，即起、落、橫、順、直、裹、挎。

第六節　第五代大師趙萬躍論拳

趙萬躍講：戴家拳有「力不打拳，拳不打功，功不打妙；生手怕熟手，熟手怕高手，高手怕失手」之說。

修煉中時時處處做到內五行動，外五行要隨，牽動往

任意变化势无穷。岂知悟得婴儿顽

打偏天下是真形。

天为一大天人为一小天墙倒容易推天塌最难擎

两酒尘厌净凤顺暴亏回熊出洞宪难窗硬棚

搁豆角犁牛圆之项将有所去宪闭其势将有所

取势正者不上知近知远知老知嫩知宽知窄上

下相连劲身不动则柱身动心不动东柱笠一场

要把吊兜内渐膛足低随明只八势打来不并好

武艺问甫何所振答曰我的场中不定执坐或把

或拳坐看就是随打低打通天

下卯为老鸡。行梳虫起如挑担若遇人多

三摇二挠起手横拳势难招展雨四平前后猎

坐摇斩夹反背如龟搜山斩手忙俱行似凡鹰鸟

提四平足下存身进步探打莫容情搭步千等

立勇子股势如搁拿进步不膝必有寒势之心

世养灵根而静心者是修道也。

心仁肝义肺礼肾智脾信

夫将材有九道之法次礼而知其飢寒养其

劳苦此谓之仁将临重世苦兔不著利挠有

死而羞世生以柔此之谓义将贵而宗骄胜

而不恃肾而能不刚而能忍此之谓礼将夺

变不测动态多端转祸为福临危制胜此

刊不择贵此之谓信将足轻戒医

夫善用短兵长于剑戟此之谓将婴高三

军至轻敌强卤性于小战勇于大敌此之为

搂将见贤君不及从谏为顺流宽而而

纱刚简而能详此之谓大将遊艺引

鑑

盘根三艺岂与因配合分明天地人要把

根

此身高位置先从丰身殊精神

趙萬躍珍藏心意拳譜內文

返氣貼背；主宰於腰，間接是胯，引進落空；遠踢，近打，貼身法。

根節不動梢節到，速度再快也是胡忽繞；你知，我也知，手快打手遲，你繞我也繞，就怕手遲了；百手來了不為能，腳手到了才為真，手來腳不來，不如不出來。天地不明雲遮月，藝高一處無處摸。

技擊中要做到：彼不動，

趙萬躍珍藏心意拳譜

汝不動，彼要動，汝先動；手不占中，肘占中，肘不占中，膀占中，體現肘打去意占胸膛，束身好似虎撲羊，急熱吞吐魚抖鱗，遇敵好似火燒身之功境。

第七節　第六代傳人王仲廉論拳

王仲廉拳法總論：

戴家拳為身內拳，反映在足中、身中、手中；陰勁即纏絲勁，為化勁；陽勁即抖擻、彈抖勁，為擊打勁；慢練細節，快練勁節；神與神接合之於膽，拳與拳接撲之於地；練勁節、求尺寸，要底清，從下往上返尺寸。丹田直豎內催胸，天翻地翻陰陽要平衡。平時做到：下部穩、中部滾、上部輕、氣血舒、心靜氣靜內外合。何為閃、何為進，閃即進、進即閃，不必遠求。出手、引手、見手是

手，渾身是手不見手，有手作無手，身內化手。回不空回，回帶顧；落不空落，落帶摸；不明進退枉學藝，不知虛實枉伶俐；心定、意派；文韜、武略；以意導氣，潛施造化，息息深深，綿綿均撐，絲絲導引，以柔為貴，積柔成剛，柔中居九，剛中居一，柔而不軟，剛而不折，神聚形阻，圓小妙巧，緊湊連貫。

王仲廉論丹：

手抱丹田身軀正，二目平視足並行；神定心寧無雜念，輕鬆自然講虛靈；虎視睜睜不轉睛，盯住對方看眼神；含胸拔背肩內扣，沉肩墜肘向下沉；收臀提肛如忍便，腹部內凹成圓形；重心勿偏身脊正，三尖對齊最要緊；舌頂上齶周天通，頭要微仰切要正；牙齒合緊嘴要

王仲廉心意拳譜手記

閉，背弓腿曲為束身；展身也要講虛靈，虛虛起來勁不
停；挺項收頜頭要頂，視點不移眼出神；挺胸豎脊腳底
蹬，手抱丹田氣呼盡；氣出兩心為釘頂，釘頂二勁腰間
繃；繃得腰中挾開縫，站樁下蹲發喉音，咦呀喉嗨哈，喉
為一大動，咦為一小動，喉是令也，哈為號也。

王仲廉論氣：

內氣調動，息息深深，潛施造化，空胸實腹氣貼背，
空胸好似離中虛，實腹好似坎中滿，天翻地翻內外翻。綿
綿而入、絲絲而出。意氣相隨貫腰間，腹內鬆勁入丹田；
一枝動百枝搖，內氣調和，陰陽煉至中和，清淨無為，博
學恒毅，靜如處子，恒以習之。

王仲廉論技擊：

未出拳時先買，買分梢、中、根；下步買撅，上部擒
住，胸膛夾含、包裹。下腹吞翻，四面催流，上下周身合
而緊湊圓小，做作於變作，達到內催外，丹田催胸，根帶
梢，身催手，出手時為做作，吞腹時手回。清楚地說，抖
絕，第一做到身抖，然後才手抖，也叫驚抖。驚抖內含突
脫，出手脫兔、回手魚沉。

比較中說：用劈拳時，步買根節，膀尖直射或跌，或
起；步買中節，肘尖疾點頭；步買梢節，出手挎劈，否則
無拳、無法，有意也無用。

第八節　第六代傳人王全福論拳

王全福講：武術雖然流派眾多，但其理歸一。因為，

天地為大自然體，人為小自然體，內外結合主於先天，動則必有道。人這個小自然體本身存在著許多未知數，只有沿著正確的練功之路修煉，自會水到渠成。

拳藝是無窮盡的，不能有狹隘和侷限的思想，對心意拳產生固步自封，將是自己練功的絆腳石。吾鍛鍊數十年來，只要細心揣測，不斷修煉、不斷實踐，才能不斷提高自己的體悟，只有依照戴家拳的拳理和功法，遵循師父的教導去修煉，才能練得通、練得精，才能得心應手，有所造詣。

要仔細研練每一把拳，畫三個圓即下肢倒立圓、中節斜立圓、梢節順立圓。手是起鑽落翻；足是起翻落鑽。練拳要練老，用拳要用短（巧）。帶脈支撐平衡，衝脈形成上下勁，兩者結合形成十字勁。現代武術格鬥技巧的發力方法，只重視腰部水平回轉所爆發出的力量，而戴家拳的獨到之處在於它是以腰部縱回轉作為發勁之源，而這種腰部縱回轉方法，不經過專門訓練是無法做到的。戴家拳練的就是這種功法，謂之「丹田功」。這種丹田功有很多嚴格的要求，特別注重內功的修為，只做到表面形似是遠遠不夠的，因此，必須言傳身教，由師父手把手教授方能真正掌握。

眾多的武術門派都有體現各自發勁動作的方法和威力，都把發勁視為一種充滿神秘色彩的秘術。戴家拳的最大特點和魅力也是它奇特的發勁，拳法看似動作柔和，其爆發出的勁節威力無比。發勁是修煉武功時，在完成正確招式的同時將內在的合勁自然而然匯出的一種力道。

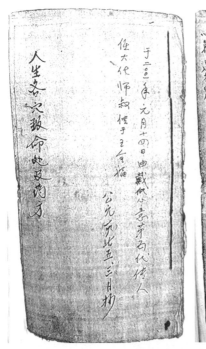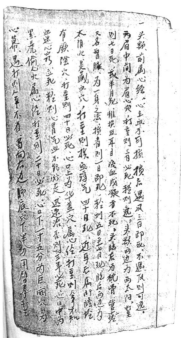

王全福珍藏心意拳譜

　　戴家拳要做到無手拳才可達功夫上乘。勁力內運的活性，非故意追求肌肉收縮加大各關節變角即可做到，更忌求功心切，只憑外力所為，應靜動統一，修好武術內功。

　　王全福講：意氣為君，骨肉為臣，站成蹲猴勢，中正身勢，虛心實腹，鬆靜，內氣歸於體內，勁力不使外施。隨身體舒展，丹田回扣、翻滾，形成身法的上下前後運動，此為找勁和調整內勁的方法，以舒適得力為原則。

　　戴家拳技法除遵循一般武術技法原理外，還強調獨特的技法規律，形成其技法特色。這些基本技法包括：內站丹田，外端猴勢是戴家拳靜功的技法；犁行鑽擠，疾動緊

隨是戴家拳步法的基本技法；護中奪中，起橫落順是戴家
拳手法的基本技法。齊蓄齊發，內外六合是心意拳運動的
整體技法。

內外六合、相合為一。內外一致地進行招勢和勁道的
蓄髮。蓄勁與蓄勢一致，發勁與發招一致。蓄時心意內
導，吸氣斂勁，肢體曲縮束身，發時心意外催，呼氣助
力，肢體伸長舒身。這種一蓄全蓄、一發全發的整體動
作，使拳架表現出一動俱動、一到俱至、一停俱停的鮮明
節奏，這樣才能達到技擊的功效。

第九節　第六代傳人高錫全論拳

高錫全講：戴氏心意拳是內家拳，練的是內在的東
西，重意不重形。要知道紙上得來終覺淺，看書、光碟初
步認識尚可，只能學其外形。戴氏心意拳的一招一式都要
經過反覆調整姿勢，不斷改正才能定型，有一點不合，力
就不同，可謂「失之毫釐，謬以千里」。

學戴氏心意拳須有明師指點，拜明師才能學到真藝
術。明拳理且能講明法，這樣才能學得明白。當然，有了
明師的指點，還必須加上勤學苦練，苦練活用。《拳譜》
曰：「心意絕技不亂傳，無窮奧妙在其間。」

戴氏心意拳內功以蹲猴樁功為本門入門基礎，有「盤
根三步」「三年蹲猴猴、兩年踩步子」之說。這是一種獨
一無二的練功方法，透過舒展撐拔的身法訓練，定向開發
混元整體勁，開宗明義，直指拳學內功之玄奧。其拳術套

路體系以三拳為母，四把為根，五行為主，以十大形為用，以七小形以臻其妙，其風格特點緊湊綿密、靈捷多變。內勁五字訣「束、展、抖、撥、剎」，應用五字訣「踩、撲、裏、舒、絕」。

第十節　第六代傳人郭瑾通論拳

郭瑾通講：習練戴氏心意拳首先要掌握它的核心要義以及練出它獨特的風格特點，即大束、大展，束、鑽、抖、撥、剎、踩、撲、裏、舒、絕。絕不絕，擰崩摘豆角，突顯威力無窮的爆發力，要步步如虎，把把如炮，要像雄獅吼叫噎喝響連聲，要像猛虎出洞耀武揚威、威風凜凜、勢不可擋。

不論是練手拳還是練器械，要練出撒野勁，要把勁撒出來，這樣才能練出上乘功夫，否則不可一擊。這也是此拳區別於其他拳種的顯著特徵。

一是既要內修丹田氣，又要苦練筋骨皮，要把內三合和外三合合成一塊，要練出渾身上下一疙瘩，像鋼鐵塊一般，無堅不摧，就像坦克踏入，如履平地。

二是與對方交手，要時刻含著丹田勁，從表面看未束，實際內已提肛，已內束丹田勁，只要對方一侵入，瞬間暴發展勁，即可把對方丟出丈外。

三是要練出精氣神。地有三寶，水、火、風，天有三寶，日、月、星，人有三寶，精、氣、神。練拳要精氣十足，就像張飛當陽橋上一聲吼，喝斷橋樑水倒流，要氣吞

山河，浩渺無窮。

四是要練出吞和吐，空胸實腹，要吞進來，吐出去，也就是把對方吞進來，再扔出去。

五是藝兒，藝兒就是心眼兒，有多少心眼兒就有多少藝兒，藝兒是千變萬化的。但是藝兒是假的，功夫才是真的。拳練千遍其藝自現，練拳沒有捷徑可走，只有苦練加苦練，多練一次是一次，日就月將，就像一棵樹苗一樣，不見其長，卻日有所增，最終長成為參天大樹。

六是與人交手只管自己怎麼取他，不管對方用什麼拳法，用什麼藝兒；只管進，就像坦克一般開過來，看人如蒿草，打人如走路，在自身六合束成一體的金剛體上，再加上膽與怒合，必定攻無不克、戰無不勝。

第十一節　拳理匯錄

總　序

當世之演藝者，以鈎打捉拿為憑，分閉閃法為據，名曰：跳躍運動，不過悅人耳目，誆人金錢，實演戲之術耳。吾之藝，當場不定勢，不定勢者，不露形跡也，若定勢，則弱者不來，強者來了必下毒下手，故不若裝個不會拳的樣子為妙。

練習之總論

武術以實驗為主，蓋其奧妙必須切實練習方能有成，

而其理論亦不過航行之指南爾。世界致用之學，在熟練不在精巧，在實行不在空（冥）想，即聖門精一之傳，猶貴一心守約。況心意拳為運動之一道，純非理想之所能得，故練習有一定的方法。

練習之注意

約分三期：一練前之注意，二練中之注意，三練後之注意。練前勿餓勿飽，勿構思，勿憤怒，構思則腦易昏，忿怒則氣暴而易散亂也。

練習之中，勿說、勿笑、勿唾液、勿出虛恭，蓋談笑則氣散而不凝，唾液則喉乾而痰升，出虛恭則氣泄而力散矣。練習之後，勿飲食、勿排泄、勿臥，蓋飲食則易滯，排泄則氣潰，臥則氣抑而不疏也。凡此三種，皆當熟記而不可忽視。

練習之法則

練習中分二段：一段宜柔和徐緩，以疏展筋骨，誘導氣力也；二段宜剛猛迅速，以發內勁，適於應用也。練習中分三段：一段宜柔緩；二段宜剛猛；三段宜和平，如行文然。首段提綱挈領，包羅全域，筆勢緩而柔，寬而博；中間獨伸己見，議論縱橫，如長江大河一瀉千里；後段結束上文，和平委婉，此文家之妙。而武術之練習，也可以為樣。以上二法精粗各不相同，前者粗，適於初學，後者精，適於久練。然無論何法，必以動作迅速，而間隔判然為宜。

教 序

先站猴勢，至困倦時即起射丹田。射時足可前拖，不可後退。再進而學進步的射丹田，暨加寸步的射丹田，調膀、擰地盤，再走雞腿，此為根也。根熟矣，動三拳、四把、五行拳、雙把、三棍、七炮、五膀、五種手法等手法熟矣，方學龍蛇二行及摩精摸鏡。

練時先學重動以立其體，後學輕動以致用，再教出聲之法，大動呼哈，小動呼咦。手拳熟矣，再教以各種步法之用，然後方學棍法、刀法、槍法、蛾眉刺、鐵筷子、螳螂刀、劍法等器，此教時之次序也。

個人教練與團體教練之別

拳術教練分個人與團體，蓋因衝鋒肉搏非團體不可，偵探搜索非個人不可。對於衝鋒肉搏者，教以團體之拳術；對於偵探搜索者，教以個人之拳術。二者之選定，凡精明強幹者，作為偵探，其餘則均歸團體。

其教法，充偵探者，教之以活潑的身勢，顧四面八方的法術為要，宜用短械。充團體者教以直進直退的身勢，顧了前面即足，宜用長兵。尚有餘力，不妨兼練。對於長兵短練，短兵長用之法，亦須研究方有效也。總之，教人之法，因材因性而教，則事半功倍矣。

六合拳根基

論身法，不可前栽後仰，左斜右歪；論手法，往前一

直而出，往後一直而回；論步法，前腿帶後腿，後腿踩前
彎；論足法，足起而鑽，足落而翻，不鑽不翻以寸為先。

論勁氣，必須丹田氣催肩，肩催肘，肘催手，此為上
行；丹田氣催胯，胯催膝，膝催足，此為下行。（用功三
年方能覺出）

習心意之要義

一要塌腰，二要縮肩，三要扣（含）胸，四要頂，五
要提，六橫順要知情，七起鑽落翻要分明。

塌腰者，尾閭要上提，陽氣上升，督脈之理。縮肩
者，兩肩向回抽勁。扣胸者，開胸順氣，陰氣下降，任脈
之理。頂者，頭頂舌頂手頂。提者，穀道內提（緊縮穀道
內中提）。橫者，起也。順者，落也。起者，鑽也。落
者，翻也。起為鑽，落為翻，起為橫，落為順。起為橫之
始，落為橫之終，落為順之始，翻為順之終。頭縮而鑽，
頭頂而翻，手起而鑽，手落而翻，足起而鑽，足落而翻，
腰塌而鑽，腰起而翻。起橫不見橫，落順不見順，起是
去，落是打，起亦打，落亦打，打起打落如水之翻浪，是
起落也。

無論如何，起落鑽翻往來，總要肘不離肋，手不離
心，此即心意拳之要義，悟此道則心意拳之要得矣。

吾人學技，對於一宗派別不可歧視，凡與吾拳有關係
之學說，皆宜薈萃、研究，精益求精，以達成功之目的而
後已。內中最要之講究身法、姿勢、身法底稿、十六注，
以便學者選擇閱覽。

身法含義

身之一扭一轉一牽一動，無處不是法，學之久者自能領悟，淺者不易知也。以丹田為橫線，往上擠，往下擠，形成上虛下實。身法者：雞腿、龍身、熊腰、鷹膀、猴背、虎抱頭。

雞腿取其兩腿夾緊，則敵不易踩入中門，且其出步係從肚裡掏腿，則小腹時閉，可免意外之險。龍身取其身和，扭轉靈便，變化莫測也。熊腰取其下蹲有勁，則紮勢穩固，不易顛跌。鷹膀取其膀束，而鑽顛有勢，起落有勁也。猴背取其後背突出而內天自收，翻時有勢。虎抱頭取其枕骨挺直，則額顬有勁。俗語云：「豪傑落於枕骨，英雄出於額顬。」亦此意也。

姿　勢

姿勢即抱肩裹胯縮尾。肩抱則膀合，胯裹則襠合，尾縮則內合。如此則身如瓦而身法出矣。用力吸肛門或用力鈎回肛門，則尾自縮。總之，尾縮一節為最重要，尤最要者，動時忌出虛恭，出虛恭則底氣泄而功力丟矣。將出時提氣吸肛門，則不放矣，此乃秘訣。

不動姿勢

凡事有動必有靜。動者，靜之效；靜者，動之儲也。捨動言靜，其失也枯；離靜言動，其失枵（意指腹空）也。故然，靜為動之源，而運動者必先致力於靜，如是則

氣內充，而力外裕矣。心意者，以氣行而不動姿勢，實為入門初步，建本清源之道也，學者應三致意焉。

舒 展

身法之變化，不外舒展。舒，夾縮也；展，抖擻也。舒時要帶上包肩，裏胯，縮尾之姿勢，皆雞腿、龍身、熊腰、鷹膀、猴背、虎抱頭之身法。而展時有勁，展時需頂心上射，丹田前射，前足跟先落，漸次踏至足尖，而帶有撲勁；後足跟登直，用力下踏，而不可離地，其足跟要與枕骨，頂心成一有力之直斜線，但展時總要一齊來為妙。又展後需連三趕四而上，雖不用舒勢，然於上之前，也要含上束的意思，身法方有抖勁。又束時脖頸要自然，則展勢抖勁靈，又束時口吸氣，展時呼氣須由鼻出。

裏鬆垂縮

裏者，兩手往裡裏勁，為兩手朝上托物，必得往裡裏勁也。鬆者，鬆開兩肩，如拉弓然，不使兩肩外露也。垂者，兩手往外翻之時，兩手極力往下垂勁也。縮者，兩肩兩胯裏根。極大往回縮勁也，此四勁最要。

身法底稿

身法底稿，不外內天地翻，外天地翻。內天指胸上腹，內地指丹田下腹；外天指天庭，外地指地閣。所謂翻者，看陰而有陽，看陽而有陰，其實內外如一。舒勢有似離中虛（指含胸），天收而地出，展勢有似坎中滿（氣沉

丹田，實腹），地收而天出。足起身下同乎束，足下身起同乎展。束時（是蓄勁）頭要仰，儘量使後腦緊貼於後背，呼吸暢通，胸中不憋氣，展時兩膝不能硬向後展，自然蹬直即可。含胸只是外部肌肉繃緊，而內臟要放鬆。展身時丹田處往開撐。

身法八字：起、落、進、退、反、側、收、縱也。梢節起，中節隨，根節追之，上提下墜中束練，動靜呼吸一氣連，身心一動手腳隨，要將兩手並一腿，前手領，後手追，兩手互換一氣催。

輕重快慢論

慢練格式，快練用，重練實功，輕練靈，要慢如抽絲，快似閃電。動拳者，入手宜慢練重動，蓋慢則規矩明而勢法清；重則步法穩，而實力生。待格式對矣，功力生矣，方進而學快、學輕。

快所以使人不測吾之出入，輕所以使吾之變化靈敏，然必先慢練重動者，恐根基不穩（固）也。而於慢練重動以後，必繼而快練輕勁者，恐不足以致用也。

然不先快練輕動，後慢練重動者又何也？蓋恐入手輕快，成了輕浮之病，後雖重慢，不易更正，況重慢後練，多生滯而不靈之病。然不先練輕動者，又何也？蓋恐入手輕快，成了輕浮之病，後雖慢之，不易更正也。

又輕動之拳多屬上法，重動之拳多屬取法。屬於輕動者龍行、蛇行、雞步、車輪步、轉輪步、摩脛（精）摸勁（鏡），其他均屬重動。但輕動雖以輕為主，而內外必須

合成一塊，方為有效。練快一節，亦必勢法分清，方能應用也。

預備行拳

先入無極境，此時，三際心斷，四相飛空，心志超然，如入太空。一切富貴貧賤，生死恐怖之心均無。由此境入太極境，將靈性守定寶座念茲在茲，用志不分，乃疑其神。再由此境入兩儀境，兩儀者陰陽也。呼為陽，吸為陰。宜長呼短吸，氣貫丹田。

貫氣之法：由鼻吸氣入腹，用意送之丹田。呼時，亦是用意將丹田之氣送出鼻外。

其最注意者，呼吸之時，是用意不用力，久之由勉強成自然矣。其氣之出入，不緩不急，勿助勿忘，綿綿若存，用之不盡，達運氣之上乘矣。

行此功夫，口宜閉而微啟，舌尖抵上天盆，牙為宜合而不合，以鼻出入氣時，存提腎心，忌生雜念，最忌氣下泄，氣下泄則功夫丟矣。動作時，先以輕柔為主，後以靈快為用。而其主要之點，亦係純任自然，如此行之，不唯拳術不成，且有不可思議之樂境也。

無極勢

無極勢即立正姿勢，而內無動意，外無動形。此時，三心歸，四相空，一氣渾沌，無所意向。順天地之自然，茫若扁舟泛巨海，靜如木雞植庭中，是謂之無極。人生太空，無爭無意，意境渾然，不著蹤影。

太極勢

由前勢，將渾沌之氣，略加收聚，此時心意已動，四梢已驚，不過內勁已具，而外形未露，謂之太極也。心猿已動，拳勢斯作，動靜虛實，剛柔起落。

兩儀勢

由前勢，將身束下呈舒勢，即站毛猴式也。此時，全身陰陽已分，不過三體四相未判，謂之兩儀勢也。鷹熊競技，取法為拳，陰陽暗合，心意之源。兩儀者，拳中鷹熊之勢，防守進取往來之理也。吾人俱有四體百骸，行之而為陽（鷹勢），縮之而為陰（熊勢），故曰：陰陽暗合。先哲在深山窮谷中，見有鷹熊競擊，因取法為拳，防守像熊，進取像鷹，越此二勢，其拳失真。

三才勢

由前勢，向前出步，變成展勢。此時三才已動，四象已現，故謂之三才四象勢也。三才即頭手足是也，四象即四肢也。已成四拳，隨機應變，靜如山岳，動則崩翻。

四梢要齊，心一顫而內舉動，氣自丹田而生，如虎之恨，如龍之驚，氣發隨聲，聲隨手發，手隨聲落，一枝動，百枝搖，四梢無不齊，內勁無不出。

練技之要訣

入陰而負陽，頭手搶抖彎，脾氣往上參，五節要成

連，八節發勇氣，九節帶手彎，身手心一動，腳腿便連環，上下來走勢，內藏有三戰，出手為奸戰，回手為滑戰，打者要強戰，成象在內間，未曾發後手，氣撐後腿彎，脾氣必往外，換肝氣往上，陽氣落齶角，陰氣落枕骨。

專　練

習拳者對自者十之八，對人者十之二，故曰：「壯身者其常，勝敵者其暫也。」專練壯身，無論何拳均可練習，至於勝敵，則心意拳專擅其長。且勝敵之道，貴精不貴多。勝一人用此勢，勝人人亦可用此勢。務博而荒，求繁而亂。身體無切實之磨煉，應敵無純熟之技藝，此兩失也。人（性）之所樂觀，而致意者，在濃不在澹，在博不在約，在急不在緩。孤幹無枝之喬松，因不若鮮花翠柳之快意，久經酷暑嚴寒，孰為後凋，可斷言也。心意拳多單式，平時練習之正側。

久　練

深無止境，廣無際涯者，唯拳術亦然。得其淺者，敵一人，得其佳者，敵萬人矣。習拳固宜虛心，而淺當輒止，忽作忽輟，亦不可望其深造。且心意拳尤不易為數月有成，十年亦非絕藝。淺者視之，蓋有後不如前，久不如暫者。蓋熟化之際，內力充外力縮也。非多年所熟，復而無間斷，未足以臻此極境。

極境者在於虛心，在於恒心也。論者恒為拳術多私，

每有清而不告，告而不盡者，夫豈其然哉。其心易滿者或輕視而招禍，或好爭而欺人，自亡之媒也。其性無常者，一知半解，自視已足，朝興暮止，自謂已成。至於試之無效，不曰：我師欺人，則曰：所學已誤，不唯傳授失人，而拳術亦為一世所輕矣，豈私也哉？

初學入門三害

三害者何？一是努氣，二是拙力，三是鼓胸提腹。

努氣太剛則折，易生胸滿氣逆、肺炸諸症，比之心君不和，百官失其位。

用拙力者，四肢百骸血脈不能流通，經絡不舒暢，陰火上升，心為拙氣所滯，滯於何處，何處為病。輕者肉發跳，重者攻之疼痛，甚至可以結成瘡毒。

鼓胸提腹者，逆氣上行，不歸丹田，而足無根，輕如浮萍，全體不得中和，則萬法亦不能處時中地步。

故三害不明，練之可以傷身，明之自能引人入聖，必精心果力剔除淨盡，始得拳學入門要道。故書云：「樹德務茲，除惡務本，練習諸君，慎之慎之。」

習藝二勤

一是腿勤，人之習藝，皆有常師，即其所能者習之。要知藝之在人，本自無窮，有等量吾者，有高超吾者，果有高超，弗畏山川之險，道路之遙，親臨其門，誠心求教，我以誠心求於人，而人未有不誠心教我者，朝夕磨煉，何患不至高超之境。所謂一處投師，須要百處學藝。

二是口勤，槍刀棍拳，自有真形實象，始而蒙混不明，繼則錯亂不合，外錯難精。苟能虛心求講解，而人未有不實心教我者，耳濡目染，何患不至明通之地。所謂專聽，莫若兼聽之廣。

習藝三知

一是知明手。何為明手？或比刀比棍比拳，真正猛勇短毒疾狠快利，一見間不覺令人退避三舍。

二是知明眼。大凡見人比槍比拳比棍，或於十目不合，或於十三格言有違，即急為指點，說此槍刀拳棍出自何人，當時為此樣，今差之毫釐，後必謬之千里。一經改正，不覺令人驚然服從。

三是知明師。何為明師？其於歷代槍刀拳棍法，一聽其講究，真正是有始有終、有本有末，不覺令人豁然曉暢，如在夢中醒來。

習藝二戒

一是戒自恃。槍刀拳棍，自有不易之準，過與不及，皆非得當，人是我非，須當捨己從人，若執迷自恃，終久無成。

二是戒自滿。槍刀拳棍本無盡境，習一藝更有一藝相迫，得一著更有一著相乘，倅然自滿，則半途未盡之弊，必不免矣。

習藝者果能勉二勤，勵三知，稟二戒，其不至人步亦步，人趨亦趨，而不成者未之有也。

練拳與四季

練拳與四季相配，要順應四季發展的自然規律，應春生、夏長、秋收、冬藏之道。春三月，天地俱生，萬物以榮，其時運動宜早，多練動功，動則陽生，以養吾身之木。夏三月，天地氣交，萬物華實，其時運動也宜早，多運動功，動以養陽，以養吾身之火。秋三月。天地以急，地氣以明，其運動宜稍遲，動靜勻平，以養吾身之金。冬三月，水冰地坼，無擾乎陽，其時運動宜晚，多運靜功，以養吾身之水。以上只在是鍛鍊方法上和勁節發放的大小上，加以改變而已。決不能把夏季發放爆發力的方法搬到冬季，需適時更法。

練拳與方位

春發──面向東（東為木，屬肝）；夏放──面向南（南為火，屬心）；秋收──面向西（西為金，屬肺）；冬藏──面向北（北為水，屬腎）。

練拳九竅

九竅是人體中經脈上的穴位，經脈中的穴位很多，以三寸為一主穴，五寸為一大穴。這裡只談九竅。

頭軀幹之三竅：上丹田為梢節，中丹田為中節，下丹田為根節。

上肢之三竅：肩井穴為根節，曲池穴為中節，神門穴為梢節。

下肢之三竅：環跳穴為根節，陽陵泉穴為中節，湧泉穴為梢節。

練拳十要、十病、十忌、十八傷

十要：面要常擦，目要常揩，耳要常彈，腹要常摩，胸要常護，齒要常叩，背要長暖，足要常搓，津要常咽，腰要常揉。

十病：進步高提，緩慢不穩；低頭貓腰，神勁不正；手僵臂直，勁力不濟；浮氣於心，勁氣不沉；六合無丹，發勁不整；手足不合，絕勁不足；拳無身勁，丹田無功；勁無抖擻，龜尾不明；身手不隨，重心失中；手足不合，神意不隨。

十忌：早起磕頭，陰寶貧冷，濕土久坐，冷著汗衣，熱著曬火，汗出扇風，燈燭照睡，不時房事，涼水著肌，熱天釣蝦。

十八傷：久視傷精，久聽傷神，久臥傷氣，久坐傷脈，久立傷骨，久行傷筋，暴怒傷肝，思意傷脾，極憂傷心，遇悲傷肺，多食傷胃，多恐傷腎，多哭傷肝，多言傷液，多睡傷津，多汗傷陽，多淚傷血，多交傷髓。

十四要則

胸寬腹實；虛靈頂勁；含胸拔背；沉肩墜肘；急起急落；虛實精靈；上下相通；陰陽相合；內外如一；相連不斷；動中求靜（靜能始動）；用意不用力（意能使力）；尚守不尚攻（守能禦攻）；尚柔不尚剛（柔能克剛）。

四民均宜習武藝

士也，終日讀書，寧無困倦之時，即擇藝學之，及精神充沛，急去讀書，是武藝不病於士，而有益於士，士也胡弗武。

農也，朝夕田間，寧無風雨之時耶，當風雨之時，擇藝而演之，及風雨止息，仍去田間，是武不病於農，而有益於農，農也胡弗武。

工也、商也，勞勞也，風塵道路，寧無燕處時耶，當其時即擇藝演之，及交易應求，仍去就勞，是武不病於工商，而且有益於工商也，工也商也，又胡弗武哉。

緩責工農，急責士商

就今工也農也，不事武可也，士也商也，萬無輕視武也。何其士也無輕視武？士也別無營生，朝斯夕斯，窮年曠工，是以致筋軟骨弱，名雖男子，實若處女。幸而發跡，無弗可者，一困寒富，攸往弗行。更可慮者，近如鄰舍，遠如鄉黨，其向明理循義者固多，而頑破奸猾之徒，亦復不少，豈能疏遠，而疏終身哉。時或與接，微有觸犯，非口出不遜之言，即身肆不規之行，即遇如此之人，真正把人氣殺。何不於讀書得閒時，兼習武藝，務令精熟，萬一遇其人，使鼻青臉腫，匍匐奔去，其出鼓進，奔往去為之。諺語云「保住身體現今福」，良非虛語。所以士也，勿輕視武。

何其商也亦勿輕視於武？商也，將本求利，或居貨，

或行貨，勞勞市途，仆仆津梁，拋去妻子，寄離他鄉，猶後焉者也，假使運阻時節，本利交折，誰其憐之，殖財獲利之會，即起窺向之心，有寅衣，有路途劫奪，商也束手無策，惟仰天長歎而已。甚至得財傷主，尤堪慟傷。假今預練於武，只需手起棍落，筋折骨斷，垂首傷氣，真人間一快事也。所謂商也，勿輕視事武，余擬良言，非為遇闊，屢見塵事，大皆然耳。

至士也，商也，各有職業，無多餘時間，只入手三拳三棍，務使精熟，此亦足矣。

第十二節　再論戴氏心意拳束展身法

戴氏心意拳的束展身法分為定步束展、活步束展兩種，也是不同階段所要練習的內容，習練的初級階段以定步束展為主。拳譜曰：「中節不明渾身是空。」由此可見中節的重要性。

其練法：身體自然站立，兩腳並立，手自然下垂，舌頂上齶，收臀提肛，排除一切雜念，要做到心定神寧，神寧心安，心安清淨，清淨無物，無物氣行，氣行絕象，絕象覺明，覺明則神氣相通，萬物歸根。緊接著兩手從身體兩側緩緩向身體中間抱住丹田，兩肘要緊夾肋，然後向下與膝齊為束身之法。要求前是窩（膻中要含，兩肘夾緊肋部），後是鍋（背部要撐圓，由於膻中含，會自然形成背圓而凸）。此時，呼吸為吸氣，一是吸自然之氣，二是吸下丹田之氣，也就是內要提，腿部彎曲，就像壓縮彈簧。

定步束身練習的就是中節的舒展彈簧力，展身之時，身起手回抱丹田，頭頂頸豎，目視前方。氣隨身呼，一部分排出體外，另一部分由膻中穴（**中丹田**）下降到下丹田，此時中節含有兩組對稱力，一組是上下力的對稱力，一組是左右的開合力，為展身之法。「束展二字一命亡」，可見「束展」確是戴氏心意拳的體用之核心。

束展的原理

從生理學的角度看，「束展」並不神秘，它就是一種以脊椎的彎曲和伸展為主的運動形式。

戴家心意對束展闡示有：束者，縮也；展者，放展也，束是縮身蓄勁，展是長身發勁。束得緊，也就是插的老一點；展如離弦之箭，鬆彈而出。老譜中有云：「肩打一陰反一陽，兩手隻在洞中藏，左右全憑蓋勢取，束展二字一命亡。」戴家拳譜中關於「束展」的練法有曰：「束靜展動意深良，動靜兩字柔和剛，學者要知如何練，關鍵就在天地翻。」所謂「天地翻」，在戴良棟的《拳譜》中將「天地」各分為內外之別，天庭為外天，胸部為內天；下頜為外地，丹田及小腹為內地。束展二勢，如卦象之坎離。束身之勢合離中虛，天吞而地吐；展身之勢如坎中滿，地收而天出，此即為「天地翻」。

束展的練法

戴家將束展的練法總結得很細緻。束時，要帶上包肩、裹胯、縮尾之姿勢；展時，須頂心上射，丹田前射。

前足跟先落，漸次踩至足尖，後足跟蹬直，用力下踏，而不可離地，其足跟與枕骨即頂心，成為有力之直斜線。束展在用時，要瞬間完成。束展的練法為丹田功夫成就之法。《拳譜》曰：「初練丹田，束展最為先，姿勢要鬆勁，學者得自然。」本門的「蹲、搬丹田」是修煉束展的基礎，除了蹲、搬丹田之外，還把「挑領」作為練習「束展」功夫的最好方法。

「束展」練法束身時，五心收於丹田，開始時可以配合吸氣，展身時，丹田抖炸，身體對掙拔長，可以配合呼氣或雷聲。無論束身，還是展落，都不能忘了先祖說的「姿勢要鬆勁」。步法即搬丹田：束身時單腿提縮於丹田，俗稱「寒雞步」，展落時，開始要將重心的70%落在前腿上，俗稱「虎踞步」，隨著功夫加深，周身有了鬆整勁後，可借彈力可將重心移回後腿。

束展的用法

束展就是顧打，戴氏心意拳的每一把拳都是一個束展過程，而每一拳的用法又都講究顧打合一。束身既是一種蓄勁狀態，也是接手防禦的「顧」式。心意拳沒有退步，這與搏擊的慣性理念不相符合，但這也正是心意拳的獨特之處與可怕之處。常看頂級的世界拳王爭霸賽的人都知道，KO多是在迎擊中出現的，兩種力撞擊到一起，如兩隻雞蛋相碰必有一破。心意拳的「束展」「顧打」都是一拳二式，束身之時，當看準對手進攻的角度、拳式的走向後，寸步踩進。《拳譜》曰：「腳踩寸進，不可高出三

寸，如太高步必減少速度，而歪斜、闖進者，非吾門派也。」因此，要「足踩中門襠裡鑽」。而步之用法要「遠踐近鑽，得勢得粘，粘如毒蛇吸食」。這就是「束」式的身勢步眼。束身在實踐中，要在進步中截住對方的勢，化開對方的拳腳，同時周身蓄於丹田。

展式要有「撐崩摘豆角」的感覺，所謂「去意好似捲地風，急放如發矢是也」。要配合雷聲，拳譜云：「蟄龍未始雷先動，風吹大樹百枝搖。」周身要對掙拔長，無一處不動。但不要忘了是鬆中掙拔，別弄得硬邦邦的。展的打法可隨心所欲，所謂「拳化一氣，全是法」。過去的老前輩不用手不抬腳，只一展身就能將對手打出，使用的就是落身時的撞勁，靠的就是身勢步眼。踩、撲、裹、舒、絕五毒都要用才能動放如虎狼。

展式打法多搶中門，抬腿要有膝撞之意，步趨的要大一點。身法如龍翻浪，而步之起落卻要平才能穩住重心，所謂：「起是去也，落是打也；起似水浪翻波，落似水浪絕平；起也是打，落也是打。」

「束展」和「顧打」有「天地之氣凝，迅雷出閃電，制敵心房碎，全在束展翻。」「顧要顧在梢節，打要打在根節。」「顧要卸彼勁，蓄五弓，打要五弓齊發如爆炸。」「顧要起橫不見橫，打要落順不見順。」「打要三口併一口，打人如同走。」「顧要奇中有正口對口，打要正中有奇束展為攻。」「顧要兩肘不離肋，兩手不離心，打要出入中道出洞入洞。」「顧用分力引進落空，打用合力精神一貫。」「顧打不分合一體，勝敵猶如水中游」之

說。

總之，戴家人從實踐中摸索出了行之有效的技擊方法，把戴氏心意拳發展到了一個更高的階段，拳法上更多地吸取了傳統武術中的精華和拳擊的技擊方法，器械上注重馬上步下，長短結合，總結完善了鏢行中的技擊精粹，開宗立派，形成了戴氏心意拳武學體系。

第十三節　再論戴氏心意拳三動

三動是指重動、輕動、靈動。三動練法是戴氏心意拳由淺入深，由低級到高級的漸進過程，也是逐步形成內在混元合一，外形渾圓相照的內在要求。三動的綜合法則：一是以外引內，二是由內催外，三是內外一貫。

三動的總要：既是練功的過程，也是練功的方法，做到一式多意，一勢多拳，形成重動謂有意、輕動謂隨意、靈動謂無意。重動練架築基，練出勢法清，練到實力生，練時大陽陰開或大陽陰閉，毛髮發漲，做到閉住五行，勁氣毒狠，身足弓催，用直剛勁，猛踮勁，以勁顛人。輕動練意，練出鴻毛不能加身，飛蟲不能落肢。鴻毛觸我我順隨，飛蟲觸我我抖擻。混元真氣走衝脈旋帶脈，均勻自如輕漂疾利。手法要滑活突變、輕靈奸毒。身法要翻浪續衝浪，翻浪翻浪又翻浪，翻浪之中細思量。思量它外形慢柔，內在強暴，暗剛突變，內勁追人，擊敵於動靜之間。靈動練心顯神，練出意識呼吸，練虛實皆有和關節旋轉的角度加大，練輕快活躍，靈剛假虛，突脫隨心，視彼如小

草，並能做到柔接剛送，丹田猛射。

重　動

重動主練起落分明、內外合一，謂拳帶身子，是掌握格式的功法。練出猝剛、炸勁，達到內外調整、內外配合。重動是拳練人，做到練精、聚氣、合力。練出勁節，徹底改變肢體運動軌跡和使用拙力的習慣，達到統一肢體勁力，把渾身的散勁練成整勁。

重動多屬取法，這種練法在初練時，外表要求棱角分明，動作到位，姿勢合規。先以慢練為主，後以快練為要。初練一般不宜多發快勁，這種功法譜稱易骨功夫。骨即力量，包括力的方向和氣勁運動的速度快慢，軀幹和四肢用力配合的改變。因初學者練習的過程基於對用力習慣的改變，就決定了這種過程必須是緩慢的，持之以恆的外形動作，只有這樣才符合重動的技術要求，只有原有的運動軌跡和用力習慣徹底改變，才算練成重動，並為下一步輕動打好基礎。對於練重動一法，口傳為慢練細節，快練勁節。慢練重動時，慢得不能再慢了還覺快。練時，身法多練反弓法，以橫為主，足重釘，頭要狠頂，身直起。手法多練擰旋翻轉的動作和貼身下沉上提勁，全身配合用脆決勁，著重體現抖擻勁。

以上練法先慢練，因慢則規則明，勢法清，固根基，實力生。等慢練重動能夠頂心杳手心，手心杳足心，一杳到底後，氣起到天門，便可轉入快練重動，只有快練重動，才能剛勁生，勢洶湧，練到脆猛短疾、齊整穩沉、嚴

整壯重、出手兔驚、回手火燒、停似木雞、動似枝搖的狀態，這就達到了快練重動的目的。

練重動時，無論慢練或快練，開始時均可苦恒蠻拙，因蠻可勢洶湧，拙可實力生，先慢練重動是為了與彼接手交技不出現輕浮的弊病。若慢練重動過久又恐生滯僵，而出失靈顯呆的弊病。因此，慢練重動後必續以快練重動，否則就是將下盤練成盤根鐵柱也不足以致用。身軀在起伏轉折的各種技術動作時身軀大縮大展。

練四肢時，上肢練兩手不離心，兩肘不離肋，出洞入洞緊隨身。練下肢時練並膝，並膝猶如剪子股。在以上二法的前提下，手腳的動作可大開大合，鼻的呼吸可大呼大吸，口的出入可大出大入。同時，還須做到定要靜，動要迅，椿功穩固，軌跡到位。練到疾速含剛，慢遲也含剛，並三心發熱，這是重動已到火候的反應。

輕 動

輕動主練陰陽接轉、內外隨順，謂身子帶拳，是掌握圓潤的功法。練出瞬靜，達到內外沾粘，內外柔靜。輕動是人練拳，練氣騰，是重動的縱深，練心與眼及順隨，練出氣騰轉練靈動，是提高自身對異物動向的感悟和勁力運用的調配，譜稱易筋功夫。

輕動是把重動練出來的勁道加以柔化，用意不用力，用圈不用拳，用化不用拔，用拔不用撥，用撥不用碰，用碰不用思等法的轉化。練輕動也是用快慢二法，此處的快慢二法，均可勁斷意連。不論哪一種練法，皆須思想放

鬆，肌肉放鬆，全身動時以順為主，練輕動時的動作，快得不能再快了還覺慢。在易骨的前提下用易筋法將連接身軀、肢體、頭顱的筋和骨肌拉鬆，拉開，拉長，特別是委中筋，腰脊筋，更需要首先拉開。這種做法是輕拉小縮，慢拉快縮，快拉慢縮，三拉互易。在練輕動中無須何種動作，均須鬆中含緊，慢中藏快。鬆，是鬆中緊；緊，是緊中跟；慢，是慢中隨；快，是快中順。

以上謂開筋的方法，一直練到不緊而緊，緊而更緊。這種方法不但可以開筋，而且能同時達到上氣下沉，下氣上旋，凝聚於丹田，貫注於全身，爆發於四面八方，傳導於四肢四梢，並可力透肩背。易筋術練成後，既能體現出外柔內剛，又能體現出內在混元和外形渾圓的匹配。

《拳譜》曰：「輕動上身，投手舉足之時，閃目轉睛之間，起伏轉折之中，心意相印，緩疾突變，突陰突陽，鬆中突緊，緊中突鬆，斜中突正，正中突斜，起中突落，落中突起，剛中突柔，柔中突剛，動迅靜定，快慢互易，陰陽相合，剛柔相濟，內在真氣，突斂突爆，外形動作自然而然，身隨腰轉，肢隨體動，膀隨身斜，形隨氣抖，手隨身擻，練到輕慢動生柔，輕快動生剛，三心冒氣，有了這種感覺，便是輕動練成的特徵。」

靈　動

靈動主練內外自然，形成內圓，達到束展一體，為氣帶身子，是隨心所欲的功法。練出虛實，形成一觸即吞，一觸即吐。靈動是心練拳，練神遷，練就心一動全身俱

備，丹田一動渾身俱動。靈動是重輕二動的結晶。

從疾狠真的本能反射，轉向勇猛短毒的條件反射，達到靈動。從陰陽互轉到剛柔相濟，從丹田一動，到渾身俱動，從一觸即發，觸之即發，無意而發。從以上三發，返歸無極是真藝的目的。以此提高處置各種情況的敏銳性，即先敵一步的反應，最終達到隨觸即發、遇峰而化的層次。靈動，用行功之法將重動練出的猝剛，輕動練出的潛剛，用靈動的練法合二歸一，用養道之理，練萬氣歸根，養丹潤田，培養一氣裕充，達到重內不重外，重神不重形。也就是說，練拳時，拳無拳，可是拳拳皆拳；用拳時，意無意，可是意意皆意。重內是真氣滾騰，由內催外；不重外是，內動外隨。《拳譜》曰：「武藝之道無真經，任意變化勢無窮，悟的嬰兒玩打法，乃知拳法天生成。」這是靈動內勁的體現，內勁是精氣神的衍生物。只有蘊厚的內勁才能體現出外形靈動中的特殊技能。練靈動時，無處不丹田。練靈動先練靜心，靜心的練法是先找一處養靜的地方進行靜養，或蹲或搬或砸或坐或睡，舌頂上齶，眼觀鼻，鼻對臍，提肛收臀，裹胯，縮尾，目視鼎，出入二氣不聞聲，用此方法進行靜養。靜養時撤開二六連環鎖，四象飛空，三心歸一，將自身融入大自然。

按拳譜中所講，「茫若扁舟泛巨海，呆若木雞置庭中，養練雙修」。這種練法稱為返本還原，回歸無極。達到這種境界就可調息，用吸至丹田，呼之肺經之法，練到耳不聞聲，心曠意暢，出現忘我，進入覺明。只有這樣才符合入靜的功法。《拳經》曰：「靜中寓意，意中蓄氣，

氣中蓄動，動中氣沖，氣沖意送，曰開氣路，曰開氣竅。」此法是入靜的內涵，靈動的核心。其實體現的是一種動作的尺寸勁節勁道，以上動作看似肢體運動，卻是天真一氣在做功。無論練用養，只要三心有了發火的感覺，這樣才算靈動過關。

綜上所述，「三動」又稱三易，指的是易骨、易筋、易髓。易即改變，易骨的改變以重動為主，指的是關節和原力的改變，練架入滾字訣，練聚氣合力，練出身軀吞吐，練成大圓。易筋的改變為輕動，輕動指的是肌肉和筋絡的改變，練合入順字決，用清靜無物，意領氣隨去練，練出筋脈吞吐，練成小圓。易髓的改變為靈動，指的是經絡和氣路的改變，練一貫入借字訣，引氣歸根，煉氣催音，練出骨髓吞吐，練出直圓達到滾豆成圓之圓，最終達到功法的封閉、打法的借順、步法的迅捷、上法的敏銳，腿與足的靈活、手與臂的巧妙、頭身四肢相呼應、外形的工順勇、內意的疾狠真，從有欲生巧練到無欲生妙。

可見，「三動」是修煉戴氏心意拳的行功之路，既是三個階段，又是三個過程，更為三種不同的練法，貫穿修煉戴氏拳法藝術生命的始終，此為「三動」的真正內涵。

第十四節　戴氏心意拳闡要

根據中醫學說，人身左為血分所居，其行也緩；右為氣分所居，其行較速。所以，在運動時先動左而後動右，就是為了調整氣與血的平衡。

養生家云：天有三寶，日、月、星；地有三寶，水、火、風；人有三寶，精、氣、神。可見三寶在人體所居的重要性。所以，內家練功，必以內外兼修，意念、架子、吐納三者合一為旨，而且內七外三，或大內不外，煉氣主能自然，不以故意人為的動止，所謂動靜相顯，表裡相循，不有中有，不無中有無。

呼吸要柔細勻長，自然形成腹式呼吸，所謂徐徐而出、絲絲而入。呼吸時，對體內氣息具有下降和外開的作用，吸氣時則具有上升和內合的作用，應多注意呼氣，少注意或不注意吸氣。

練功以內家三派——心意、太極、八卦之特長至善，即心意之束抖，八卦之捷變，太極之圓方。束變圓皆屬曲性，抖、捷方則屬伸性，物無曲伸則無運動，拳無曲伸則無催力，無曲伸不成運動，無方圓不成格局，所以，拳拳必有圓方，把把不離曲伸。曲者柔也，伸者剛也，剛柔相濟，始為上手。

練功應根據年齡老少、功底深淺之異而分別以重、輕練習，年少而初者，可以動作重些，架勢大些，年老或功深者宜動作輕些，架勢小些。

無論何拳，練時宜長，長可達氣，用時宜小，短善自顧。練時整練，用時零用，所謂長練短用，整練零用也。

練功勿執我相，以為人不如我，則易自滿廢勤，驕傲易輕敵。以為我不如人，又易灰心怠情，自暴自棄。

練功貴在持恒，不可貪多求速，細琢漸磨，日將月就，功到自然成。寧可抽絲無間，切忌一曝十寒。

　　練功應擇清靜之時、之地為宜，不以人前炫耀為榮，尤需戒持勇凌弱，挾技逞雄，好酒貪色，歷來犯三戒者，莫不身敗名裂。

　　與敵對戰，步法為先。對本身來說，步法為根，手法為梢，根不固則梢無力。對敵來說，步法移根，手法所梢，根不移則梢雖損仍無重礙，故云：步打七分手打三，以示步之重要也。因而，寧使有步無手，不可有手無步。將在謀而不在勇，兵不在多而在精，事在行而不在言，拳不在形而在心。

　　與敵對戰應採取下列之二法：

　　（1）**奇偶對法**——敵用單攻，我以雙對，敵用雙攻，我以單對（即我以強勢壓敵人之弱勢，我以巧動，催敵之猛動也）。

　　（2）**縱橫破法**——敵用縱攻，我以橫破，敵用橫攻，我以縱破（即避敵正面之衝力，而從上下側或左右側攻擊之，所謂四兩撥千斤也）。不要從正面抵擋對方的衝擊力，而要從側面破壞他的力勁。

　　與敵對戰遠趕近擊。遠趕者，尺寸不夠，趕步踏進；近擊者，尺寸切近貼身而打。又有三打、三不打，三打：進步打、貼身打、敵打我亦打；三不打：步不進不打、身不貼不打、敵不打我也不打。

　　與敵對戰，應注意引手。引手也稱門法，意即未曾發手，各自封閉，以引手誘使對方開門，乘隙而擊之。引手乃虛實皆有之手法，拒之則虛，不拒則實。此法我用如此，敵用仍復如此。所以注意者，指注意敵用耳。

　　足比手有大五倍的力量，足上八法：搶、拿、封、閉、勾、彈、針、踢。「搶拿」是以我之陽拿敵之陰，以我之陰，搶敵之陽，又單手曰搶，雙手曰拿；「針」是以我足之根，踩敵之足背，踩上再一磨轉，像針錐一樣下鑽。

　　內圓則圓周體積大，容積也大，故能受盛吐納；外圓則靈活，化線和化點無所障礙，故能循環轉動。圓又是空，故能起到一種活潑自在、吐納運行、變化無窮的作用。

　　升氣以「華蓋」為止，不能超過「缺盆」，否則就會面紅脖漲，頭昏腦暈，後天氣吐出來，先天氣就下降，任脈氣上升，督脈氣就下降。上焦氣的功夫，用在頭頂與肘尖，中焦用在腰窌曰髀樞，下焦用在足跟和大趾。肝氣開則肺氣閉，肺氣開則肝氣閉，心氣開則腎氣閉，腎氣開則心氣閉，四臟交互啟合，而脾後中央仍得到鍛鍊，即發生運輸津液灌溉全身。

　　龍猶見首，動中有靜，鶴性不爭，以靜制動。青龍角位於頭頂兩側最高處，是肺氣脈的盡頭處。

第四章

戴氏
心意拳拳技

　　戴氏心意拳順大自然客觀生化之規律，以天地陰陽之平衡，金木水火土五行相生相剋之理論為精髓，是會意與形聲融為一體的內家武學體系。拳藝以內向為核，由內催外；陰陽為母，六合為法；丹田為根，束展為勢；翻滾為進，快慢為速；崩射為攻，三節互用。外形變化來自於內在勁力牽動，故有「無法不含勁，無勁不見法」之說。形變是勁變的表現，勁變是形變的母源。練拳實質是修煉內勁，拳法只是載體，透過身體去感受自然之道，體會健身與生克技擊之意。透過練功，達到內修生命本體、外應社會法則，從而提升修煉者人生的境界。

　　武功的文練是以內功來推動技法，武功的武練則是以技法來表現內功。拳無技不榮，技無功不用。單憑內功就想搭手放人於丈外、讓應者立仆是對技擊的誤解。實戰中沒有高超的應戰心理和較為嫻熟的化打技法，動急不能應，動緩不能隨，上不去、接不住，化不掉、發不出，不會成為武功上乘者。

　　戴家拳亦有文練和武練之分，又稱慢練和快練、重動與輕動練法。有「慢如抽絲、快如閃電；慢練格式、快練實用；非長手不可達氣、非短手不能應用」之說。文者，

體也；武者，用也。體為用之本，用為體之能。文練又稱
文功，屬行功技法，性柔，為陰，主修內功；武練又叫武
功，屬應戰技法，性剛，為陽，重在練技。拳諺有云：
「無氣不為功，無功不成拳。」戴家拳的傳統練法不僅講
究內外三合，更注重勢勢存心揆用意，就會產生戴家拳應
有的「內氣」。

要知道，出汗是練出功的標誌之一。練功出汗與一般
因天氣熱或運動性出汗（如長跑）是有本質不同的，它是
營衛二氣作用的結果，哪怕冬天躺在床上練，也能「大汗
淋漓」，產生內勁，達到練功之目的。

戴家拳的文練是由意念、呼吸與動作速度的有機而合
理地配合，修煉精氣神意，是內家拳修煉中高層次的練
法。因其主修「內」，又稱丹田功。丹田功，實際上是一
種內在的能力，即潛能，人人都有，但它因人因時因境有
所不同，就是通常人們說的有無功夫之分。

一般人在正常情況下都不易調動這種潛能，往往在情
急之下才會無意識地有所表現。而練內功的人由於平時練
功養成眼前無人似有人，行止坐臥，「不離這個」的習
慣，一旦遇到情況立刻能如同火燒身，馬上調動起全部潛
能，出手比常人快，勁力比常人大。故文練，肢體動作顯
得舒緩柔和、鬆活圓轉且又沉穩，一般不表現出快捷緊湊
剛勁之外形，更無明顯發勁之動作，但具有舒筋骨、活氣
血，平衡人體陰陽、練出丹田內氣的作用，以達到強身固
本的目的，因此有「精養靈根氣養神，元陽不走得氣真。
丹田養就長命寶，萬兩黃金不與人」之說。一旦用於實

戰，配合技法，周身輕靈，內氣不運自到，隨意而發，即可達到技擊禦人的效果。

戴家拳的文練就是以練意為核心，以練出內氣增長、生成內勁為標誌，以強身健身、固本防身為目的。文練雖是以煉內氣為主，可是在行功走架時每招每式都要講究技法。所以，文練雖為文功卻是最高級的技擊練法。

戴家拳的技擊形式不是兩個人搭好手然後推來推去，而是散手，亦稱摩手或撕扒。推手只是作為訓練聽勁的方法，是撕扒應走的階段。文練必須有武練為基礎，僅有內功未必能應戰技擊。因為功與技是不同的，但又是相輔相成的，也是互根互生的，更是呈正方向發展的。

練拳的本質是以技擊為核心，較技時不論對方是什麼拳種，也不論對方用什麼招式、從什麼角度打來，都能應戰，至於輸贏，一般取決於各人功力和技法的運用及心理素質等因素。因此，功技並重是習練戴家拳技必須遵循的原則，即所謂「功技合一」。

戴家拳的武練法是強調重動之法的做法。練功講究身形束展分明，功架細緻工整，轉換虛實相間，方向角度巧妙，勁意順達深透。武練法除了單式、發勁、發聲，還有套路以及對接、餵拳等訓練。要真正學以致用練好戴家拳，提高戴家拳的技藝，就要文練武練並重，遵循兩者對立、互換、消長、轉化的規律。文武之道，一張一弛；拳術之道，一文一武；技法之道，一陰一陽。其中包含柔中具九、剛中具一、內外兼修、神形合一、功技並重、靜動互換等變化，更注重技法上，不變是相對的、暫時的，變

化是絕對的、不斷的之理念。

戴家拳的文練和武練說到底是要練好內功，提高拳技，達到功與技的高度統一。這一點和其他拳術是不一樣的，有功無技難成藝，有技無功渾身空。功技合一，不可偏廢，是練好戴家拳的正確途徑。但無論文練還是武練都應在師父指導下進行，特別是初學者，啟蒙老師更為重要，入門引路須口授，功夫無息法自修。

第一節　基本功──丹田功

丹田功

　　戴氏心意拳的基本功為整身法，以整內為主。所謂身法，就是關於體內勁力傳遞的方法，它由束展二式組成。初始練，以形帶心，有一定基礎後，再以心促形。束展是上下、縮脹是開合。束展是束身蓄勁和展身發力相結合的表現形式，心意拳的「鷹熊」二式，熊式為守，是顧法，要束身而起；鷹式為攻，是打法，要展身而落。束展要一氣呵成，才為有成。

　　心意拳中最能代表束展特點的一式是「挑領」。束身時要插得「老」一點，展身時要五指大炸挑得高一點。在實戰中，用束展作為技擊的總原則，就足以應對瞬息萬變的戰況。其法為修煉丹田功，丹田是體內勁力的源泉和樞紐，是解決氣機升降、開合、聚散的關鍵。

　　武術所說的丹田，是歷代修武者在不斷總結和調氣修竅認識的基礎上逐步形成的理論。開發修煉丹田，養可聚結精氣，循可滋養全身，運用於技擊則對原有的功能產生

裂變，成為用之難竭的勁源。經由長久的練養便會成為一個精氣的集散地和指揮全身動作的發動機。

戴氏心意拳的丹田有三，即上丹田、中丹田、下丹田。王映海一系講的丹田的具體位置是：

上丹田在天靈蓋之下大腦軟皮之上，頂門心中間入內三寸，方圓一寸二分處有一間隙，有氣則開，無氣則合。它是空間一穴藏神者也。在練功中煉神返虛，在技擊中主打落勁。上丹田練成後，可養腦充髓，靈光吊眉並可續練頭部的抗打功能，是出神的地方、落勁的源頭。

中丹田在兩乳中間「膻中」。膻中之氣是胸肺部之氣，是由口鼻從空間呼吸之氣，所以膻中之氣謂後天之氣，膻中之氣分注八脈。中丹田練成後可養心宣肺，續練腹腰胸背的抗打功能，是發勁的地方、直勁的源頭。

下丹田在肚臍下一寸半處「氣海」。下丹田之精氣，是人類之胎氣。因在母體內，由臍帶與胎盤之靜動脈的供養而生存成長，所以叫先天之精氣。由母體產出後，通過口鼻呼吸至胸肺部的氣，叫後天之氣，普通人胸肺部中的後天之氣與丹田中的先天之氣，兩者之間不能相互溝通混合。如果順序而進，通過一定程度的吐納鍛鍊和內功修養，則可令二氣相互貫通，混而為一，稱為「氣通」。到了氣通的境界，則先天之氣與後天之氣上下交結流通，無形中就似在體內結成一粒「丹丸」之物，可以上下流動，這便是道家所謂之內丹。其實，是體內形成一股氣流與氣勁，隨意念在體內運行，上下表裡，散者可以統之，分者可以合之，四體百骸，終歸一氣而已。下丹田既是練各種

功夫的基礎，也是用起勁的源頭，更是整體運動的發動機。

戴氏心意拳的丹田功亦稱渾元樁、蹲毛猴，俗稱蹲猴，又稱乾坤六合渾元樁。其形似胎兒在母體，所以又稱胎形，源於道家的導引之法。丹田功，表現形式為束展，其目的為去拙力，生靈勁。先輕動，做對模樣，再重動以立其體，再輕動以退拙力。束身之法，先縮後束；展身之法，先展後漲。以丹田為軸上頂下踩，同時爆發。其原理既符合人體的生理原理，又符合人體的力學原理。經過修煉產生丹田內勁，其內勁由束展貫穿戴氏的所有拳法。

戴氏心意拳入門十分嚴格，只有入室的弟子，師父才要求弟子練二到三年丹田功即身法或蹲猴，然後才開始教其他拳法。丹田功要終身修煉且要不斷提升層次。所謂乾坤就是指天地，戴家拳每一勢都要有內外天地翻。先祖講，欲求丹田氣，先練束展功。又講，世人若得真消息，全憑內外天地翻。所以戴家拳的丹田功是由內外天地翻，修煉丹田而練就的。每一勢都要有三翻，即：頭翻、手足翻、丹田翻。

蹲毛猴是由併步站立開始，雙膝彎曲下蹲，雙手下垂貼在大腿前側，手心朝外，胸部（橫膈）放鬆，意氣下沉，穀道上提，尾閭前提，丹田翻滾回扣，達到鬆胸實腹，使氣聚丹田，形成「束」的身法，丹田也成一「球」形。在身體運轉的同時，縮頸，下頜自然抬起，雙目平視前方。隨後，雙手隨著雙腿的直立而合抱於丹田，左手在內，右手在外。同時下頜回收，頭上頂，勁從腳底直接貫穿到頭頂而使身體直立，形成「展」的身法，雙目仍然平

視前方。束展二字體現了戴氏心意拳的身法。在蹲毛猴的鍛鍊中，要做到內外天地同時翻（外天地是指頭部，額頭是天，下頜是地；內天地是指胸與丹田，下腹是地，胸是天）。以束展的動作配合天地翻，使內天地丹田「球」得到運轉和鍛鍊。

外天地翻則是鍛鍊頭部頂勁，使上下勁道貫通，將束展勁發揮到極致。開始自然呼吸，待有一定功效後束是吸氣，展是呼氣，氣一定要呼出，不能憋在體內，等丹田有一定功力時就可以發聲。

修煉丹田旨在形成內勁，有了內勁才能變化自如，但「三節要明，六合要真」。三節不明渾身空，六合不真枉練功。三節即下肢為根節，胸腹為中節，上肢為梢節。三節乃人體周身部位之統稱，也是練功的關鍵所在，丹田功就是由淬煉三節壯實體魄，充分發揮周身的潛在功能。然而淬煉三節還須銘記六合，才能形神合一，形隨意轉，功藝大成。六合分內三合和外三合，沒有內外六合，必然滾不成一股勁，合不成一股力，雜亂無章，難成正果。

內三合是心與意合，意與氣合，氣與力合。心指大腦，意指意識，必須心神聚一，意識敏銳。而意識對動作的反射，若無充沛之內氣配合，丹田內勁難以催達四梢，所以意欲發，「氣」先行；有氣無力缺乏質的飛躍，欲速則不達，所以氣欲行，「力」為本。只有「意、氣、力」相聚相合，才能將精氣神淬煉為剛柔勁，並將丹田之勁通達周身。

外三合是肩與胯合、肘與膝合、手與足合。外三合是

指肢體三節部位而言，從微觀角度分析，還有「節中之節」說，根節之三節為胯、膝、足；中節之三節為丹田、心、胸；梢節之三節為肩、肘、手。三節六合是紮好底功之要害，不論練柔勁還是練剛勁，必須做到內外合一，不鬆不散，動作一致，做法嚴謹，才能整勁齊發，勁力齊猛。

丹田功又稱六象融一，旨在滋養本體，充實勁力，即「雞腿、龍身、熊腰、猴背、鷹膀、虎抱頭」。

雞腿取其兩腿夾緊，則敵不易踩入中門，且其出步係從肚裡掏腿，則小腹自閉，可免意外之險。雞腿穩固，根基深沉，單腿支撐如立木頂千斤，因而有「金雞獨立」之說。人之下肢是全身之根節，根節穩固是行拳走勢之要害，故取「雞腿」之義。龍為神幻動物，身形矯健，亦柔亦剛，可騰躍凌空，能傲然暢遊，有「蒼龍神遊」之說。其扭轉靈便，變化莫測，故取「龍身」要義。熊體碩大，巍然勢傲，腰軸扭動是其行動要樞，熊腰取其下坐有勁，不易顛跌，故取「熊腰」之義。猴背常呈曲弓之勢，或奔或躍皆自曲背展騰開始，曲則蓄勁，展則開張，其後背突出內天（胸）自收，翻時有勢，故取「猴背」要義。鷹抓獵捕爪為本，抓取之前先用膀擊，鷹膀堅硬力在翅根，意在近戰「根」擊，其踐顛有勢，起落有勁也，故取根擊、抓擊之意。虎豹王者風範，體態威嚴，虎視眈眈，仰俯多呈威儡神態，其枕骨挺直，額顬有勁，豪傑落於枕骨，英雄出於額顬也，故取「虎抱頭」之義。

綜觀而論，雞有獨立之功，故為拳法之「腿」；龍有驚抖之法，故為拳法之「身」；熊有泰然之勁，故為拳法

之「腰」；鷹有束翅之術，故為拳法之「膀」；猴有縱靈之能，故為拳法之「背」；虎豹有威嚴之神，故為拳法之「頭」。透過修煉達到六法渾然一象，意指腿穩根基硬，身段若龍行，腰巍似熊踞，膀堅固自根，轉動靈如猴，虎豹出威神，六象聚一體，形神勢必真。

丹田功又為「圓勢」構成，圓勢即腿微曲，胸微涵，頭微仰，軀體呈曲縮半蹲勢，形同「猴子觀景」，所以也叫「蹲猴勢」。按照拳法而論，「圓」內含陰陽，陰陽相合渾然一體。整個大圓實際上內含三個小圓：腿微曲形成下圓，胸微涵形成中圓，頭微仰形成上圓。

圓是五行的自然軌跡，相生相剋皆在其規律之中。圓則滾，滾則進，必然在行拳走勢中形成上旋下旋，內旋外旋，平旋立旋，橫旋順旋。旋為形，滾為勁，動之如螺旋無堅不摧，起落似彈簧蓄勁呈威。看其攻，攻中有防，觀其防，防中有攻，身落手起束中進，身起手落展中擊。一切變化依賴圓的運轉，盡在陰陽轉換之中。煉精化氣，養神蓄勁，滋養丹田功能，是內在的要求。滋養就須「曲蓄」，展放才能爆發內勁。

行功方法

「蹲猴勢」是戴氏心意拳最基本，也是最核心的功法，各支練法大體相同。蹲猴勢又稱渾元樁，俗稱蹲猴猴，分為七步功法：稱作蹲丹田、搬丹田、砸丹田、滾丹田（翻丹田）、射丹田、奔丹田、養（摩）丹田。蹲猴猴是在立正的基礎上由束身、展身和舒展合一法組成。束身

法稱束勢，展身法稱展勢，合身之法稱發整勁，打快勁，是丹田功能的反應。

功法有靜養和動養兩個方面，原地不動為靜養，出步為動養，在行拳走勢中為涵養，故有無樁不養功，無勢不含樁之說。此功使身體呈「龍蛇」之形（嬰兒狀），身體保持鬆靜狀態，下蹲內收，使任、督二脈交融，氣血暢通丹田，如此循環往返，達到壯外培內的目的。長久鍛鍊，可達到外固形體而不散，內固根本而氣實的目的，稱為築基功。行功時，始可蹲著不動，待一定程度後，就不是蹲著不動，而是一蹲一起，身體甚至眼睛也隨著進行陰陽轉換。看似簡單，實則只有依照一定順序，科學地下功苦練，才能體會其精奧，言語實難表達。鍛鍊時身體四肢出現麻、脹、熱、冷、放電等感覺，均為正常現象。

第一步　蹲丹田

蹲丹田有三種行功方式即束身之法、展身之法、合身之法。四種行功方法：慢束慢展、快束慢展、慢束快展、快束快展（三慢六快四次），分三個步驟即束身、展身、合身。

蹲丹田

第一步，束身之法：

束身之法屬陽，從外形講，束身時身落，天收地出，所以，束謂陽。從內氣講，依據陰陽升降說，身落氣升，氣走督脈而上行。用卦象解釋，「束身離中虛，展身坎中滿」，所以，束身之法屬陽。

【**行功方法**】身體直立，兩腳相併且齊，頭上頂，下

頷微內收，目光向前平視。兩手以掌心按丹田（小腹），
左下右上，右掌壓左掌，然後做束身動作即頭微仰，胸微
涵，腿微曲，緩緩束蹲，隨著束身，兩臂微下垂，下垂時
兩肩內扣促胸內涵，兩臂靠攏緊貼兩肋，臂轉內翻，手心
朝前，掌沿相挨，手指尖垂至膝蓋。勢呈「猴子觀景」束
身勢，體呈三圓聚一（頸項圓、胸背圓、腿彎圓）。同
時，三尖（鼻尖、膝尖、腳尖）垂為一條線，保持不俯不
仰重心平衡。蹲丹田時間以3分鐘、5分鐘、10分鐘為最
佳，也可視體力自定。

　　束身之法是聚氣之法，是養內氣、定穩固，淬煉下肢
的支撐力之功，核心為腎先動、要踏心、尾閭提（心火腎
水相交）、丹田扣（圖4-1正、圖4-1側）。

圖4-1正　　　　　　　　　　圖4-1側

第二步，展身之法：

　　展身之法屬陰，身起氣降，降下之氣屬陰，地收天
出，所以，展身之法屬陰。展身之法練反弓一力勁，從外
形講猶如彎弓復原，是在蹲猴勢束身的基礎上展身，展身
時用挑擔勁，全身的勁意皆在頭領中用腿之勁頂起。起時

猴背展伸反彈，雙臂擰旋猶如滾豆復原，同時，腳心、手心、頂心皆用吐勁，即足心緊、手心緊、頂心緊，練時鬆中緊，用時緊中緊。無論練用皆要緊而不僵，此時真氣從頂心回歸丹田。此法是用束身法產生的壓縮勁來催動身軀的起展，起展時要勁勁不斷，徐徐起展，體現釘頂，謂練牟柱形。

圖4-2

【行功方法】繼束勢緩緩蹬腿起立，挺胸豎背，頭頂收頷，以意為先，用意不用力。兩手扣抱於丹田，呈展身勢，復原立正姿勢。自然呼吸，肌肉放鬆，不可聚力。憋脹疼麻是正常現象，自然舒適是功力反應，此乃蹲丹田的基本方法（圖4-2）。

【要領】

（1）展身之法在束身之法的姿勢上起展，起展的勁力全部用腿中的力道將身軀頂起。在起頂中腳要十趾抓地，腳心要吐；手與臂貼身，兩肘不可炸開，臂不自抬，隨身起而起。起展的速度與下蹲的速度相同，起展後兩手返回到虎窩前抱丹。展時手心展吐，頂心上頂，用意念頂心上吐，然後返回預備勢。

（2）起展中要體鬆心靜，呼吸自然，虛實分明，圓活不斷，上下相隨，內外相合，協調一致，束展有序。起落勁斷意不斷，還要尚意不尚力。在起展的過程中要快慢相間，剛柔並濟，輕靈穩健，外示安逸，內實精神，發勁於丹田，顯形於四梢。只有這樣在抖擻時勁路才能暢通，身軀四肢才能富有彈性。

（3）運用於技擊，要隨彼勁而定我勁，隨彼速度決定我的快慢，如要擊倒對方，方須加射丹田的法則。如運用於練功，練慢起猶如遊車慢擋，須勢圓勁柔，慢得不能再慢了還覺快，無論練用皆慢而不斷。如練快起，猶如蟄龍升天，勢大勁直一氣呵成，快得不能再快了還覺慢，無論練用皆要快而不飄。

第三步，合身之法：

也稱射丹田（為落起一次完成，形成丹田翻滾、達成上下對拉）。由快束慢展、慢束快展、快束快展（三慢六快四次）組成，透過丹田外撐法、丹田翻扣法、丹田抖絕法，形成丹田前後滾、左右開、混元開。

【歌訣】

手抱丹田身軀正，二目平視腳並行；
神定心寧無雜念，輕鬆自然講虛靈；
虎視眈眈不轉睛，盯住對方看眼神；
舌舐上齶周天通，頭要微仰卻要正；
含胸拔背肩內扣，沉肩垂肘向下沉；
兩手下垂至膝面，邊垂邊翻見手心；
手托相挨臂靠臂，鼓腹曲腿呈圓形；
收臀裹胯腿夾緊，提肛勿使臀撅挺；
重心勿偏身脊正，三尖對齊最要緊；
牙齒合緊嘴微閉，束身吸氣三圓聚；
展身也要講虛靈，徐徐起勢勁不停；
挺頸收頷頭微頂，視點不移眼出神；
展胸豎脊腳底蹬，手抱丹田氣呼盡；

氣出兩心為釘頂，若打快勁發呵音；

出步先開弓箭步，圓勢變作三角形。

王映海老先生講，蹲猴猴有多個層次。第一層次，稱外端猴勢、內站丹田。起落二勢極富特色，起勢多極束，落勢多大展，展如斜杆，束如蛋。身形隨束展，束勁、展勁分明。自然呼吸，氣沉丹田，腳心微提，意念吸取地氣，腳汗濕透鞋底（言指古代布鞋），闖過憋脹疼麻，即不僵且舒適之感。下肢為人體之根，支撐軀體，承載負重。行拳走勢，奔騰爆發，都離不開下肢的繃蹬釘挺，所以增強下肢功能極其重要。目光內視、呆若木雞，有似守非守、視而不見、聽而不聞的感覺。

第二層次，先縮後束，為束身之法，縮是指身體收縮（勁為橫向），束是指以規矩束縛（勁為上下）；先展（勁為上下）後漲（勁為前後左右），為展身之法。站個虎步，如同石柱入地，推不動，壓不倒，技擊時就能穩如泰山應付自如。再加進手法的束展，身束手落，身展手起，束身垂手時手梢不過膝，展身回手時兩手抱丹田，旨在氣沉丹田，抱而不露。用在拳法上則是手隨身走，步到手到，一觸即發，發而即收。手自丹田出，回手護丹田，培養身手步法的高度統一。

第三層次，練功練到一定程度，會覺得丹田部位有一股熱氣，或者形成一個「氣」感，這就是內氣聚集、儲蘊的表現。透過進一步的鍛鍊，這個「丹田」之氣就會循經絡系統運行全身，你會感到一條熱氣流下伸至會陰穴，往後向上升經督脈經絡的尾閭、夾脊、玉枕、百會等穴，再

向前往下，循任脈經絡經「膻中穴」回到「丹田穴」，出現任督經氣循環的感覺。再進一步鍛鍊，可出現內氣沿周身十二條經絡及奇經八脈路線循環的感覺。練功到此，人就會感到周身經絡氣血通暢，精力充沛。修到高級的上乘功夫時，能做到不用眼睛而能視，不用耳朵而能聽，哪怕是芥末小物能知，微弱之聲而能聽。

之後，還有第四、第五，以致若干層次，形成舒展不分，外形不顯，內勁變為如行雲流水無斷勁，高低起落如彈簧，隨意而發之境，才算上乘功夫。

蹲丹田達到一定功效後，開始練搬丹田。有兩種練法，一種是虎步練法，另一種是雞步練法，也叫小鬼穿靴，然後再練砸丹田，繼而是射丹田。要以砸丹田將周身經脈都打開，達到抖丹射頂，然後還有坐丹田，是靜坐功夫，練時要五心朝天。戴家的練法，似氣功而非氣功，練時講鬆，慢，要由鬆入柔，運柔成剛，繼而要練快，急上加急，以求一觸即發，勁達四梢。

【功法要領】

（1）開始蹲丹田，束與展都要慢，有慢如抽絲的感覺，特別要注意體會身體縮束和逐節漲展的過程。

（2）束身時，雙手交疊，經下腹至膝，漸翻轉為掌心朝外，此時，兩手肘儘量相靠（開始可用勁，逐漸不要使勁，純任自然），頭自然落貼於枕骨，頭勿前探（這一點是初學者通病）。同時，眼睛要平視前方，如同哭泣狀。展身時，快到位時，眼睛要逐步瞪起來（為陽）。到位時，雙肩稍稍外展（也不要用力），頭要虛領頂勁，起

來恢復自然站立正姿勢，同時，雙手自然交疊於小腹即可。束身時，兩手掌外側相挨，兩臂往裡裹，手掌要稍有個彎度，不要伸直。展身時，兩手大拇指交疊置於肚臍處，然後以肚臍為中心畫圓，大圈小圈均可，順時針逆時針均可，畫多少下都可以，沒有定論。

（3）蹲的時候要到位，不要搖晃，束身時要有鵝毛沉底或沉入海底之意，展身時，要有頂到蒼天之意，注意不要挺腰。「天地翻」是一種十分微妙的感覺，動作十分微小，是戴氏心意拳最基本的動作。蹲猴椿出翻浪勁，是丹田裡走翻浪，如捲地風，用身法打人，身形微動，勁道透體而出，大動就更好用了。蹲猴椿是百會、膻中、勞宮、湧泉都往一個點聚，這個點在命門與肚臍之間，兩腎向前包裹的圓點。束展是筋骨變化，暗勁不見形。蹲猴時間長了，丹田自然會充實，氣從督脈上來，通達周天。

第二步　搬丹田

搬丹田亦稱踩步子，實際上就是走步的蹲猴猴。踩步時要和身法的要領一致，保持不變。

搬丹田

【**行功方法**】由六合勢起勢（左勢），重心移於右腳，右腿曲膝下蹲呈束身勢，左腳後退一步，隨束身提起，腳後跟離右腳趾一寸處，腳尖上蹺虛懸，右腿曲膝，左腿彎與右膝前後相合，呈左虛靈步。同時，兩手隨束身內旋翻轉貼靠至左膝，變為兩手心向前，兩手指向下，指尖與左膝尖相併齊，兩掌外緣相併靠在一起，兩臂向下微

圖4-3

圖4-4

曲，兩肘相併裡裹靠在小腹。頭微仰，兩眼平視前方（圖
4-3）。上動不停，丹田翻轉將左腿向前方直射，左腳向前
邁進一步扣出落地，右腳後蹬，右腿繃直，展身丹田向前
翻扣，呈左虎步。同時，兩掌回拉翻轉抱於丹田處，變為
兩掌心左下右上相合，兩掌心勞宮穴與氣海穴相對，兩臂
曲肘，兩肘緊貼兩肋，下頜微收，兩眼平視前方（圖4-4）。

　　左右前進九步，轉身返回至起勢處，左腳提起前寸一
步落地，右腳跟進至左腳內側落地，兩腳併步站立，兩手
姿勢不變，收勢。此為寸步連環步。如上做法，可做寸步
跟步連環步、寸步進退連環步、寸步退步連環步、寸步進
步連環步、疊步等。

　　【歌訣】

　　　　手抱丹田身軀正，右足後拖至足跟；
　　　　足尖向前趾頂跟，重心壓在後足心；
　　　　後腿曲膝趨圓形，前腿微曲要虛靈；
　　　　足尖上蹺翻足心，膝頂膝彎要合緊；
　　　　抬頭含胸似猴形，兩手至膝束勢成；

再做展勢往前行，重心前移足跟蹬；

前足宜踩後腿繃，圓勢變為直角形；

足心下釘頂心頂，奔射翻滾丹田根；

至此步法已完成，此勢名為虎步型。

第三步　砸丹田

砸丹田

砸丹田砸丹田亦稱開手，是滋養丹田帶動手法的功能。依賴丹田的翻滾，牽引著手法的瞬間上下變化。砸丹田正起正落，束身為砸，展身為攻。

【**行功方法**】由立正姿勢，兩腿曲膝下蹲呈束身勢，兩腿兩膝相併緊夾；同時，左臂隨上體微向右轉時曲肘，左肘上起右裏前頂，變為肘尖向前，高於心窩一拳，左掌順胸腹翻轉上起至與嘴相平，變為掌心向右，掌指向後與耳相齊。右手虛握拳置於右腰側，頭微抬，兩眼平視前方（圖4-5）。上動不停，兩足下蹬，兩腿繃蹬展身；同時，左掌隨上體繼續右轉變為拳，左拳左前臂由上順弧翻轉向體前下方滾砸，左拳砸落至丹田右側，變為拳心向上，拳面向後，下頜微收，兩眼平視前方。上動不停，兩腿曲膝下蹲束身，兩腿相併緊夾；同時右臂隨上體左轉90°時曲肘，右肘上起左裏前頂，變為肘尖向前，高於心窩一拳，右拳順胸腹翻轉變為掌，右掌上起至與嘴相平，變為掌心向左，掌指向後與右耳相齊；左掌變拳收回至左腰側，頭微抬，兩眼平視前方（圖4-6）。

動作不停，兩腳下蹬，兩腿伸直展身；同時，右掌隨上體繼續左轉90°時變為拳，右拳右前臂由上順弧翻轉向

圖4-6

圖4-5

體前的左下方滾砸，右拳砸落至丹田右側，變為拳心向上，拳面向後，右臂微曲靠在胸腹，右膀同時左裏下落，變為右膀尖向前；左拳姿勢不變，下頜微收，兩眼平視前方。動作不停，左右反覆練習，以兩手9次為宜。此為定步，活步砸丹田之做法如上練習。

第四步　滾丹田

滾丹田

滾丹田為心意拳的側轉翻滾。丹田的側轉翻滾，牽引著手法的瞬間變正為側，以斜為正，故曰「看斜而有正，看正而有斜」。對方正面攻來，我則側轉丹田避其鋒芒，但側轉時既防又砸，繼而轉守為攻，成為滾丹田。滾丹田是滋養丹田的側轉功能，要做到腰軸側轉，根節演變，旨在橫排斜撥，由調膀和翻丹田二勢組成。

調膀：

由立正姿勢，兩腿曲膝下蹲束身，兩腿兩膝相併緊夾；同時，左膀隨上體右轉90°時右裏下落，變為膀尖向

前，左掌心同時與腰腹相摩下落至上體右側，變為掌心向左抱在右臀部，掌指向後下方與尾閭穴相平，左臂微曲靠在胸腹；右掌心同時與左臂外側相摩上起至左肩窩處，變為掌心向左抱在左肩，掌指向上與左肩相平，右臂曲肘，右肘靠在右肋；頭微抬，兩眼平視前方，動作不停，上體左轉180°；同時，右膀左裏下落，變為膀尖向前，右掌心同時與左胸、左腰肋相摩下落至體左側，變為掌心向右抱在左臀部，掌指向後下方與尾閭穴相平，右臂微曲靠在胸腹；左掌心與右臂的外側相摩上起至右肩窩處，變為掌心向右抱在右肩，掌指向上與右肩相平，左臂曲肘，左肘靠在左肋；頭微抬，兩眼平視前方（圖4-7側、圖4-7正）。動作不停，左右反覆練習，以9次為宜，由前勢的動作，兩腳下蹬，兩腿伸直展身；同時，左膀外擺90°，兩掌分別隨身上起轉體向前，左掌心與腰腹相摩上起至丹田處，變為掌心向後；右掌心與左臂外側相摩下落抱在左掌，變為兩掌心勞宮穴與氣海相對，兩臂曲肘，兩肘分別靠在兩肋；下頜微收，兩眼平視前方，此為定步。活步以搬丹田之步法如上練習。

【要領】調膀時要做到前膀下沉滾圓前送，後膀後撤；定步以左右膀各調9次為宜。

翻丹田：

主練身落手起，身起手落，旨在使內勁達至四梢，內含心意拳之手法。亦稱三元手為拳法之母，由預備姿勢，束身之時，兩腿曲膝下蹲束，兩腿兩膝相併緊夾；同時，兩掌隨兩膀、兩臂往裡裹勁，兩手從丹田處向上提，兩掌

圖4-7側　　　　　　圖4-7正　　　　　　圖4-8

手背相併，手指朝上，經懷中順胸腹擦身上起至與嘴相平時，變為兩掌心向上相互重合，左掌在上，右掌在下（注：兩掌如向上托物之意），兩掌指向前上方，兩臂曲肘相併，兩肘靠在心窩處；頭微抬，兩眼平視前方（圖4-8）。上動不停，然後隨著展身，兩腳下蹬，兩腿伸直展身；同時，兩掌繼續向前上起至與眉平時，兩掌向前翻轉，變為兩掌心向前，順弧向前下方摸落至體前，再翻掌收回至丹田處，變為兩掌心向後相重合，兩掌心勞宮穴與氣海穴相對；兩臂曲肘，兩肘分別靠在兩肋，不可張開；下頜微收，兩眼平視前方。此為定步，活步以搬丹田之做法如上練習。

【要領】練時，身落手起，身起手落要做到協調一致；起手、回手呈立圓前滾狀；翻轉以9次為宜。

第五步　射丹田

射丹田是身法與手法呈對立狀，即身束而手起，身起而手落，身法依舊有束有展，但手

射丹田

法有所變化。它是隨束展梢節從丹田處向前抖射，勁意在根節，做到根節催，中節隨，梢節追。

　　射丹田是滋養丹田內勁爆發的功法。內勁的爆發是意識對動作的反射，能在一寸前，莫在一寸後，手法變化在瞬間，內勁爆發在剎那，培養閃電般的應變能力。束身進步呈低進勢，而手法卻呈高起勢，步法低進，手法高去，形同「獅子大張口」，既拔根又取梢。由引氣法、鍾馗穿靴組成，分為定步和活步。

（1）引氣法

　　【做法】由六合勢起勢，右腳後退一步，重心移於右腳，右腿曲膝下蹲呈束身勢，左腳置於右腳前；同時，右手前捧，左手護於胸前，頭微仰，兩眼平視前方（圖4-9）。上動不停，丹田翻扣，左腳向前踩出呈虎步，左手向前射出，勁達指尖；緊接，左腳向前邁進一步落地，重心移於左腿，左腿曲膝下蹲呈束身勢，右腳隨束身置於左腳前，腳尖向前；同時，左手前捧，右手護於胸前，頭微仰，兩眼平視前方。上動不停，丹田翻扣，右腳向前踩

圖4-9

圖4-10

出呈虎步，右手向前射出，勁達指尖（圖4-10）。如此循環九步，轉身再練回原地，左右反覆練習不停。至困倦時，右腳提起前寸一步落地，左腳跟進至右腳內側落地，兩腳併步站立，恢復立正姿勢。此為定步射丹田，活步以搬丹田之做法如上練習。

（2）鍾馗穿靴（亦稱提膝踩步剪肘）

【做法】由六合勢起勢，右腳後退一步，重心移於右腳，右腿曲膝下蹲呈束身勢，左腳隨束身提起，置於右膝內側，腳尖向前；同時，雙手護左腳兩側，頭微仰，兩眼平視前方（圖4-11），上動不停，丹田翻扣，將左腿向前方踩出，勁達左腳心；同時，兩肘前頂，勁達肘尖（圖4-12）。緊接，左腳向前邁進一步落地，重心移於左腿，左腿曲膝下蹲呈束身勢，右腳隨束身提起，置於左膝內側，腳尖向前；同時，雙手護右腳兩側，頭微仰，兩眼平視前方。上動不停，丹田翻扣，將右腿向前方踩出，勁達右腳心；同時，兩肘前頂，勁達肘尖，兩眼平視前方。如此循環九步，轉身再練回原地，左右反覆練習不停。至

圖4-11

圖4-12

困倦時，右腳提起前寸一步落地，左腳跟進至右腳內側落地，兩腳併步站立，恢復立正姿勢。此為定步射丹田，活步以搬丹田之做法如上練習。

第六步　奔丹田

奔丹田

奔丹田亦稱走雞步，有曲腿提膝行進和蹬腳行進之分。雞步又名寒雞步，因天氣寒冷雞行動遲鈍，其步法合乎拳法的格式。天寒冷時雞怕冷，不欲雙足落地，因此，足一起一落，一足藏於肚肋下，一足落地，一爪大炸，向上從嗉子部位掏出，這種本能一為取暖，二為護嗉。此種象形之拳，下節大穩，是練步法的重要一環，也是練步的最基本功法之一。

走雞步有站雞樁、溜雞腿、拔雞步之稱。練雞步用內翻丹田帶膝起，起膝望懷，須以輕靈為主，下足無聲。雞步出足時，上身前抱，如貓抓鼠之形，身落時掏出，身起時踩下，此時要兩胯夾裹，兩腿合而不開，須有剪子固（股）之意之勢。其法是築基功。

【行功方法】六合起勢，右腳後退一步，重心移於右腳，右腿曲膝下蹲呈束身勢，左腳隨束身提起，置於右膝內側，腳尖向前；同時，右手護於左肩，左手護於襠前，頭微仰，兩眼平視前方。上動不停，丹田翻扣，將左腿向前方直射，勁達左腳跟，緊接，左腳向前邁進一步落地，重心移於左腿，左腿曲膝下蹲呈束身勢，右腳隨束身提起，置於左膝內側，腳尖向前；同時，左手護於右肩，右手護於襠前，頭微仰，兩眼平視前方（圖4-13）。上動

圖4-13　　　　　　　　　　　圖4-14

不停，丹田翻扣，將右腿向前方直射，勁達右腳跟（圖4-14）。如此循環九步，轉身再練回原地，左右反覆練習不停。至困倦時，右腳提起前寸一步落地，左腳跟進至右腳內側落地，兩腳併步站立，恢復立正姿勢。

【要領】

（1）出足時足須抬到膝的高度，前足落地，後足跟進，後足跟進即起而掏出。如此循環前進，初練時雖然不快也決不可改變此法。需要注意的是全身要合成一塊，氣要提住，胯要裹住，腰要沓住，背要弓起，這樣才可肚裡掏腿。掏腿時必須注意的是四平勢，腳與膝平，膝與胯平，肘與心平，手與嘴平。四平勢到位後便可起膝望懷，將腿靠胸疊住直提，再緩慢踢出，猶如掏出之意。

（2）行功時要使膝前膝後膝左膝右互用，膝起望懷合於胯，裹胯合於膝，提膝合於足，如提膝不提足，是足合於地的練法。要練出雞步的冷縮，要走出雞步的熱漲，顯出五官的鼻骨焚，打出身內的逼近冷發。

以上功法均為束展身法。束展有氣沉丹田、勁達周身

之意，如同彈簧之性，束為壓簧，展為繃彈，不同的是手法各有所求，射丹田有條件反射的突發性。砸丹田有攻防自如的靈變性，有手腳一致的相融性。

從勁道路線分析，既有正斜相融的十字勁，又有高低落差的相合勁，還有避中有打的反衝勁。因此，練好樁功，就等於入了拳門，悟透功能就等於認識了拳法，用好內勁就等於諳熟了戴氏心意拳。總之，練好了樁功，就是夯實了拳法基礎。

第七步 摩（養）丹田

養丹田

經過長時期真修實練，丹田具備了一定的功能之後，就需要摩（養）丹田，進一步提升丹田的層次和功能，達到天人合一的境界。此步功由三部分組成，即聚氣法、運氣法、疏氣法。

1. **摩身掌**（聚氣法）

前丹後命門，雙手走陰陽魚。2至9為運氣法，達到一定水準後即可先做摩再做其他6種。

2. **臥圓**

3. **橫圓**

4. **顧法**

5. **立圓**

6. **外疊手**（順時針）

7. **裡疊手**（逆時針）一手裹，另一手撥

8. **轉地盤**

9. **下蹲法**（疏氣法）

下蹲法為行功後的收功之法。收功時，一下鬆開，自然顛、束一呼、展一吸。呼吸時，要吸得不能再吸，呼得不能再呼，方得要旨。

身法再論

戴氏心意拳的身法看似簡單，但練好並不容易。除對身體各部位有嚴格要求外，還有許多細節的東西也十分講究，這些要求對入門十分必要，只有下工夫練才能體會出來，言語實難表達。

功深者一束一展時，身體甚至眼睛也隨著進行陰陽轉換。其法之秘，不外乎內、外二途。內則指「靈勁上身天地翻」，拳譜云：「三翻九轉成一體，形神合一為一勢」，就是要求將勁力、神意合為一體，一氣圓融，始終貫穿；外則為「六法」，要「身成六勢、六藝歸一」。

黃帝曰：「人發殺機，天地反覆，何也？」廣成子曰：「人發殺機者，去六欲七情，靜則靜於情意，動則動於神機。」內用神炁，上下相合，守於神者，陽炁也。頭圓象天，足方象地，天地反覆乃陰陽升降，人之反覆呼吸徹於蒂耳。一吸天炁下降，一呼地炁上升，吸者天炁，呼者地炁，我之真炁相接也。人能下運地炁至天上，故曰人發殺機，天地反覆也。

蹲猴式是練丹田氣之運轉、氣之上下貫通的主要功法。練內，意守丹田是修煉內功的主要方法，長期修煉即可達到丹田氣足。初練時以形煉意、以意領氣、以氣引力為主要手段，習之日久天長，能使精、氣、神充足，身法

快捷，即可達到「練成丹田混元氣，試看天下誰能敵」的境界。

內為心，外為身。心意調動身形，身和心的連接處就在呼吸，從呼吸入手，用心意去呼吸，呼吸配合上身心動作，綿綿若存地去調整身形，進而達到身心合一。

練蹲猴時，下蹲吸氣，全身塌縮，天氣下降，地氣上升，自己的真炁接天地之氣，合而流轉；展身呼氣，地氣降，天氣升，自身融於天地中，有開天闢地之勢。呼吸，「人能下運地炁至天上」，如何運？蹲猴時頭微仰，抬頭吸氣，其實神意到了就可以，這也是「熊經鳥申」裡的「鳥申」，「鳥申」就是「抬頭」「吸氣」。鳥平時都是縮著脖子的，海鷗抬頭，是從喉頭拉任脈，把氣血抽上去，也就是吸氣；鴿子走路，是用頭把腳抬起來的。

蹲猴的呼吸要領

束勢：抬頭吸氣。氣息綿綿若存，意氣行如雲煙，周流不息，最後周身雲騰霧起，形成體呼吸。整個人像抱著個蛋，也像在蛋中（似老母雞抱蛋）。

展勢：起身，如小雞破殼而出，氣貫四梢，達到神清氣爽，這是養人的練法。蹲與起，動力來源於丹田，丹田回扣，渾身俱束；丹田下翻，渾身俱展。行功時，呼吸氣走此行氣路線即可。

昔戴師曾曰：「此拳初學者技也，所動者力也，而精心磨煉數年後便可心動身隨，動之以身而隨之以心，至於身架則忘矣。」精求一藝，忌務博求繁，所以，要練好戴家拳務必一藝求精百倍功。一藝即指蹲猴猴，也就是說，

只有先練好蹲猴勢才能逐步加深對本拳內涵的領會，因此，即便是練了一輩子拳的老拳師，也要用嚴格的標準姿勢不斷練習蹲猴勢。因蹲猴勢不僅是一種簡單的起落動作，其蘊涵了整個戴家拳的底蘊，此法既是本拳的底架，調氣的姿勢，也是練本拳動與靜，虛與實，養與擊全身性的課題。蹲猴勢，於小而言，可修身正自，於大而言，可謀勢謀局。這看似簡單的猴勢，則簡而不率，少而不疏，它囊括了修身養性，啟動和改變人體生理極限的勢法。

蹲猴猴難上層次，但只要修煉者持之以恆，有路對和不怕路遠的思想，就一定能有所成效。練猴勢一法按代代相傳的口傳手授有以下口訣：

站定入靜混沌忘形，如入太空絕象覺明；
縮束疊曲夾含抱裹，雙夾蹲定舒鬆陰靜；
節節貫穿活躍圓敏，寂靜幽雅空虛廣大；
入靜定慧心動神威，收裹懸頂浪形翻轉；
極靜心練練則工順，丹田催動動則疾狠；
心動意隨意動心審，外動內催內外一貫；
三心脊骨吞吐反弓，一氣聚貫氣行滾滾；
拂引伏牽真假帶奸，虛實莠化突變互拆；
展而未展陽起陰蓋，蹲而未蹲陰出陽入；
束而未束翻陽弓曲，斜而未斜丹田平移；
遝腰裹胯提肛坐臀，舌頂上齶釘頂展繃；
氣走任脈降池下行，上下來復左右旋調；
慢練均匀快練突脫，微頂微扣混元懸上；
柔中居九剛中居一，養氣導引煉氣循環；

借送追變技擊良方，鑽擠踩撲苦練真形；

身法之基蹲搬砸射，式簡勢單理精法良。

總之，修煉戴氏心意拳身法要順序选習，日將月就，蹲丹、養丹、砸丹、射丹於一貫，使全身精氣神與意力貫注一起，歸納於丹田，久則丹田自能靈活無滯。內外、上下、左右、伸縮、翻滾、奔射自如。透過長期進行這種以意化形、以形煉意、以意領氣、以氣引力的鍛鍊，便能在行拳或交手之時，每一舉一動、一拳一勢均要貫徹神意與勁力。在行拳修功之際，要深刻體味其中妙義，務必將「形神合一」之功落到實處，細心體悟「天地翻」之微妙的感覺，其動作十分微小，但身體內外變化多端。

蹲猴日久功深，下丹田自會充實飽滿，練到一定程度，會覺得丹田部位有一股熱氣，或者形成一個「氣」感，這就是內氣聚集、儲蘊的表現。如果進一步的鍛鍊，此「丹田」之氣就會循經絡系統運行全身，會感到周身經絡氣血通暢，精力充沛，如此則必然進境神速，從而達到上乘心意武功的目的。同道者勿輕視之，日久自能領悟到其中之奧妙與真諦，而可直達上乘之境。

第二節　三拳

三拳

三拳即躦拳、裹拳、剪拳。三拳與三棍、三刀並稱為戴氏心意拳的精典功法。所謂三拳，並不在於拳勢，而在於內在的勁法與身法。

向上之勁為躦，向前之勁為踐，向橫之勁為裹，因而

三拳又有躦、崩、橫勁之說。三拳還有追、押、裡三拳，稱為補手。在戴家拳中，三拳和雙把是最自然、最本能的拳法。

歌訣曰：「三拳三棍非尋常，經章圓滿是正方；學士若至精深處，武藝之中狀元郎。」

《拳譜》曰：躦拳形似閃，裹拳類虎踐，剪拳似馬奔，連環一起演。躦拳之手似押格，不可高，膀似顛。裹拳之手是托格，不可炸，肘是頂，不可高，宜正。剪拳起用雙頂肘，落用押摩膀。又裹拳低手即地盤，剪拳低手亦係地盤，不過剪拳之下地盤，撲下如鮐形之下手，起時肘相併向前猛撲，而起手如開剪之狀，兩肘貼心，所用者是肱之前側與肘鋒而已，此勢是鑽前而下，鑽前而起，如燕子取水也。又練鑽拳加低捶連掘地炮，剪拳帶押摩膀，裹拳加螳螂手，螳螂手宜加低捶，又裹風膀易變螳螂手。

總之，拳法之勢無一勢相連者，而用時，無有不相連者，只在學者隨時變通。又鑽拳宜步小，步小膀宜顛，裹拳肘宜低，肘低免危機。又裹拳是顧手也，出肘是打也，其出肘以踩外門為要。

躦拳，躦拳也叫截拳，拳譜上講顧、開、截、追。其實顧就是開，截法就是顧法，截了對方，對方門戶就開了，才可進身，這叫追，形成顧開截追要連在一氣。躦拳正好就表現在這裡，拳勢很簡單，但內裡有其獨特的身法，即束展，所以講打法以身顧，用肩肘打人，所以躦拳不在拳法而在身法，要一觸即發，一碰人就倒，所謂有躦拳似閃非閃也，有山倒嶺塌之勢。

裹拳是顧法，拳譜中講，裹拳如捲餅。有單裹單挫，兩裹一挫之說。一個補手，叫押，就是當對方打來時，我要束身，雙手回押，然後貼到對方身上，所以一展身，給對方一點勁，對方就會被連根拔起。裹拳有三種練法：一正門的，二外門的，三地盤的是也。

剪拳，拳譜中講，剪拳似馬奔。剪拳的外形用的是挑肘，是打顧一體的拳法。當對方向我胸以上打來時，我不出手去架，而是用身法往上沖，用獨特的束展勁，肘往上挑，自然就將自身護住，自己的前腳要踩對方的後腳，一起身，一進身，對方自然就被跌出。所以，剪拳是肘法，更是身法而不是拳法。剪拳又有單剪與雙剪之分，要用押拳來補。

要練三拳合一，即將三種勁力與手法合在一起，練到純正自然，一出手本能的就有。三拳合一是既能分練分用，又能合練合用的技法，式簡而面全。練三拳時要分，用三拳時要合，無論練用都是先打顧法後打上法的拳法，在練用中如欲強退，全神貫注一齊退，欲強進，氣勁催身一齊進，擊時三拳歸一勢，一勢藏三手。三拳內藏追押裡，裡拳最靈捷。

綜上所述，三拳的要點不在拳法，而在身法，只有有了身法，驚勁真正上了身，才算真正掌握了三拳。

躦 拳

躦拳屬水，性陰，特點形隨意轉、無孔不入、變化多端、三節互轉。修煉鑽拳可養腎補精。

【歌訣】

束身直進速展身，砸用肩尖挪步行；

肘膀垂裹帶押勁，進步補擊掌藏針；

掘地炮出肘占胸，陰把束勢鷂翻身；

犁行膀沉陽手擒，一步三箭肘頂心。

1. 根節躦拳

六合起勢（左勢），重心移於右腿，左腳收回至右腳前呈左虛靈步束身勢。同時，左臂曲肘抬起，右手護於左肘彎（圖4-15），上動不停，左腳向前踩出呈虎步，丹田斜下滾，左臂內旋下押，勁達膀尖（圖4-16），緊接，左腳前寸，重心移於左腿，右腳過左腳置於左腳前呈右虛靈步束身勢，同時，右臂曲肘抬起，左手護於右肘彎。上動不停，右腳向前踩出呈虎步，丹田斜下滾，右臂內旋下押，勁達膀尖。如此左右循環前進九步。上動微停，以兩腳為軸，身體由右向左旋轉180°，呈左虛靈步六合勢。如前所述，打回原地，再轉身收勢。

【要領】束身起勁，前手起打，展身落勁，膀尖前押

圖4-15

圖4-16

圖4-17

圖4-18

頂。

2. 中節躦拳

六合起勢（左勢），重心移於右腿，左腳收回右腳前呈左虛靈步束身勢。同時，左臂曲肘抬起，左手外旋，掌心朝外，右手護於左肘彎（圖4-17）。隨之，左臂內旋下押於心口（圖4-18），不停，左腳向前踩出呈虎步，左手向前上方射出，勁達小臂內側，右手護於左肘彎。

上動微停，左腳前寸，重心移於左腿，右腳過左腳向前邁進一步置於左腳前呈右虛靈步束身勢，同時，右臂曲肘抬起，右手外旋，掌心朝外，左手護於右肘彎。隨之，右臂內旋下押於心口，不停，右腳向前踩出呈虎步，右手向前上方射出，勁達小臂內側，左手護於右肘彎。如此左右循環九步。上動微停，以兩腳為軸，身體由右向左旋轉180°，呈左虛靈步六合勢。如前所述，打回原地，再轉身收勢。

【要領】打右勢射丹動作時，束身起右臂作前平抬勢，背面向上，呈八字型手（拇食指叉翹，其他三指扣

圖4-19　　　　　　　　　　圖4-20

握），左手護於右肘彎裡側。展身時，右臂作翻轉塌踐反射勢，右肘頭塌落至丹田處，再復射出去呈前衝狀，變背面向上。塌踐時，兩臂皆做翻扭動作，不論塌踐反射，左手始終不離右肘彎。打左勢動作與右勢相同唯方向相反，以此類推。注意發勁時，下押、回裹、前頂動作勁節要同時完成。

3. 梢節躦拳

六合起勢（左勢），左腳前寸，重心移於左腿，右腳過左腳向前邁進一步，身體下勢，兩膝相扣呈右地盤步束身勢。同時，右臂外旋下插於前下方，左手護於右肘處（圖4-19）。隨之，兩腳蹬地旋起，重心移於左腿，右腳向前踩出呈虎步，右手內旋翻向前撐擊，勁達掌外沿，左手護於右肘處（圖4-20）。上動微停，右腳前寸，重心移於右腿，左腳過右腳向前邁進一步，身體下勢，兩膝相扣呈左地盤步束身勢。同時，左臂外旋下插於前下方，右手護於左肘處。隨之，兩腳蹬地旋起，重心移於右腿，左腳向前踩出呈虎步，左手內旋翻向前撐擊，勁達掌外

沿，右手護於左肘處，如此左右循環九步。上動微停，以兩腳為軸，身體由右向左旋轉180°，呈左虛靈步六合勢。如前所述，打回原地，再轉身收勢。

【要領】旋轉要有前擠勁。束勁前手前撢橫撥，展身落勁前手回裏撢打，勁達掌外沿。

總之，躦拳似閃電，就是指截得要快。拳譜中講，實來須寸挫，左右裏風行，得機得勢截，寸步巧躦身，敵快何須懼，精神通目神。對方來得越快，打得越實，才能截得越好，此即所謂打實不打虛。

躦拳也叫截拳，拳譜上講顧、開、截、追。其實顧就是開，就在於截，因這樣讀叫截顧開。截法就是顧法，截了對方，對方門戶自然就開了，才可進身，這個叫追，所以顧開截追要連在一起。躦拳正好就表現在這裡，拳勢簡單，但內裡確有獨特的身法即束展，有反弓勁，所以講打法以身顧，用肩肘手三節互轉打人，因此，躦拳不在拳法而在身法，要一觸即發，一碰人就倒，使其無處躲藏。

裏 拳

裏拳屬風，為氣，特點行如風雲、隨心所欲、變化無常。修煉裏拳可養肺益氣。

【歌訣】

> 裏纏吞吸手是托，地盤底錘陰中襲；
> 裏風膀法地盤施，螳螂手中藏殺機；
> 步打七分手打三，曲曲繞繞柔含剛；
> 身法順和變時靈，脫落起疾難見形。

圖4-21　　　　　圖4-22　　　　　　圖4-23

1. 單裹單挫

六合起勢（左勢），左腳回撤於右腳前，重心移於右腿，左臂內旋回裹，左手雞手回押（圖4-21）。隨之，左腳邁進一步，重心移於左腿，右腳過左腳向前踩出呈虎步，丹田翻滾。同時，右臂從左肘下向前上方挫出，左手護於右肘彎（圖4-22）。上動微停，右腳回撤於左腳前，重心移於左腿，右臂內旋回裹，右手雞手回押。隨之，右腳邁進一步，重心移於右腿，左腳過右腳向前踩出呈虎步，丹田翻滾。同時，左臂從右肘下向前上方挫出，右手護於左肘彎。如此左右循環九步。上動微停，以兩腳為軸，身體由右向左旋轉180°，呈左虛靈步六合勢，如前所述，打回原地，再轉身收勢。

【要領】一手裹押，一手前挫。

2. 兩裹一挫

六合起勢（左勢），左腳回撤於右腳前，重心移於右腿，左臂內旋回裹，左手雞手回押，不停，兩肩沉扭，右臂由右向左裹，左臂由左向右裹（圖4-23），隨之，左

腳邁進一步，重心移於左腿，右腳過左腳向前踩出呈虎步，丹田翻滾，同時，右臂從左肘下向前上方挫出，左手護於右肘彎。上動微停，右腳回撤於左腳前，重心移於左腿，右臂內旋回裏，右手雞手回押，不停，兩肩沉扭，左臂由左向右裏，右臂由右向左裏，隨之，右腳邁進一步，重心移於右腿，左腳過右腳向前踩出呈虎步，丹田翻滾，同時，左臂從右肘下向前上方挫出，右手護於左肘彎，如此左右循環九步。上動微停，以兩腳為軸，身體由右向左旋轉180°，呈左虛靈步六合勢，如前所述，打回原地，再轉身收勢。

【要領】步法回撤，手法回押，兩裏一挫。

3. 底盤裏挫（裏拳連環掌）

六合起勢（左勢），左腳前寸，重心移於左腿，右腳過左腳向前邁進一步踩出呈虎步，右手雞手向前挫出，上動不停，以兩腳為軸，身體下勢由左向右旋轉呈右地盤束身勢，同時，左手從右臂下向前挫出，右手護於左肘內側（圖4-24）。隨之，兩腳蹬地旋起，呈右虎步，右手雞手內旋翻轉向前上方挫出，勁達掌外沿，左手護於右肘內側。上動微停，重心移於右腿，左腳過右腳向前踩出呈虎步，左手內旋翻轉向前上方挫出，勁達掌外沿，右手護於左肘內測。不停，以兩腳為軸，身體下蹲由右向左旋轉呈左地盤束身勢，同時，右手從左臂下向前挫出，左手護於右肘內側，隨之，兩腳蹬地旋起，呈右虎

圖4-24

步，右手雞手內旋翻轉向前上方挫出，勁達掌外沿，左手
護於右肘內側。上動微停，以兩腳為軸，身體由右向左旋
轉180°，呈左虛靈步六合勢，如前所述，打回原地，再轉
身收勢。

【要領】裹拳連環與地盤起落要協調一致。

剪　拳

剪拳屬火，為陽，特點爆發力強，一觸即發，勢不可
擋。修煉剪拳可養心安神。剪拳似馬奔，外形是挑肘，為
打顧一體的拳法，分單剪與雙剪兩種功法。

【歌訣】

　　　狸貓上樹後腿蹬，顧手出擊剪狀形；
　　　押摩膀法藏裡勁，地盤起落如鮎形；
　　　挪踩外門用龍身，龍形搜骨魚抖鱗；
　　　身不鑽前不後仰，燕子取水有經章。

1. 單裹單剪

六合起勢（左勢），左腳前寸，重
心移於左腿，右腳過左腳向前踩出呈虎
步，丹田翻滾，左臂內旋回裹，同時，
右臂向前上方頂出，勁達肘尖，左手護
於右肘彎。上動不停，右腳前寸，重心
移於右腿，左腳過右腳向前踩出呈虎
步，丹田翻滾，右臂內旋回裹，同時，
左臂向前上方頂出，勁達肘尖，右手護
於左肘彎（圖4-25）。上動微停，以

圖4-25

兩腳為軸，身體由右向左旋轉180°，呈
左虛靈步六合勢，如前所述，打回原
地，再轉身收勢。

2. 雙裹雙剪

六合起勢（左勢），左腳前寸，重
心移於左腿，右腳過左腳向前踩出呈虎
步，丹田翻滾，兩臂內旋回裹，隨之，
兩臂向前上方頂出，勁達雙肘尖。上動

圖4-26

不停，右腳前寸，重心移於右腿，左腳過右腳向前踩出呈
虎步，丹田翻滾，兩臂內旋回裹，同時，兩臂向前上方頂
出，勁達肘尖（圖4-26）。上動微停，以兩腳為軸，身
體由右向左旋轉180°，呈左虛靈步六合勢，如前所述，打
回原地，再轉身收勢。

三拳之補拳

1. 躦拳補拳

六合起勢（左勢）重心移於右腿，左腳收回至右腳前
呈左虛靈步束身勢，同時，左臂曲肘抬起，右手護於左肘
彎。上動不停，左腳向前踩出呈虎步，丹田斜下滾，左臂
內旋下押，勁達膀尖，緊接，左腳前寸，重心移於左腿，
右腳與左腳相併，呈束身勢（圖4-27）。

上動不停，左腳向前踩出呈虎步，同時，左臂外旋，
左掌心朝裡，右手握拳與左掌相合隨展身向前打出，勁達
掌背（圖4-28）。

上動微停，左腳前寸，重心移於左腿，右腳過左腳，

圖4–27　　　　　　　　　　圖4–28

置於左腳前呈右虛靈步束身勢，同時，右臂曲肘抬起，右手外旋，掌心朝外，左手護於右肘彎，隨之，右臂內旋下押，勁達膀尖，緊接，右腳前寸，重心移於右腿，左腳與右腳相併，呈束身勢。上動不停，右腳向前踩出呈虎步，同時，右臂外旋，右手掌心朝裡，左手握拳與右掌相合隨展身向前打出，勁達掌背；上動微停，以兩腳為軸，身體由右向左旋轉180°，呈左虛靈步六合勢，如前所述，打回原地，再轉身收勢。

裹拳補拳

六合起勢（左勢）左腳前寸，重心移於左腿，右腳過左腳向前踩出呈虎步，丹田翻滾，左臂內旋回裹，同時，右臂向前上方挫出，左手護於右肘彎。

上動不停，右腳前寸，重心移於右腿，左腳過右腳向前踩出呈虎步，丹田翻滾，右臂內旋回裹，同時，左臂向前上方挫出，右手護於左肘彎。上動不停，左腳前寸，重心移於左腿，右腳過左腳向前踩出呈虎步，兩手內旋下押

圖4-29 圖4-30

翻轉手心朝下，向前上方頂出，勁達掌外沿（圖
4-29）。上動微停，以兩腳為軸，身體由右向左旋轉
180°，呈左虛靈步六合勢，如前所述，打回原地，再轉身
收勢。

3. 剪拳補拳

六合起勢（左勢）左腳前寸，重心移於左腿，右腳過
左腳向前踩出呈虎步，丹田翻滾，左臂內旋回裏，同時，
右臂向前上方頂出，勁達肘尖，左手護於右肘彎。

上動不停，右腳前寸，重心移於右腿，左腳過右腳向
前踩出呈虎步，丹田翻滾，右臂內旋回裏，同時，左臂向
前上方頂出，勁達肘尖，右手護於左肘彎。上動不停，左
腳前寸，重心移於左腿，右腳過左腳向前踩出呈虎步，丹
田翻滾，兩臂內旋回裏，隨之，兩臂向前上方頂出，勁達
雙肘尖。上動不停，右腳前寸，重心移於右腿，左腳過右
腳向前踩出呈虎步，丹田翻滾，兩臂內旋回裏，同時，兩
臂向前上方頂出，勁達肘尖，緊接，右腳與左腳相併，呈
束身勢，不停，右腳向前踩出呈虎步，隨展身，丹田翻

滾，兩臂內旋下押丹田處（圖4-30）。

上動微停，以兩腳為軸，身體由右向左旋轉180°，呈左虛靈步六合勢，如前所述，打回原地，再轉身收勢。

三拳之連環演示

【歌訣】

　　　　知曉三拳識其理，六合貫注用一氣；
　　　　三拳連用躦裹剪，截心截意又截面；
　　　　躦裹剪法藝中精，進身好似麻搏繩；
　　　　身不左歪不右斜，正身側擊肋間圓；
　　　　落而鑽靠起而翻，躦拳襲陰砸胸膛；
　　　　裹拳纏抱分裡外，兩裹一挫肘入懷；
　　　　剪拳起肘肘頂出，肘拐克心又擊肋；
　　　　追裡押丟連環用，內含拿法身曲弓；
　　　　裡拳弓身急吞胸，吞胸吸腹直中攻；
　　　　追裡押丟身法跟，身起手落身直進；
　　　　躦裹剪法連環演，虎踐馬奔地盤旋。

【**行功方法**】六合起勢（左勢），重心移於右腿，左腳收回至右腳前呈左虛靈步束身勢，同時，左臂曲肘抬起，右手護於左肘彎。不停，左臂內旋回裹，肘尖逮於心口，左腳向前踩出呈虎步，丹田翻滾，左臂外旋起肘向前頂出，勁達肘尖。緊接，左腳前寸，重心移於左腿，右腳過左腳置於左腳前呈右虛靈步束身勢，同時，右臂曲肘抬起，左手護於右肘彎。不停，右臂內旋回裹，肘尖逮於心口，右腳向前踩出呈虎步，丹田翻滾，右臂外旋起肘向前

頂出，勁達肘尖，左手護於右肘彎處。左右循環，以九步為宜。

第三節　五行拳

五行拳

五行、陰陽學說是戴氏心意拳的核心理論，因此，說陰陽必含五行，論五行必帶陰陽。陰陽與五行被心意拳按內在變化規律創出了式簡意賅，相生相剋的劈、崩、鑽、炮、橫（鳳）五把拳，因這五把拳引用了《易經》中陰陽、五行的義理，生出了劈拳合金象，崩拳合木象，鑽拳合水象，炮拳合火象，橫拳合土象，所以取名叫五行拳，是丹田由內催外達梢節循大圓改變方向生勁的產物。

五行拳為戴家拳的立拳之本，誠拳中之堅，有五綱之稱。外形式簡、姿勢規矩、勁節嚴謹，左右對稱，可單行手法，亦可貫穿習練。由（劈拳——起為雞手、落為拳；崩拳——拳法；鑽拳——雞手；炮拳——先拳後雞手；橫拳——拳掌相合）五拳組成，需按相生相剋之理，反覆修煉，熟中求巧，巧中變化。取相生之道，以為平時之練習；取相剋之意，以為對手之破解，才能運用自如，隨意生剋，進而掌握其核心技術與實戰技能。

五行拳行功按春、夏、長夏、秋、冬的五時序變化，拳與季各有所配，在所配季節，多練某把拳，不但增功快，還會起到舒筋活絡，順氣活血，互調互補，平衡陰陽，滋陰補陽，達到充足大腦，外強肢體，使人精神旺盛，體力充沛的健身養身之功效。

　　拳譜中講，內五行要順、要和、要催，外五行要變。所謂內五行就是五臟，內五行要和，要順，就是從內裡出來的勁要和順。所以，發勁時內裡要有和順之意，慢慢積養，方不失正路。所謂外五行要變，也稱變臉，外五行指的是五官，是內氣足後，在內氣的催動下，五官驟變，與對方交手時臉色一變，猙獰嚇人，這些都不是強求而得的，而是功夫的體現。

劈　拳

　　《拳譜》曰：「劈拳屬金，似斧非斧也，有捧撐掇碟之勢，猛勁爾。」主勁為起落勁，是正立圓運行軌跡，起斜落正。拳性金是圓形的。練劈拳要像斧劈一樣，但不直接去劈，要先打向上的起勁與向前的捧勁，把對方的根拔掉，然後再向下劈。因植物根在下，人之根在上，劈植物時，由上而下，劈人時理正相反，其效果是要將對方雙腳離地飛出方為得法。如使對方單腳離地跳出，則說明功力不夠，或發勁不對，這個要悉心體會。練劈拳舒肺氣，起時，身束，丹田橫滾，劈手從虎窩起拳，先橫裏，手心向外，然後變順，起至腮，望至眉，勁節為上起的半個立圈；落時，身展變虎步，丹田回滾射丹，由斜變正，劈手下落至丹田，落下時為落勾阻下落的半個立圈，這一起一落為一個完整的圓圈。土是五行之本，準五行生剋之理，土生金，故劈拳為五行拳之首。

　　《拳經》云：「斜身調膀臂貼身，臂似鋼叉斜穿勁，掌似鋼挫挫脖頸，肘拐平心裏頂勁，腳踩中門呼吸短，一

呼一吸掇落循。」《拳譜》曰：「起如鋼叉落如勾，進步車輪彈打球；內含四德揮斧手，順逆有序勢如猴；進擊捧盤用臂手，貼身掇碟動肩肘；一式三法借順滾，一馬三箭落阻勾。」（四德指龍虎雞熊）

劈拳配肺氣要凜，歸手太陰肺經，屬金為陰，在志為魄。劈拳軌跡，可促進手太陰肺經的經氣，使肺活量增加，兩臂肌肉和關節任性力的增長，氣足神旺，伸縮力大也。

【劈拳技理】 劈拳屬金，金能生水剋木，蘊生躦拳勁節，含克崩拳法則，是引導方法，運行軌跡是前擠後掣上撐下押的正立圓形，其行功時注重一氣之起落。

1.單式習練法

六合起勢（左勢），重心移於右腿，左腳收回置於右腳前一寸處呈左虛靈步束身勢，丹田橫裹，左手雞手由虎窩起，先橫裹，起至腮，宜手心向左，右手宜猛貼於左肘內側，手心貼肘，指尖向上（圖4-31）；落時，身展，左腳向前踩出呈虎步，丹田回滾射丹，由斜變正，左手變拳下落至丹田，右手護於左手腕（圖4-32）。右勢與左勢動作一致，唯方向相反。左右二組，上動微停，以兩腳為軸，身體由右向左旋轉180°，呈左虛靈步六合勢，打回原地，再轉身收勢。

【要領】 練時斜過中心即正，謂起斜落正。勁向由橫裹、起挫、振劈、鈎阻組成，體現捧、撐、奪、疊之勁。橫裹截梢；起挫顧中；振劈鈎阻截身取根。

【用法】 甲方右拳向乙方胸、面部擊來，乙方束身進右步插彼襠以丹田帶動身體斜束橫滾化解，裹閉甲方梢、

圖4-31　　　　　　圖4-32　　　　　　圖4-33

中節，隨之再進步展身捩劈對方中節中心一線（圖4-33）。

2.貫穿習練法

（1）六合起勢；（2）右虎步劈（右肩沉扭，左肩自隨）；（3）左虎步劈；（4）右地盤劈；（5）左地盤劈；（6）右轉90°起腿右劈；（7）左轉180°起腿左劈；（8）右轉90°前劈；（9）左轉180°後劈；（10）後退步原步左劈；（11）跟步左劈；（12）上步左劈；（13）疊步右劈；（14）退右步左虎步劈；（15）退左步右虎步劈；（16）後退步原步右劈；（17）跟步右劈；（18）上步右劈；（19）收勢。

【要領】修煉貫穿練法主要體現步法的變化。寸步、虎步、地盤步、雞步、退步、疊步、跟步、快步之功是借人之力，是順人之勢。滾為氣之騰，練用皆要吞吐——氣是丹田催腹、腹催胸，由內催外、陰陽翻轉，體現身步膀肘出移勁，體會手腳連環，肩胯相隨，肘膝相合，內外相連，起落相連，勁發丹田，形成根節催中節，中節挺進，中節催梢節，梢節驚起，驚起直追，追時吸氣，落時呼氣宜短的劈拳束展之功。

躦 拳

《拳譜》曰：「躦拳似閃屬水，有山倒嶺塌之勢，快勁爾。」主勁為根節押頂勁，中節裹擠勁，梢節前擠勁，是斜立圓運行軌跡，起正落斜。拳性水是扁形的。其技擊時用擠砸頂顛的勁節勁道，根節勁道是臂肘翻裹，肩膀下杳，用膀尖砸擊對方乳部，稱山倒；中節勁道是復起時用小臂擠、挫、頂對方胸部稱嶺塌。做上勢二勁動作時要做到肩與胯合，還要步小勢圓，不可大動，而是小動和微動。

躦拳配腎氣要敵，歸足少陰腎經，屬水為陰，先天之本，在志為志。其動作需注意一氣的上下，有山倒嶺塌之勢，其形似閃非閃。躦拳的關鍵是腰起而躦，使腎水往上提滋潤心火不使心火過亢，古人稱之為「抽坎補離」，相通心腎二經之氣，使人體心腎相交，水火濟既，達到人體「陰平陽秘」的正常生理狀態。躦拳的運行軌跡，可促進足少陰腎經的經氣使先天之本腎臟發達。

【躦拳技理】躦拳屬水，水能生木剋火，蘊生崩拳勁節，含克炮拳法則，是潮濟滋潤方法。動作是梢節前擠後助，中節先裹後擠，根節前牟後押，都為裹翻的旋轉圓形，其行功時注重一氣的上下。

此法有根節、中節、梢節三種練法，與前述一致。

1. 單式習練法

下面為王映海師父根節練法。

六合起勢，重心移於右腿，左腳收回至右腳前呈左虛

圖4-34　　　　　　圖4-35　　　　　　圖4-36

靈步束身勢，同時，左臂曲肘抬起，右手護於左肘彎（圖
4-34），上動不停，左腳向前踩出呈虎步，丹田斜下
滾，左臂內旋下押，勁達膀尖。緊接，左腳前寸，重心移
於左腿，右腳過左腳置於左腳前呈右虛靈步束身勢，同
時，右臂曲肘抬起，左手護於右肘彎。上動不停，右腳向
前踩出呈虎步，丹田斜下滾，右臂內旋下押，勁達膀尖
（圖4-35）。右勢與左勢動作一致，唯方向相反。左右
二組，上動微停，以兩腳為軸，身體由右向左旋轉180°，
呈左虛靈步六合勢，如前所述，打回原地，再轉身收勢。

【用法】甲方右拳、掌擊乙方乳線之上，乙方吞胸弓
背，順彼來勢進左步貼身以左手回掛化解，破其來勢，隨
之，步插甲方兩腿之間，左膀擊打對方肩窩（圖4-36）。

2. 貫穿習練法

躦拳貫穿習練法亦稱三節互轉之練法。

(1)六合起勢；(2)右根節鑽；(3)左根節鑽；(4)左地
盤右中節鑽；(5)右地盤左中節鑽；(6)右轉90°右梢節
鑽；(7)左轉180°　左梢節鑽；(8)右轉90°右根節前鑽；

(9)左轉180°左根節鑽；(10)左旋右轉右根節前鑽；(11)右旋左轉左根節前鑽；(12)同(10)；(13)收勢。

六合起勢（左勢）重心移於右腿，左腳收回至右腳前呈左虛靈步束身勢，同時，左臂曲肘抬起，右手護於左肘彎。上動不停，左腳向前踩出呈虎步，丹田斜下滾，左臂內旋下押，勁達膀尖，緊接，左腳前寸，重心移於左腿，右腳過左腳，置於左腳前呈右虛靈步束身勢，同時，右臂曲肘抬起，左手護於右肘彎。上動不停，右腳向前踩出呈虎步，丹田斜下滾，右臂內旋下押，勁達膀尖。上動不停，以兩腳為軸，身體下蹲由左向右旋轉呈右地盤束身勢，同時，左臂外旋下插於前下方，右手護於左肩前，隨之，兩腳蹬地旋起，重心移於右腿，左腳過右腳向前踩出呈虎步，左手內旋翻轉勁達掌外沿，右手護於丹田處。上動微停，以兩腳為軸，身體下蹲由右向左旋轉呈左地盤束身勢，同時，右臂外旋下插於前下方，左手護於右肩前，隨之，兩腳蹬地旋起，重心移於左腿，右腳過左腳向前踩出呈虎步，右手內旋翻轉勁達掌外沿，左手護於丹田處。

承接上勢，右腳前寸，重心移於右腿，左腳過右腳，置於右腳前呈左虛靈步束身勢，同時，左臂曲肘抬起，左手外旋，掌心朝外，右手護於左肘彎，隨之，左手內旋下押於心口。不停，左腳向前踩出呈虎步，左手向前上方送出，勁達小臂內側，右手護於左肘彎。

上動微停，左腳前寸，重心移於左腿，右腳過左腳，置於左腳前呈右虛靈步束身勢，同時，右臂曲肘抬起，右手外旋，掌心朝外，左手護於右肘彎，隨之，右手內旋下

押於心口，不停，右腳向前踩出呈虎步，右手向前上方送出，勁達小臂內側，左手護於右肘彎；上動微停，以兩腳為軸，身體由右向左旋轉180°，呈左虛靈步六合勢，如前所述，打回原地，再轉身收勢。

【要領】修煉貫穿練法主要體現內勁上下左右不同方向的滾動；步法的變化即寸步、虎步、地盤步之功與手法三節互轉的做法。

崩　拳

《拳譜》曰：「崩拳屬木，似箭非箭，有舟行浪頭之勢，靈勁爾。」主勁為起勁，是倒立圓運行軌跡，起正斜擊。拳性木是方形的。先起的手為裹、攔、扣、掛，後起的手為向前向上擊拳。弧線向上朝前打出之手，譜稱浪頭行舟，此意是船在航行時向浪尖沖去，借鑒到拳中是指拳頭斜上起擊打對方鼻部及下巴。

無論用何種拳法均縮束如貓，踩撲如脫兔，轉動用熊腰，調膀隨身斜，身斜背呈橫，背橫拳起進。要做到心一動內勁鼓蕩，眼一動手足齊到，外形是能在一齊前，莫在一齊後，內意是能在一思前，莫在一思後，內勁鼓蕩是意與氣合的前提，手足齊到是氣與力合的結晶。也可以說寧在一氣前，莫在一氣後的氣催形動的用氣法則。也是練習內外配合，精神意氣一貫的必由之路。

崩拳配肝氣要頂，歸足厥陰肝經。崩拳的軌跡，可促進足厥陰肝經的經氣，具有疏肝理氣，解鬱、調血和胃的作用。

崩拳屬木相肝，發聲時無論長短高低要清濁相和。如行功時無論一領，一起，一裏，一格，一擺，這些特定動作的運行軌跡大部分活動在足厥陽肝經、經絡穴位的範圍之內，在勁道方面由於崩拳無論練用皆為起升，所以能導致雙腳在練用崩拳的過程中可迫使兩腳的兩個大拇指用力扣地，這又導致大拇指上的大敦穴和腳上的行簡、太衝、中封等穴受到動行時傳來的壓強。又膀在裏押時肋骨的合，拳起時肋骨的開，這是說，膀一裏，身一起，肋骨猶如魚鰓的開合，按黃帝內經中講，肋開可開胸，肋合可順氣。又拳從急脈穴（*大腿根部內側的海低側面*）起，過章門、期門二穴時，肘的擠，臂的摩間接地起到了按摩此二穴的作用，所以崩拳的一個完整動作便可將足厥陰肝經的大部分穴位啟動，這是其一。其二，在內五行中，肝為吃，吃猶如船截物，船身下沉的尺寸叫作吃，運用於崩拳中身體靠近敵人也稱吃。肝喜吃，崩拳用吃，以吃帶吃便可起到肝舒條達、開胸順氣的作用。

【**崩拳技理**】崩拳屬木，木能生火剋土，蘊生炮拳勁節，含克橫拳法則，是催起方法，運行軌跡是前掛後起，裏翻的循環圓形，其行功時注重一氣的出入。

1. 單式習練法

【**行功方法之一**】六合起勢（*左勢*），重心移於右腳，左腳置於右腳前一寸處，隨之，左腳向前邁進一步，左手領掛到左耳部位，身呈舒勢（*圖4-37*），上動不停，重心移於左腳，右腳過左腳向前一步踩出呈虎步，同時，右手握拳出虎窩直上起，起時拳心朝左，起到與眉齊

圖4-37　　　　　圖4-38　　　　　圖4-39

停住，左手落回下丹田處（圖4-38），此為右崩拳。右勢與左勢動作一致，唯方向相反。左右二組，上動微停，以兩腳為軸，身體由右向左旋轉180°，呈左虛靈步六合勢，如前所述，打回原地，再轉身收勢。

【用法】甲方右拳擊來，乙方以左手回掛化解，破其來勢，隨之，右步插乙方襠部，右拳從乙方丹田處起擊中心一線（圖4-39）。

【行功方法之二】左手握拳，拳心朝上貼於腿根，左手拳心與前手拳心相扣，在猴勢展吐時，左手向上，肘拐平心，雙臂雙拳摔旋而起，左拳橫擊對方耳朵，右拳拖回護心。右崩拳動作一致，唯方向相反。上動微停，以兩腳為軸，身體由右向左旋轉180°，呈左虛靈步六合勢，如前所述，打回原地，再轉身收勢。

【要領】崩拳似箭屬木非箭也，有舟行浪頭之勢，是指崩拳要如同箭一樣射出，但崩拳走的路線不是直的，則是像形意拳的鑽拳一樣斜向上走，如同舟行浪頭一樣隨高打高，隨低打低。一般打三點，即丹田、心口、咽喉。因

為身體是弓著的蓄著勁，挨著哪在哪發，即所謂的暗勁，才能隨高打高隨低打低。另外，手不夠時要用肘補，所謂肘手同攻，拳去不空回，空回總不奇。

2.貫穿習練法

(1)六合起勢；(2)左提藍右崩；(3)右提藍左崩；(4)右地盤右崩；(5)左地盤左崩；(6)右轉90°右崩；(7)左轉180°左崩；(8)右轉90°右前崩；(9)左轉180°左後崩；(10)左旋右轉右前崩；(11)右旋左轉左前崩；(12)同(10)；(13)收勢。

炮 拳

《拳譜》曰：「炮拳似炮屬火，有江水排岸之勢，炸勁爾。」主勁為開押勁，是分立圓運行軌跡，起正落正。拳性火是尖形的。

炮拳配心氣要沉，歸手少陰心經，屬火為陽，在志為神。其形似炮非炮，有江水排岸之勢。炮拳的軌跡，可促進手少陰心經的經氣活力。心主血脈，心氣旺盛，使血液在脈管中運行不息，從而供應全身的需要；心氣旺盛，血脈充盈，則脈搏和緩有力，面色紅光潤而有光澤。心藏神，新的氣血充盈，則神志清晰，思維敏捷，精力充沛。炮拳的關鍵是心氣向下沉，用心火溫煦腎水，不使腎水過寒，這就是人體：水火濟既，心腎相交，陰平陽秘的正常生理狀態。

【炮拳技理】炮拳屬火，火能生土剋金，蘊生橫拳勁節，含克劈拳法則，是排擠方法，動作是上捧下押中間

圖4-40　　　　　圖4-41　　　　　圖4-42

夾、左右翻打斜立圓形，其行功時注重一氣之開合。

1. 單式習練法

六合起勢（*左勢*），重心移於右腿，左腳收於右腳前呈左虛靈步束身勢，雙手雞手小臂捧架翻轉與腹前（圖4-40），上動不停，左腳向前踩出呈虎步，雙手左前右裹押於腹前（圖4-41）。右炮拳動作一致，唯方向相反，連續三組，上動微停，以兩腳為軸，身體由右向左旋轉180°，呈左虛靈步六合勢，如前所述，打回原地，再轉身收勢。

【**用法**】甲方右拳向乙方中節擊來，乙方雙手隨束身起滾化解，破其來勢，隨之，步插乙方襠部，展身從甲方中心一線向下押擊（圖4-42）。

2. 貫穿習練法

（1）六合起勢；（2）右炮；（3）左炮；（4）左地盤右虎步右炮；（5）右地盤左虎步左炮；（6）右轉90°左獨立步開扣架押右虎步右炮；（7）左轉180°右獨立步開扣架押左虎步左炮；（8）右轉90°同6前炮；（9）左轉

180°同7後炮；（10）左旋右轉右炮；（11）右旋左轉左炮；（12）同（10）；（13）收勢。

【要領】炮拳似炮非炮也，有江濤拍岸之勢。炮拳要像炮一樣有炸勁，但炮拳不光有炸勁，還要像江濤拍岸一樣有卷勁，有擁勁。炸捲擁三勁合一，打顧一體。

橫 拳

《拳譜》曰：「橫拳屬土，其形似彈非彈，有輪行壕溝之勢，滾勁爾（兒）。」主勁為直勁，是橫圓運行軌跡，起正落正。拳性土是無形的。在五臟相脾，其拳順則脾胃和，其拳乖則脾胃弱。橫拳俗稱鳳拳，其形似彈，是指拳頭進擊的速度，輪行壕溝是借喻藥碾子碾藥時的勁道。無論進退皆呈弧形衝擊，拳至人字骨打起勁，有摘心之意，剪起人字骨擊心口。無論練用均須意念謹警，動機察秋，用意念做到心靜意斂，六合不懈，疾反變，輪行壕溝，瞬顯剛。橫拳的勁節勁道的低架是眾拳之基，此功愈深，惑敵之心愈密，臨敵以虛實手法誘之，欲擊敵之右，必先誘敵之左；欲攻敵其上，必先誘其下。一動一靜，出其不意，變化見矣。

橫拳配脾要入，歸足太陰脾經，屬土為陰，在志為意。其動作時注意一氣的團聚，其形似彈非彈，有輪行壕溝之勢。脾臟位於中焦，主要功能是主運化，升清，統攝血液，主四肢、肌肉，開竅於口，「其華在唇」。脾氣健運主升，能將水穀精微上輸於肺，在心肺的作用下化生氣血以濡養全身。脾氣充盛則能統攝血液，使之循行於經脈

之中而不外溢。四肢肌肉得脾氣輸送的營養肌肉豐滿，口唇紅潤光澤。

【横拳技理】横拳屬土，土能生金剋水，蘊生劈拳勁節，含克躦拳法則，是輾轉方法，運行軌跡是左右滾轉的圓形，其行功時注重一氣的團聚。

1.單式習練法

六合起勢（左勢），重心移於右腿，左腳置於右腳前一寸處，呈舒勢，同時，左手虛握拳，拳心朝上置於左大腿根部裡側，右手變掌蓋在左手拳心之上（圖4-43）。上動微停，左腳向前踩出呈虎步，同時，左肩下沉，左手握拳內旋而出，到達所擊位置時，拳心朝斜下呈45°。右手中指指尖與拳邊齊，右手掌蓋在左手掌根凹處的大陵、內關、間使三穴處（圖4-44）。右勢與左勢動作一致，唯方向相反。左右二組，上動微停，以兩腳為軸，身體由右向左旋轉180°，呈左虛靈步六合勢，打回原地，再轉身收勢。

【要領】横拳的勁道是外裹下押弧形直衝上起勁，斜

圖4-43

圖4-44

上起的輪行壕溝直衝勁，到達打擊部
位翻轉拳頭打出寸勁後，遇到形阻時
橫拳自然向上，上起至腮時就會自然
而然地擊打。

【用法】甲方右拳擊來，乙方以
左手前滾化解，破其來勢，隨之，進
步插甲方襠部，右拳擰進擊打甲方丹
田處（圖4-45）。

圖4-45

2.貫穿習練法

（1）六合起勢；（2）右橫；（3）左橫；（4）右地盤右橫；
（5）左地盤左橫；（6）右轉90°右橫；（7）左轉180°左橫；
（8）右轉90°前橫；（9）左轉180°後橫；（10）左旋右轉右
橫；（11）右旋左轉左橫；（12）同（10）；（13）退步右橫；
（14）跟步右橫；（15）上步右橫；（16）收勢。

【要領】注重步法的起落上下、左旋右轉。練橫拳要
如同彈丸一樣射出，所謂身如弩弓拳如彈，所行路線不是
直線，而是如同輪行壕溝一樣走下弧線，先打截勁，然後
走下弧線。這樣做很隱蔽，當拳面貼著對方丹田時，擰轉
發寸勁以傷其內，橫拳傷人是很厲害的。橫拳試勁時，往
往會在弟子腹前墊一個厚枕頭，然後將其發出，使其嘗試
橫拳的勁力。

第四節　五種手法

五種手法

五種手法包括猿猴獻桃、水上按瓢、敵球、燕子取

水、狸貓上樹。猿猴獻桃為拳法身法之總要，其勢為起而
不起占中央，兩肘只在肋下藏，故曰拳中之母。與水上按
瓢、敵球（彎彈而丟之）、燕子取水（又名水中漂瓦，斯
拳似手下丟之勁，另一勁即直下插也）、狸貓上樹等拳，
貫穿練之尤為得法。水上按瓢是擠勁兒，需用大束大展的
勢法方能練精，可將人按得上射，雖不上射亦必倒栽蔥
矣。欲達此目的，還需被按之人來勢勇猛，按時方能就勁
而有效也。

至此種上射之勁，凡帶有押勁，如摟把、狸貓上樹等
拳均有之。不僅按瓢也，或曰按瓢為按漂，如不知按瓢是
擠勁，此按彼射，何得謂之按瓢乎？然瓢在水中，按之必
射，謂之按瓢也。又凡與按瓢相同的手法，如摟把、狸貓
上樹及摸法，其落足時催勁少，而蹬勁大，有踩蹋地之
意。其身法前撲，手係直落，而其頂心要有射塌天之勁，
如將以上諸法練成一貫時，自然將人打得上射矣。但必須
先有較小的束勢，然後有極大的展勢，方能達此目的。

第一手　猿猴獻桃

六合起勢（左勢），左腳前寸，右腳
跟上，重心移於左腿，右腳抬起置於左膝
內側呈左金雞獨立步。雙手起而未起占中
央，兩手相併，由丹田起於天咽，隨身擠
出，勁達雙指尖（圖4-46）。

上動不停，右腳向前踩出呈虎步，雙
手翻轉下按於丹田處。

圖4-46

第二手 水上按瓢

六合起勢（左勢），重心移於右腿，左腳收回右腳前呈左虛靈步束身勢，雙手回押於人字骨，手心朝上（圖4-47）。不停，左腳向前踩出呈虎步，兩手翻轉向前隨展身按擠（圖4-48）。

圖4-47　　　　　　　　　圖4-48

第三手 敵球

六合起勢（左勢），重心移於左腿，右腳過左腳向前邁進一步，兩膝相扣，身體下勢呈右地盤步束身勢，雙手掌根相挨，先逆時針旋轉，再順時針回裹（圖4-49）。

上動不停，左腳向前踩出呈虎步，兩手向前向上裹擠（圖4-50）。

第四手 燕子取水

六合起勢（左勢），重心移於左腿，右腳過左腳向前邁進一步置於左腳前呈右虛靈步束身勢，雙手掌根相挨，

圖4-49　　　　　　　　　　圖4-50

圖4-51　　　　　　　　　　圖4-52

先逆時針旋轉，然後右手下，左手上打開勁，左手護於右肩，右手於右膝齊（圖4-51）。

上動不停，左手推，右手起從左肘內側上翻向前推按左手回裹下押，右手上掛，隨之，雙手在胸前交叉順立圓旋轉，不停，左腳向前邁進一步踩出呈虎步，左手護於丹田，右手從左臂上方推擊（圖4-52）。

第五手　狸貓上樹

六合起勢（左勢），左腳前寸，右腳跟進一步，右手

圖4-53   圖4-54

上剪右肘向前打出（圖4-53）。不停，左腳繼續前寸，
右腳跟進身體下勢呈左地盤步，右手下押，左手從右臂
上方按出（圖4-54）。

第五節　十大形

十大形

十大形，為戴家在姬隆鳳祖師承接岳飛雛形象形拳
的基礎上，象形取意，宗法「龍、虎、猴、蛇、馬、
雞、鷂、燕、鷹、熊」十形之神韻創編而成，是在五行
大圓的基礎上分圓合勁的具體運用，並非對任何一種動
物形態的機械模仿。它的核心是上述十種動物內在的特
性及神意，故謂之「象形取意」。傳其神於技術之內，
以演化出各種靈妙手法，功力各有側重，每形特點分
明，是該拳的精髓之一，實為戴家拳拳法勁道與神意之
要旨。

十大形動作簡捷，古樸存真，陰陽互濟，內外兼
修；講究頭、肩、肘、手、胯、膝、足七拳並進，通體

為拳。修煉至高層次時，可做到全身應敵，形成動之不見形，擊之不見影。在心意拳法綿延輾轉的傳承過程中，有相當多的人並未領悟「十大形」的精義，片面地曲解，偏離正道，反覆去追求外表形態，勢必難達上乘境界。

龍　形

《拳譜》云：「龍為最靈之物，有升降之形，跌脊之能，搜骨之法。」龍非實有，乃傳說中之神物，善飛空走霧，九擺翻騰，故有神龍見首不見尾之說。練龍形以煉神為主，其精義一是宗法龍之善於變化，顯隱莫測，故拳法必以伸縮升降、折身纏繞、剛柔相濟、大起大落為旨歸。「三翻九轉成一體」即言此意。譜論：「千變萬化，萬變為靈，萬萬變為神。」二是龍形之法主宰於腰，仿效龍之九曲三折，身法盤旋擰轉，在搏戰之中要裹其手足、裹其身形、裹其來勢、裹其變化，將對方捲入我之控制之下，使其打不能打，防不能防，進退兩難，欲罷不行，手足無措。欲敗其敵，只在心意一動之間。三是強調勁由脊發，所謂骨節通靈，身心手足均一氣貫穿，上下相應，形成一種整體的彈抖勁，擊人如放電一樣，舉手投足之間即可致對方傷殘死命。龍形的修煉，就是斂勁入骨的過程。所以，功力精深時，行功之時，就可以隱隱聽見其周身骨骼，尤其是脊柱發出「咯咯」的沉悶聲，這便是內勁灌注、斂勁入骨的表現。同時顯示了在行功之中修煉龍形的秘密，故謂「洗髓易筋，搜骨之法」也。

【行功方法】龍形由游龍戲水、蟄龍蹬天、青龍探爪

圖4-55　　　　　　圖4-56　　　　　　圖4-57

組成。

　　游龍戲水：六合起勢（*左勢*），
重心移於右腿，身體下勢束身呈左地
盤步，同時，左手由虎窩裏起於眉齊
至中心線時翻轉下押回抽至左腰側，
右手由虎窩裏起於眉齊至中心線時翻
轉下按於體前（圖4-55）。

　　蟄龍蹬天：承接上勢，兩腳蹬地

圖4-58

旋起，左掌前推，勁達掌根，右掌回抽於右腰側，右腳向
前蹬出，勁達腳跟（圖4-56），不停，右腳向前踩出呈
虎步，右掌向前推出，左手握拳護於左腰側。

　　青龍探爪：上動微停，右腳前寸，重心移於右腿，左
腳置於右膝內側，呈右金雞獨立束身勢，雙手雞手裏起，
右手護於左肘處（圖4-57）。不停，左腳前蹬身體下勢
呈左地盤步，右手下按於體前，左手回抽於左腰側，緊
接，兩腳蹬地旋起，左手變掌向前推出，右手護右腰側
（圖4-58）。

【**行進路線**】六合左起勢，左游龍戲水、蟄龍蹬天、青龍探抓一組，緊接，左腳前寸，重心移於左腿，再做右游龍戲水、蟄龍蹬天、青龍探抓一組，然後左後轉180°，再如前分別各做游龍戲水、蟄龍蹬天、青龍探抓一組，然後左後轉180°車輪步收勢。

虎　形

《拳譜》云：「虎有伏身離穴之勢，撲食之勇。」虎乃百獸之王，其威勢氣概，震懾山林。

練虎形以練骨為主，其精義一是虎形最講究撲勁，其訣在丟、摟、抽三勁合一。此勁一發，猶如山崩海嘯、長河決口一般，一發而不可收，直瀉千里，不可阻擋之勢。虎形攻勢極為猛烈，當之非死即傷，即使有金鐘罩、鐵布衫之功護體，亦無濟於事，同樣應手而仆。

二是虎形打法效虎之撲、掀、蹬、竄、翻剪、擺尾等勢而成，練虎形起落有勢、怒目強項，有猛虎出林，兩爪有排山之勢，然其中最為切要者是虎撲之法，即雙把。戴家拳法中的每一把拳式中，無不含有虎撲之法，此即譜謂「勢勢不離虎撲」也。否則，拳失其真。

【**行功方法**】虎形由丟、摟、抽三勁合一構成。

六合起勢，重心移於右腿，左腳置於右腳前一寸處，呈左虛靈步束身勢，同時，雙手左上右下相疊（圖4-59），由虎窩裏起於乳齊至中心線時翻轉，兩拇指交叉於胸前，此為抽勁。上動不停，左腳向前踩出呈虎步，丹田翻滾雙掌向前推出，勁達掌根（圖4-60）。上動微停，

圖4-59

圖4-60

左腳前寸，重心移於左腳，右腳置於左腳前呈右虛靈步束身勢，同時，雙手左上右下相疊，由虎窩裏起於乳齊至中心線時翻轉，兩拇指交叉於胸前，此為抽勁。上動不停，右腳向前踩出呈虎步，丹田翻滾雙掌向前推出，勁達掌根。

【行進路線】六合左起勢，重心移於右腿，出左虎形、右虎形二組，然後左後轉180°，再做左虎形、右虎形二組，然後左後轉180°車輪步收勢。

雙把為丟、摟、抽三個分勁，虎形是三勁合一。虎形比雙把勁力要精巧，兩者都要透過身法貼身沾身縱力，但兩者勁力動作不同。雙把用時要兩手拇指相交成十字，拳譜上叫作「雙推莫露鋒」，其動作只有一個，但根據內在的勁力變化不同，又分為三把，即抽、摟、丟。

所謂抽，用的是祁地方言，意思是往上掇，這種手法是打身高比自己高的人時所用，所以要用抽把。先給對方一個向上的勁，然後再用向外丟的勁，二勁連在一起，發到對方身上，對方會覺得是瞬間有兩個勁作用在自己身

上，一般是化不掉的，所以會被連根拔起飛出。

　　摟把也叫按把或瓢把，取水中按瓢之意，是打身體矮壯之人所用，要先有一個向下按的勁，對方本能就會向上跳，按得越緊跳得越高，然後再向外丟，二勁連在一起，對方也會被發得很遠。所以抽把、摟把不離丟把，拳譜中講，抽摟丟三把勁，連環一氣向前攻，其核心就是講三把的變勁不在手上變，而在身內變，拳譜上講，腰內縮展變化靈，就是此意。三把也有很多變手，另外還有單把，因為把是貼著對方發的，可發寸勁，傷其內，因此，有「寧挨三拳，不挨一把」之說。

猴　形

　　《拳譜》譜云：「猴物之最靈巧者，有縮力之法，跳山之能，縱身之靈。」猴是一種極其靈活敏捷的動物，與人類十分相近。戴家拳宗法其神意而棄其形表，取猴形縱身之靈與縮身之法。其精義一是猴形勁法要領在蓄勁，手要蓄，身要蓄，足要蓄，內要蓄，外也要蓄，蓄以待發。蓄勁並非不發勁，而是為了更好地發出最強的內勁。長期修煉猴形之神意，不僅可使內勁蓄發迅疾，而且還可在實戰技擊中發勁沉重卻又不失靈動。二是猴形打法，關鍵是手法與身法的靈動變化、相互配合。手法講究翻滾靈巧，變幻詭異，身法講究忽高忽低，忽左忽右，靈便自如。猴形打法在實戰運用中指上打下，聲東擊西，身法著重於起落二字，往往令對方莫測高深、防不勝防，收出奇制勝之功。謂戴家拳法「低進高退」的打法要訣，在此得到充分

的體現。

【行功方法】猴形由兩插一按，
三翻手一裹、地盤虎撲二種功法組
成。

圖4-61

行功方法之一：六合起勢，重心
移於右腿，左腳置於右膝內側，呈右
金雞獨立束身勢，雙手裹起與乳齊
時，翻轉向前翻插3次，不停，左腳
向前踩出呈虎步，雙手下按於體前。上動微停，左腳前
寸，重心移於左腿，右腳置於左膝內側，呈左金雞獨立束
身勢，雙手裹起與乳齊時，翻轉向前翻插3次（圖4-61），
不停，右腳向前踩出呈虎步，雙手下按於體前。

【行進路線】六合左起勢，左猴形、右猴形二組，然
後左後轉180°，再做左猴形、右猴形二組，然後左後轉
180°，車輪步收勢。

行功方法之二：六合起勢，重心移於右腿，左腳置於
右膝內側，呈右金雞獨立束身勢。雙手裹起與乳齊時，翻
轉向前翻插3次，不停，左腳向前邁進一步，身體下勢束
身呈左地盤步，同時，左手由中心線時翻轉抽至左耳側，
右手裹挫於體前。上動不停，兩腳蹬地旋起，重心移於左
腿，右腳過左腳向前邁進一步踩出呈虎步，同時，雙手變
掌向前推出。上動微停，左腳前寸，重心移於左腿，右腳
置於左膝內側，呈左金雞獨立束身勢，雙手裹起於乳齊
時，翻轉向前翻插3次，不停，右腳向前邁進一步，身體
下勢束身呈右地盤步，同時，右手由中心線時翻轉抽至右

耳側，左手裏挫於體前（圖4-62）。
上動不停，兩腳蹬地旋起，重心移於
右腿，左腳過右腳向前邁進一步踩出
呈虎步，同時，雙手變掌向前推出。

【行進路線】六合左起勢，左猴
形一組，然後，右腳前寸，重心移於

圖4-62

右腿，左腳向前一步，重心移於左腿，右腳抬起置於左膝
內側，做右猴形一組，然後，右後轉180°，重心移於左
腿，右腳抬起置於左膝內側，做右猴形一組，左腳前寸，
重心移於左腿，右腳向前一步，重心移於右腿，左腳抬起
置於右膝內側，做左猴形一組，然後，左後轉180°，車輪
步收勢。

蛇 形

《拳譜》云：「蛇者最活潑之物，能曲能伸、能繞能
盤、能柔能剛，有撥轉之能。」蛇係軟骨爬行動物，身軟
如綿，盤繞自如，每於亂草之中轉瞬間分草而去。

戴家心意取其進勢之巧、盤繞之能，其精義一是練蛇
形者，以煉氣為主，其氣之吞吐抑揚，以沉靜柔實為主。
如蛇之氣，節節靈通，其未著物，似無力，但一與物遇，
則氣之收斂，勝於勇夫。法其技藝，與人交手之時，施以
吸食之功，引手撥手，似蛇之節節貫通。二是蛇形講的是
顧打之法，手似蛇行，盤旋纏繞，往復分撥，其用在於接
引敵之勁力，封制對手變化，並將其勁力引化偏離，正如
蛇之分草。三是蛇體軟而勁韌，首尾一貫，擊首則尾應，

擊尾則首應，擊中則首尾俱應。故蛇形為周身一家，無所不到，無所不顧，上下左右，內外前後，均須協調呼應，面面俱到，此即六合之真義也。蛇形撥勁有：前撥、後撥、左撥、右撥、上撥、下撥、反撥、斜撥等，手法細膩，內勁含蓄，若再與身法步法相配合，則實戰中既可迷惑敵人，進步搶攻，一擊而勝，又能封鎖控制敵之勁力變化，令其變化不靈，被動受擊。

【行功方法】蛇形由撥草、抬頭、鑽洞、吐舌組成。

六合起勢，重心移於右腿，左腳置於右腳前一寸處，呈左虛靈步束身勢，同時，雙手左上右下相撥，上動不停，左腳向左前踩出，重心移於左腿，右腳置於左腳前呈右虛靈步束身勢，同時，雙手左上右下相撥（圖4-63）。

上動不停，右腳向右前踩出呈虎步，丹田翻滾，右臂向右前方裏推，勁達小臂外側。緊接，重心移於右腳，左腳過右腳向前邁進一步呈左地盤步束身勢，右前左後下裏於身體前後側（圖4-64）。

隨之，兩腳蹬地旋起，重心移於左腿，右腳過左腳向

圖4-63　　　　　圖4-64　　　　　圖4-65

前邁進一步呈虎步，打出前後梢錘。上動微停，重心移於右腿，左腳過右腳向前邁進一步呈虎步，左手擰打黃鷹掐嗉（圖4-65）。上動不停，重心移於左腿，右腳過左腳向前邁進一步呈虎步，右手擰打黃鷹掐嗉。

【行進路線】左右左勢撥草、抬頭、鑽洞、吐舌一組，然後，右後轉180°，再做右左右勢一組，左後轉180°，車輪步收勢。

馬　形

《拳譜》云：「馬之性最馴服，馬之形最勇敢，不僅富有衝力，且有疾步之能、奔蹄之功。」馬與人類的關係頗為密切，其精義一是馬形之勁法在於奔，如馬蹄之驟然崩直。戴氏心意效法馬形而演化入拳者，法馬之真形重在神意氣韻，故取馬之奔蹄如電勢，精研六勁，即起勁、剪勁、點勁、踏勁、頂挎勁、彈抖勁。六勁齊發，才可發揮出馬形拳的威力，以之擊人，穿透力與殺傷力大得驚人。此謂「打前胸、透後背」，其透體傷人，震脈傷內之功實不可小視。二是馬形打法講究身法、步法之竄躍奔迅疾如電，出拳點擊，腳下踢踏，令人望而生畏。三是馬形過步奪人步法，其迅疾令對方極難閃避，往往僅見其人，身形稍晃，拳腳已至其後。而且還善於掀根拔節，使對方失去重心，一擊仆敵於丈外之地。總之，馬有奔蹄之功，最為奇妙也很實用，往往易使對方如山傾倒，顯示了一巧破千斤的妙道。

【行功方法】馬形由烈馬分鬃、野馬闖槽、掛點踐肘

圖4-66　　　　　　圖4-67　　　　　　圖4-68

三種功法組成。

　　烈馬分鬃：六合起勢，重心移於右腿，左腳置於右膝內側，呈右金雞獨立束身勢，雙手掛起於乳齊時，翻轉於兩肩前（圖4-66）。不停，左腳向前踩出呈虎步，右手下刨於左膝前，左手回拉於左腰側（圖4-67）。上動微停，左腳前寸，右腳跟進，丹田橫滾，左手下刨於左膝前，右手回拉於右腰側（圖4-68）。

　　【行進路線】六合左起勢，左右左三組，然後右後轉180°，再做右左右三組，然後左後轉180°，車輪步收勢。

　　野馬闖槽：六合起勢，重心移於右腿，左腳抬起置於右膝內側，兩手內旋在胸前回剪（圖4-69）。上動不停，左腳向前方踩出呈虎步，兩手外旋下翻向腹前栽出，兩手手背相對（圖4-70）。上動不停，兩手上翻向前剪出，勁達肘尖（圖4-71）。緊接，左腳前寸，右腳跟進，重心移於右腳，左腳向前邁進一步，踩出呈虎步。兩手下翻向前押出，勁達前臂。

　　【行進路線】六合左起勢，左右二組，然後左後轉

圖4-69　　　　　　圖4-70　　　　　　圖4-71

180°，再做左右二組，然後左後轉180°，車輪步收勢。

　　掛點踐肘：六合起勢，重心移於右腿，左腳抬起置於右膝內側，兩手內旋在胸前回剪，上動不停，左腳向左前方踩出呈虎步，兩手外旋下翻向腹前栽出，兩手手背相對，隨之，兩手上翻向前剪出，勁達肘尖，緊接，左腳前寸，右腳跟進，兩手下翻向前押出，勁達前臂。

　　【行進路線】六合左起勢，左右二組，然後右後轉180°，再做左右二組，然後左後轉180°，車輪步收勢。

雞　形

　　《拳譜》云：「雞有獨步之能、獨立之法、振翼之威、奮鬥之勇。」雞是一種好鬥、善鬥的禽類，雞在搏鬥之時，往往必以翅彈、嗉撞、嘴啄，機敏勇武，鬥志昂揚，不至鮮血淋漓，決不甘休。戴家拳宗法雞形精義一是法其勇字，不屈不撓，窮追猛打，勢在必取；二是勁力以輕靈快速為主，修煉中貫穿一個抖字，即梢節要抖，中節要抖，根節更要抖，震動丹田，一抖而發，一動無處不

動。所以雞形練就，發長勁可插手擊敵於丈外，發短勁能震傷內腑，透勁得矣。此為心意拳法，渾元抖絕之整體勁，最能體現戴家拳三節互用之功能。

【行功方法】雞形由原步雞嘴、雞繞脖、雞膀；拖步雞嘴、雞肘、雞膀；跟步雞嘴、雞肘、雞膀三種功法組成。

行功方法之一：原步雞嘴、雞繞脖、雞膀，六合起勢（左），重心移於右腿，左腳抬起置於右膝內側，左手握拳在胸前回掛向前點擊，右手護於左肘內側（圖4-72）。上動不停，左腳向前踩出呈虎步，左臂內旋回裹，肘尖直對正前方，隨之，左手下押護於右腹部，勁達左膀尖，右手護於左肩內側（圖4-73）。

【行進路線】六合左起勢，左右左三組，然後右後轉180°，再做右左右三組，然後左後轉180°，六合虛靈步收勢。

行功方法之二：拖步雞嘴、雞肘、雞膀，六合起勢（左），左腳前寸，右腳跟進，左手在胸前翻轉回挎向前

圖4-72

圖4-73

圖4-74　　　　　　圖4-75　　　　　　圖4-76

點擊，右手護於左肘內側（圖4-74），上動不停，左腳前寸，右腳跟進，左手向前向上剪起，肘尖直對正前方，右手護於左肘內側（圖4-75），不停，左腳前寸，右腳跟進，左手在胸前翻轉下押於右腰側，勁達左膀尖，右手護於左肩內側（圖4-76）。

【行進路線】六合左起勢，左右二組，然後左後轉180°，再做左右二組，然後左後轉180°，六合虛靈步收勢。

行功方法之三：跟步雞嘴、雞肘、雞膀，六合起勢（左），左腳前寸，重心移於左腿，右腳抬起置於左膝內側呈左金雞獨立束身勢，右手在胸前翻轉反背向前點出，左手下押護於右肘內側，上動不停，右腳向前邁進一步踩出呈虎步，右手向前向上踐起，肘尖直對正前方，右手回裏下押護於右肘內側，不停，右腳前寸，左腳跟進，右手在胸前翻轉下押於左腰側，勁達右膀尖，左手護於右肩內側。

【行進路線】六合左起勢，左右二組，然後左後轉180°，再做左右二組，然後左後轉180°，六合左虛靈步收勢。

【要領】昂首挺胸，神氣貫頂，提腿翻足，進步磨脛，真氣力存，以智勝勇，提踩有力，腿快呈靈。

【歌訣】

提胸下腰練雞腿，任督循環注丹田；

提膝望懷踩有力，發人玄妙在其間。

鷂 形

《拳譜》云：「鷂有束翅之能、入林之精、翻身之巧。」鷂乃猛禽之一，它身形小巧，性情猛厲，其入林取食之勢極為迅疾準確。其精義一是鷂形勁法重在鷂子側翅鑽天的起勁，其勁斜中存正，正中寓斜，雖名起勁，實則包含了摧、挑、翻、展、鑽等勁力；二是鷂形之實戰打法，往往是身形與膀法突然變化，驟起驟落，如環無端連綿不絕，靈敏迅速，變化莫測，使對方難以捉摸，以周身渾圓整勁摧動，將對方插手挑擊飛出。由於鷂形身手變化迅疾萬端，閃戰八方，尤其在與多敵對戰之時更是得心應手，有「鷂形打法用膀尖，提氣束身進如箭」之說。

【行功方法】六合起勢，左腳收回置於右腳前呈左虛靈步束身勢，不停，左腳向左前方踩出呈虎步，左手順時針方向大繞裏劈於腹前，右手回裏於左肩前（圖4-77），上動微停，左腳前寸，重心移於左腿，右腳經左腳向右前方邁進一步踩出呈虎步，右手順時針方向大繞裏劈於腹前，左手回裏於右肩

圖4-77

前。

【行進路線】六合起勢（左勢），右左四組，然後右後轉180°，再做右左右三組，然後左後轉180°，六合虛靈步收勢。

燕 形

《拳譜》云：「燕者，最靈巧之物，有躍身之法、輕捷之靈、取水之巧。」燕子這種飛禽，十分輕靈逸動。其於長空中急投水，在近水時畫一弧線一抄而下，沾水則起，立時翩翔上飛，此即燕形取水之巧。其精義一是燕形重身法的修習，其身法不出「起、落、進、退、反、側、收、縱」八字，其身法訓練，重在身體的反側穿行。二是燕形之妙還在於身法的束展變化輕靈迅捷。唯輕靈，始無遲滯之患，能變化自如；唯迅捷，方可制敵機先，令其防不勝防。三是取其身體靈動，伸縮莫測，運用腰脊，氣血順行，束長如一，腎水充足。燕子翕水，見縫即穿，無孔不入，疾如閃電，張口閉口截其氣。

燕形由張口、閉口、劈翅、抄水四種功法組成。

1. 張口練法

六合起勢（左勢），重心移於右腿，左腳置於右腳前呈左虛靈步束身勢，右手與左手兩掌根相合（圖4-78），不停，左腳向前踩出呈虎步，右手上挎於左肩前，左手至左膝處，隨展身向前推出（圖4-79），目視前方。

【行進路線】六合左起勢，右左右三組，然後左後轉180°，再做左右四組，然後左後轉180°，六合虛靈步收

圖4-78　　　　　　　　　　圖4-79

勢。

2. 閉口練法

六合起勢（*左勢*），重心移於右腿，左腳置於右腳前呈左虛靈步束身勢，左手上挎於右肩前，右手至右膝處呈束身勢（圖4-80），上動不停，左腳向前踩出呈虎步，左手與右手兩掌根相合隨展身向前推出，目視前方（圖4-81）。

【行進路線】六合左起勢，右左右三組，然後左後轉180°，再做左右四組，然後左後轉180°，六合虛靈步收勢。

3. 燕劈翅

六合起勢（*左勢*），以兩腳跟為軸，向右旋轉90°呈馬步，兩手收回丹田處。上動不停，右手變八字掌外旋裏架於右耳側，左手外旋向左側下方劈出，勁達掌外沿（圖4-82）。

4. 燕抄水

六合起勢（*左勢*），左腳前寸一步，腳尖外撇，右腳過左腳向前邁進一步，呈左仆步，兩手回收至丹田處。不

圖4-80

圖4-81

圖4-82

停，隨身體下勢，右手外旋裏掛右耳側，左手順左腿內側下插於左腳內側（圖4-83），上動不停，兩腳蹬地旋起呈左虎步，同時，右臂上滾，左掌從右肘下向前推出。

圖4-83

【要領】

（1）勁意：燕子抄水，自上而下拂水面，張口抄水又去飛，其起勢迅速無比，拳藝中法其飛掠之巧。

（2）用法：打法均在截氣。張口摩擦之勁，上擊敵胸，下打陰（撩擊敵人陰部）。

鷹　形

《拳譜》云：「鷹之為物，性最狠烈，有捕獲之能、捉拿之精。」鷹是一種猛禽，嘴爪極其銳利，如同鋒刃，行動又極為靈敏迅疾，俯衝而下，勢若閃電。

戴家拳宗法鷹之爪有捉法、膀有打法、眼有瞅法，乃

成鷹形。其精義一是姬祖曾言：「鷹熊競志，取法為拳，守之象熊，進取象鷹，越此二勢，拳失其真。」足可見鷹形之於心意六合拳法是何等重要。鷹形於兩儀之中，法象陽儀，稟陽剛之氣，為進取之勢。其迅疾暴烈，撲擊撕抓，沖天而去，俯擊如刺，好似長虹貫日正是鷹形精義。二是古譜云：「把把不離鷹捉」，鷹捉的勁力主要表現在扣、壓、按、捉四個方面，體現了手不空回，往往一擊令對方跌於地，確為極兇猛之殺著。

【行功方法】六合起勢（左勢），左腳前寸，重心移於左腿，右腳抬起置於左膝內側，右手起裹，左手護於右臂內側（圖4-84）。不停，右腳疊步左腳提起置於右膝內側。同時，束身左手外旋翻扣，右手護於左手腕處（圖4-85），左腳向前踩出呈虎步，兩手由口向襠部扣壓（圖4-86）。

【行進路線】六合起勢(左勢)，右左四組(疊步)，然後左後轉180°，再做四組，然後左後轉180°，車輪步收勢。

圖4-84　　　　　圖4-85　　　　　圖4-86

熊　形

《拳譜》云：「熊為走獸性最鈍，而形最威猛，有沉穩之態。」熊是一種看似敦厚笨拙，實則精靈沉穩的動物。熊形與鷹形同為心意拳法的根本，有「鷹熊競志」之說。其精義一是熊形於兩儀之中，法象陰儀，稟陰柔之氣，有坐洞之猛，出

圖4-87

洞之威，翻身之法，心沉意靜，體態從容，取其蓄守之勢。二是有沉著果斷之思維和有豎項之力，甩膀之勁，熊與百獸相鬥總是後發制人，故戴家拳取其顧打合一的實戰要旨，交手之際，必先以顧法封制其來勢，形成敵背我順之有利態勢，其成功與否在於具備熊腰雄渾深厚的勁法。三是熊形之法還可練就外堅內壯之效。養丹田，真氣充於體內，即可不畏擊打；射丹田，真氣達於四梢，則能發勁傷敵，實為易筋內壯之法，上乘護體之功。

【行功方法】六合起勢（左勢），左腳向左前方寸步，重心移於左腿，右腳跟進置於左腳前呈右虛靈步束身勢，同時，右手虛握拳上翻於左胸前，左手護右拳，緊接，右腳向右前方踩出呈虎步，左手變拳向右前下方打出至右膝處，右拳收於右腰側（圖4-87）。

上動不停，重心移於左腿，右腳收回置於左腳前呈右虛靈步束身勢，左手虛握拳上翻於丹田處，右手護左拳，緊接，右腳向右前方踩出呈虎步，左拳向右前上方打出，右手護於左拳外側。上動不停，重心移於右腿，左腳跟進

置於右腳前呈左虛靈步束身勢，緊
接，左腳向左前方踩出呈虎步，左手
回抽於左腰側，右手握拳向左下方打
出至左膝處。上動不停，重心移於右
腿，左腳收回置於右腳前呈左虛靈步
束身勢，右手虛握拳上翻於丹田處，
左手護右拳，緊接，左腳向左前方踩
出呈虎步，右拳向左前上方打出，左
手護於右拳外側（圖4-88）。

圖4-88

　　【行進路線】六合起勢（左勢），右左三組半，然後
左後轉180°，再做右左三組半，然後左後轉180°，六合虛
靈步收勢。

第六節　七小形

七小形

　　七小形是集大功之後的勁節運用。它形體比大形小，
勁節比大形更為精巧。

　　七小形有幾種講法，主要包括：螳螂捕食、蜻蜓戲
水、遊蜂摘蕊、金蟬脫殼、蝸牛擺頭、鮓形六勢、鮀形托
手。魯村高錫全一系的七小形名稱為：蜘蛛、蝸牛、鮓
形、鮀形（水馬兒）、壁虎、螳螂。

1.螳螂捕食

　　螳螂性勇猛，有進法、無退法，有起推落阻之勁（其
轉輪示勇、氣攝齊莊、鋸斧見稱、捷逾天馬），以練續勁
直撲、前頂下頂之勁。

【行功方法】六合起勢（左勢），重心移於右腿，左腳向前邁進一步踩出呈虎步，雙手合掌向前射出，勁達指尖（圖4-89）。上動不停，左腳前寸，重心移於左腿，右腳置於左膝內側呈左金雞獨立步，同時，兩掌根相挨向上托起（圖4-90）。

圖4-89

右腳向前踩出呈虎步，右手向前領起勁達肘尖，左手護於丹田處，不停，右腳前寸，重心移於右腿，左腳置於右腳前呈左虛靈步束身勢，左手向前領起勁達肘尖，右手護於丹田處，緊接，左腳前寸，右腳跟進，雙臂交叉下劈。隨之，左腳向前踩出呈虎步，左手斜下劈，勁達膀尖，右手護於左肩前，不停，兩腳疊步，右腳向前踩出呈虎步，右手斜下劈，勁達膀尖，左手護於左肩前。

圖4-90

2. 蜻蜓戲水

蜻蜓戲水姿勢輕巧，有動作靈敏、落尾飄點、起升前衝、折轉停繞之能。以練戲水不顯形、顯形勢不動、遇空束連勁為主。

【行功方法】六合起勢(左勢)，左腳前寸，重心移於左腿，右腳過左腳置於左腳前呈右虛靈步束身勢，右手虛握拳回裹於右胸前，左手虛握拳護於左腰側(圖4-91)，隨之，右腳前墊，左腳跟進，右拳翻轉手心朝下向前點

圖4-91　　　　　　圖4-92　　　　　　圖4-93

擊，緊接，右腳前墊，左腳跟進，右
臂曲肘，肘尖向前點擊（圖4-92）。
上動不停，右腳前寸，重心移於右
腿，左腳過右腳置於右腳前呈左虛靈
步束身勢，雙臂環抱回裹於丹田處，
隨之，左腳前墊，右腳跟進，雙臂翻
轉下押（圖4-93），緊接，右腳蹬，
左腳向前踩出呈虎步，雙臂擰轉，左

圖4-94

前右後，拳心朝下，向前點擊（圖4-94）。

3. 遊蜂摘蕊

　　蜂鳥是世界上最小的鳥類，亦稱遊蜂。其鳥在摘蕊
時，先輕飛飄蠕、停轉折起、飛動中定、遊蕩中啄。有叮
啄之能、摘蕊之巧。遊蜂摘蕊以練掌指穩、準、狠為主。

　　【行功方法】六合起勢（左勢），左腳前寸，重心移
於左腿，右腳過左腳向前邁進一步置於左腳前呈右虛靈步
束身勢，右手雞手由丹田處翻轉上裹回掛，左手雞手回裹
於右胸前畫弧收於左腰側，不停，右腳向前邁進一步踩出

圖4-95　　　　圖4-96　　　　圖4-97

呈虎步，右手劍指從左小臂上方向前點擊對方咽喉（圖
4-95）。

4. 金蟬脫殼

蟬最敏感，遇敵則退，與世無爭，退殼獨到。練時丹
田上射，兩膀外撐，緊接，丹田下沉，兩膀速收，肘尖後
頂，返身鴛鴦掌。

【行功方法】 六合起勢（*左勢*），右腳向左腳併步呈
束身勢，雙手雞手護於兩腰側隨束身後頂，勁達肘尖（圖
4-96），隨之，以兩腳為軸，重心移於右腿，身體左後
轉180°，右腳向前踩出呈虎步，右手上架，左手變掌向前
方推擊（圖4-97）。

5. 蝸牛擺頭

蝸牛擺頭有單擺和雙擺之分。蝸牛擺頭取其直進勾
尾、前押擺頭之意。

【雙擺頭行功方法】 六合起勢（*左勢*），左腳前寸，
重心移於左腿，右腳過左腳置於左腳前呈右虛靈步束身
勢，同時，雙手握拳在胸前交叉內旋上翻（圖4-98），

圖4-98

圖4-99

圖4-100

上動不停，右腳向前踩出呈虎步，雙手握拳外旋貫於敵方雙耳（圖4-99）。

【單擺頭行功方法】六合起勢（左勢），左腳前寸，重心移於左腿，右腳過左腳置於左腳前呈右虛靈步束身勢，同時，右手握拳在胸前內旋押於丹田處，左手護於右肘彎處（圖4-100），上動不停，右腳向前踩出呈虎步，右手握拳外旋貫於敵方耳側（圖4-101）。右勢與左勢相同，唯方向相反。

圖4-101

6. 鮀形六勢

鮀，此物腿長，有在水面上四腳齊發、橫行豎走之能。以練三節互變、步法多變為主。

【行功方法】六合起勢（左勢），左腳前寸，重心移於左腿，右腳過左腳向前踩出，腳尖外展，身體下壓呈半地盤步，左手裡裏置於右膝外側，右手護於左肩（圖4-102）。上動不停，左腳向前踩出，腳尖外展，身體下壓

圖4-102

圖4-103

圖4-104

呈左側半地盤步，右手外旋前挫，左手收回置於右肘裡側（圖4-103），上動不停，右腳向前踩出呈虎步，右手裡旋回裹向前頂肘，左手護於右拳面（圖4-104）。上動不停，右腳向前寸一步，左腳過右腳向前踩出，右腳再過左腳抬起向前蹬出，勁達腳跟，直擊對方丹田（圖4-105），同時，兩手交叉翻滾上架於頭部上方。上動不停，右腳落地，左腳向前墊步，右腳再向前邁進，置於左腳前呈右虛靈步（圖4-106），同時，兩手翻轉下押於丹田處，目視正前方。上動不停，右腳向前踩出呈虎步，同時，雙手拇指交叉相扣，由下向上向前抽把抖出（圖4-107）。

圖4-105

7. 鮀形托手

鮀，祁縣土話稱剪子蛄或水馬兒，

圖4-106

圖4-107　　　　　　圖4-108　　　　　　圖4-109

取其有豎尾之能。

【行功方法】六合起勢（左勢），重心移於左腳，右腳抬起置於左膝內側，兩手收回丹田處，手腕外翻，兩手在胸前畫弧，置於右膝兩側（圖4-108），上動不停，右腳向前踩出呈虛步，同時，兩手手心朝外，手指朝下，向前下方托出（圖4-109）。

七炮

第七節　七炮

炮拳之命名，是會意象形的。炮拳有摧力，似炮之前摧；有炸勁，似炮之橫炸；有起力，似炮之打高；前手有射物之勁，似炮之射彈。此拳起手陰，出手陽，似炮之陰陽來福線。炮無陰陽來福線，速力不大，不能射遠。拳無陰陽變化，出拳無勁，擊人不著。此拳由中門華蓋穴上出拳，似炮之中軸線，其呼、哈、噫聲，似炮之音響。此拳講三節之勁，炮分三件之功，又有相同之理。至人之心，何異乎炮之機，人之目，何異乎炮之尺規準星。此拳有預

備姿勢，似炮之裝子彈，此拳有落法，似炮之退子彈，後手時護前肘，似護炮之兵，然則此拳的意思同乎炮，且其形，亦有似乎炮者，名之曰炮，宜乎不宜。至內部所言：攦力，出手也；炸勁，雙分也；起力，上托也；射勁，擊敵也。炮拳練法有二：一是下功的，二是應用的。應用的又分四種：一是正門的，二是斜門的，三是地盤的，四是活步退步轉身的。還有雙手搓法的，其法：一隻手由外用力撤回，另一隻手由內向外猛出，搓出搓回共二次，其用勁之點在掌邊，手心向上。其手之一出一入，其掌邊必須相搓，方為合格，而其勁始顯也。

七炮是攻上打下，防左避右，近截遠追之拳法。其特點是動作幅度小、出擊徑路短，走勢強勁、借勢巧妙。由沖天炮（押膀、摸押、推擊）；掘（挖）地炮（拗順步）；左捉邊炮；右摸邊炮；連珠炮；斬手炮；追風炮（閉打）組成，暗合「洛書」之七數。有歌訣曰：「上打通天炮，下打掘地炮，鑽打追風炮，快打連珠炮，猛打斬手炮，左打捉邊炮，右打摸邊炮。」

七　炮

1. 沖天炮

沖天炮又稱通天炮，因其向上鑽起而有沖天之象，故名。拳法皆是損人益己，以疾速為要。破陰邪者唯陽剛。沖天炮利於守正而攻，乃精妙無比手法，無論敵從何來，皆可勝之。主攻上路，是「一馬三箭」之拳法，起腿出臂，手腳併用，一腿支體，一腿提起，膝打陰部，腳尖踢

圖4-110　　　　　　　圖4-111　　　　　　　圖4-112

膝，拳則先擊彼腹，後打胸部，直至下頜，沿起一條中軸線擊彼之襠部、氣海、膻中、天突等穴，而後翻轉下押一條線。可謂陰陽來復一條線，一馬三箭不走空，打遍中節不停留。此功由一是加押膀，二是加砸錘，三是加虎撲三種功法組成。

【**功法之一**】六合起勢（*左勢*），左腳前寸，重心移於左腿，右腳抬腿提膝置於左膝內側，呈左金雞獨立步束身勢，雙手收回丹田處，隨之，右手握拳由丹田處往起打，左手護於右手腕（圖4-110），上動不停，右腳向前踩出呈虎步，右拳翻轉下押，勁達膀尖（圖4-111）。左勢與之相同，唯方向相反。

【**功法之二**】六合起勢（*左勢*），左腳前寸，重心移於左腿，右腳抬腿提膝置於左膝內側，呈左金雞獨立步束身勢，雙手收回丹田處，隨之，右手握拳由丹田處往起打，左手護於右手腕，上動不停，右腳向前踩出呈虎步，雙手握拳，左前右後翻轉下押，勁達拳輪（圖4-112）。左勢與之相同，唯方向相反。

圖4-113　　　　　　圖4-114　　　　　　圖4-115

【功法之三】六合起勢，右腳前寸，重心移於右腿，左腳抬腿提膝置於右膝內側，呈右金雞獨立步束身勢，雙手收回丹田處，隨之，左手握拳由丹田處往起打，右手護於左手腕，上動不停，左腳後退一步，重心移於左腿，右腳置於左腳前呈右虛靈步束身勢，雙手變掌下押於丹田處（圖4-113），不停，右腳向前踩出呈虎步，雙手拇指相扣向前推出，勁達掌根。左勢與之相同，唯方向相反。

2. 掘地炮

掘地炮之命名，掘地炮係顧下三路之打法，因其打時係由下而上，形同掘地，故名。其要領是掘地炮步宜大。

【功法之一】六合起勢（左勢），左腳前寸一步，右腳過左腳向前邁進一步，腳尖外撇，兩膝相扣，呈右地盤步，隨身體下勢，左手握拳下押，右手握拳從左肘下向前打出（圖4-114）。上動不停，兩腳用力蹬地旋起，左手下押於右丹田處，不停，重心移於右腿，左腳過右腳向前邁進一步踩出呈虎步，左手握拳向前剪起，右手握拳從左肘下向前打出（圖4-115）。右勢與之相同，唯方向相

圖4-116　　　　　圖4-117　　　　　圖4-118

反。

　　【功法之二】六合起勢（左勢），身體下勢，兩膝相
扣，呈左地盤步，右手握拳上挑打出，左手回拉於左腰側
（圖4-116），上動不停，兩腳用力蹬地旋起，重心移於
左腿，右腳過左腳向前邁進一步，身體下勢，兩膝相扣，
呈右地盤步。左手握拳上挑打出，右手回拉於右腰側（圖
4-117）。兩腳用力蹬地旋起，重心移於右腿，左腳過右
腳向前邁進一步踩出呈虎步，右手握拳向前打出，左手回
拉於右腰側（圖4-118）。右勢與之相同，唯方向相反。

　　3. 捉邊炮（摸邊炮）

　　捉摸邊炮之命名，左捉邊、右摸邊為同一勢式，只是
方向不同，因其裏中帶摸（即摸而落之），以摸為法，而
摸又係從左至右，從右至左，兼顧彼之兩手。含有巡邊之
意，故名捉摸邊炮。內中摸邊、捉邊、掘地三炮勢法相
近，不過掘地炮顧下三路，捉摸二炮顧上三路。

　　【行功方法】六合起勢（左勢），右腳過左腳向前邁
進一步，身體下勢呈右地盤步，隨身體下勢，左手握拳內

圖4-119	圖4-120	圖4-121

旋回裏下押，右手握拳於右腰側（圖4-119）。不停，兩腳蹬地，身體旋起，雙拳在腹前倒立圓回掛，隨之，重心移於右腳，左腳過右腳向前邁進一步，身體下勢呈左地盤步，隨身體下勢，右手握拳內拳回裏下押，左手回拉於左腰側（圖4-120），不停，兩腳蹬地旋起呈虎步，右手握拳向前打出，左手握拳回拉於左腰側。右勢與之相同，唯方向相反。

4. 連珠炮

連珠炮之命名，連珠炮係顧中路之打法。因其打時係兩手連環滾動，形同連珠而發，故名。其要領是步法竄之步，前腳進、後腳跟，緊踩前腳窩，兩腿似平飛，步不停，拳不止，體現追風趕月不放鬆之意。

【行功方法】六合起勢（左勢），左腳前寸，雙腳連進五步，左前右後，雙臂上挑下押，連環擊打，勁達拳面。上動不停，右腳前寸，雙腳連進五步，右前左後，雙臂上挑下押，連環擊打，勁達拳面（圖4-121）。（連環手，手在下；不來顧手，手在上，勁到對方身上）

5.斬手炮

斬手炮之命名，斬手炮係顧中節之打法，因其打時丹田斜正翻滾猛斬其手，如斬蛇頭，故名。其要領不是攻側面，而是側面攻，要突出擰腰起臂齊胸則回落鑿下之意。

圖4-122

【行功方法】六合起勢，重心移於右腿，左腳置於右腳前呈左虛靈步束身勢，同時，上體隨之右轉，左臂外旋經胸腹翻轉上起至左腮處，左拳變為拳眼向前，拳面向上，與嘴相平，頭微抬，目視前方，右手護左拳（圖4-122）。上動不停，左腳向前邁進一步踩出呈虎步，同時，上體隨之左轉向前和左拳臂內旋，右掌護左拳順上弧向前翻轉斬落至體前，低於心窩一拳，左拳變為立拳，右掌護於左手腕處，下頷微收，目視前方。右勢與之相同，唯方向相反。

圖4-123

6.追風炮

追風炮之命名，追風炮係鑽打之法。因其打時丹田滾動，起臂微轉，側捧上架，如追風趕月，故名。其要領是由下而上起，要兩手翻有勁，起時鑽撐，落時捧炸。

【行功方法】六合起勢（左勢），重心移於左腿，右腳過左腳向前邁進一步置於左腳前呈右虛靈步束身勢，右臂外挎，隨之，左臂與右臂交叉，兩臂上滾（圖4-123），上動不停，右腳向前踩出呈虎步，雙臂翻轉右前左後下押於丹田處。右勢與之相同，唯方向相反。

圖4–124　　　　　　圖4–125　　　　　　圖4–126

其他炮拳

1. 根節炮

【**行功方法**】六合起勢（左勢），重心移於右腿，左腳置於右腳前呈左虛靈步束身勢，雙手左手在上，右手貼於左肘內旋向上裹挫，要撐於對方肩窩，不停，左腳向前踩出呈虎步，隨展身兩手裡旋上翻下押，抖江水拍岸之勁（圖4–124）。右勢與之相同，唯方向相反。

2. 中節炮

【**行功方法**】六合起勢（左勢），重心移於右腿，左腳過右腳向左前方邁進一步踩出呈虎步，左手立肘由右向左橫撥，右手貼於左肘向前打出（圖4–125）。右勢與之相同，唯方向相反。

3. 五行炮

【**行功方法**】六合起勢（左勢），重心移於右腿，左腳抬起置於右膝內側，雙手交叉左手在前，右手在後上剪，隨之翻扣，再向上架起（圖4–126），上動不停，左

腳向前踩出呈虎步，隨展身兩手裡旋上翻下押，抖江水拍岸之勁。右勢與之相同，唯方向相反。

4. 挨身炮

【行功方法】六合起勢（左勢），左腳前寸，右腳向左腳併攏呈束身勢，左手立肘下押，右手握拳從左肘底下打出（圖4- 127），上動不停，左腳前寸，右腳跟進，左手立肘下押，右手握拳從左肘底下打出，循環前進。

圖4-127

五膀

第八節　五 膀

身法、步法、膀法為戴氏心意拳的三大基本功法。膀為上肢之根，在貼身近戰中有重型炸彈之威。膀法共有十餘種，走五種勁路，即裡扣、外擺、上頂、下押、直穿，故稱為五膀。分別為：裹風膀、雲摩膀、犁行膀、押摩膀、臥虎膀；另有：鷂入林膀、人字膀、十字披風膀、坡落膀、簸籮膀、鑽拳膀等其他膀法。膀法在貼身靠打中主要運用旋、擺、顛、點、頂、砸、壓、靠、擠等法，由於使用根節攻擊對方，所以在練習和運用時難度較大，練習者需潛心揣摩，實際交手時才可運用。膀法可單練也可合練，無論何種膀法均要體現出兩膀鑽一孔及肩打一陰反一陽之意。膀法的勁節有以下五個特點：

（1）**顛壓法**。由上往下擺壓，擺壓時用顛勁，多用

於鑽拳膀。

（2）**鑽頂法**。由下往上拷撅，拷撅時用起撐勁，多用於犁行膀。

（3）**直穿法**。由束身直鑽起頂，向前斜身直穿而進，多用於臥虎膀。

（4）**擺法**。擺為分，擺時用膀側，多用於雲摩膀。

（5）**點法**。點是擊，點用膀尖，多用於押摩膀。

按特點分類，屬於起膀的有鷂入林膀、裏風膀等；屬於落膀的有鑽拳膀等；屬於擺膀的有簸籮膀、犁行膀、押摩膀、雲摩膀等；屬於頂膀的有臥虎膀等；屬於點膀的可以說十種都可以採用點擊法，只不過起點、落點、擺點、頂點不同而已。按技擊性質分類，屬於進攻性強的有鷂入林膀、裏風膀、鑽拳膀、犁行膀、簸籮膀、臥虎膀等；屬於防衛性的有押摩膀、雲摩膀等。

按氣機性質分類，屬於內氣上提的有鷂入林膀、裏風膀等；屬於內氣下沉的有鑽拳膀等；屬於內氣下沉帶旋轉的有犁行膀、押摩膀、雲摩膀等；屬於內氣下沉旋轉，陰陽轉變幅度較大的有簸籮膀等；屬於內氣橫衝的有臥虎膀等。

按練功形式分類，屬於上盤功式的有鷂入林膀、裏風膀、鑽拳膀、簸籮膀等；屬於中盤功式的有押摩膀、臥虎膀等；屬於下盤功式的有雲摩膀等。

膀法都可以採用「定步」「活步」「地盤步」加以鍛鍊，以增強膀法的靈活性和適應性。但必須練到一定程度才可以多種形式自由靈活鍛鍊，否則就會弄巧成拙。

　　總之，膀法打人，以步小為要。調膀為練膀之擺點法；摩精摸鏡為練膀之上法；裏風膀為練膀之鑽頂法；雲摩膀為練膀之步法、身法；鑽拳膀、犁行膀為練膀之顛壓法；押摩膀、臥虎膀為練膀之直穿法。內中犁行膀以猛為妙，所謂猛者，寸步是也。膀之用法，遠用顛，近用鑽，高用顛，低用鑽，前催則用點穿之法。練膀之時，須手之動作與身法合一，即手若何動，身心若何轉，若身不動，僅手動時，其勁不顯，此為核心。練膀者，果能注意身法，身法若對，即少練亦可，若身法不對，雖多練也是無用。拳勢之快，只是一時之快，非連竄之快。膀法不可用一式之快，須多式連竄之快，才可成功。

五 膀

1.雲摩膀

　　練習雲摩、裏風二膀，若不出步打時用地盤步，只需跟拖不必加寸；倘打時，以後腿頂膀為要。而裏風膀出步打時，前手不可前出，須緊貼丹田，則膀自然抖出；若膀不到，手不妨前出擊人。至其顧時，手下時是斜形，不可不知，主練裏勁。

　　【行功方法】六合起勢（左勢），丹田帶動身體旋轉90°，呈左地盤步束身勢，雙手右上左下，手心相對隨身體旋轉橫裏於丹田處，不停，丹田帶動身體由左向右旋轉180°，雙手左上右下，手心相對隨身體旋轉橫裏於丹田處（圖4-128），隨之再轉回。緊接，兩腳蹬地旋起，重心移於左腿，右腳過左腳向前踩出呈虎步，右肘向前頂出，

| 圖4-128 | 圖4-129 | 圖4-130 |

勁達肘尖（圖4-129）。

【要領】雲摩膀相摩之時，兩手不可高於心口，還要緊貼身體，兩手均是展的，手心相對，前陽後陰，陽在下，陰在上；抖時抖身不抖膀，練此膀是地盤步，以多練轉身為宜，抖時後手心貼身。雲摩步，手心對手心，互相而摩，左右地盤勢，轉起轉落身法不歪。

2.裹風（封）膀

裹風膀為貼身之母。裹風膀身法要束展，前步如催弓，後步如繃蹬。左步在前，左膀裹是順步；右步在前，左膀裹是拗步。肩打一陰反一陽，兩手緊在肋下藏，主練裡扣、下擠勁。

【行功方法】身體面向前方，併腳自然站立，雙手自然下垂於兩腰側，凝神靜氣，自然呼吸。緊接，右腳後撤一步，左腳虛靈，置於右腳前一寸處，右腿彎曲，上身下束，含胸拔背，呈束身勢。同時，左手由丹田處上翻向裡裹，右手護於左肘處，頭向左轉，目視前方（圖4-130）。上動微停，左腳向前踩出呈虎步，左手翻轉裡扣，下押於

圖4-131　　　　　圖4-132　　　　　圖4-133

丹田處，丹田爆發，勁穿於膀向裡扣出，右手護於左肩處
（圖4-131）。

【行進路線】六合起勢（左勢），左右裹四組，左轉
身裹四組收勢。

【要領】裹沉吞守，曲肢疊節，身內化解，左化右
裹，右化左裹。

3. 犁行膀

犁行膀猶如犁耕地，呈犁前行，土兩邊翻，謂起膝挎
打是犁行，下踩鑽擠斜調膀。犁行膀主練外挎、裡扣、下
押勁。

【行功方法】身體面向前方併腳自然站立，雙手自然
下垂於兩腰側，凝神靜氣，自然呼吸。緊接，右腳後撤一
步，左腳虛靈，置於右腳前一寸處，右腿彎曲，含胸拔
背，呈束身勢。上動微停，左腳向左斜前方邁進一步，右
腳提起置於左膝內側，含胸拔背，呈束身勢，同時，右手
由丹田處上翻向外挎，左手護於右肘裡側，目視前方（圖
4-132）。不停，右腳向正前方踩出呈虎步，左手翻轉下

押，丹田爆發，左膀裡扣打出，右手護於左肩（圖4-133）。

【行進路線】六合起勢（左勢），三組半轉身，右手押膀，回勢三組半轉身，右押膀收勢。

【要領】犁行膀身法要束展，步法要前步如催弓，後步如繃蹬，左右膀用何處宜向何落打。

4. 押摩膀

押摩膀兩手均是陰手，前在上，後在下，前手指向後，後手指向前。倘練剪拳帶押摩膀時，前手預先在後手之後，帶推勁押下，則不誤事。此膀有摩自己押別人之說，主練下押勁。

【行功方法】身體面向前方並腳自然站立，雙手自然下垂於兩腰側，凝神靜氣，自然呼吸。緊接，右腳後撤一步，左腳虛靈，置於右腳前一寸處，右腿彎曲，含胸拔背，呈束身勢，不停，左腳向前邁進一步，重心移於左腳，右腳過左腳向前邁進一步踩出呈虎步，同時，左手由丹田處上翻裡挫，右手扶於左小臂，右膀隨右腳向前踩出，翻轉下押，丹田爆發，右膀向前下方打出，勁達膀尖（圖4-134）。

【要領】押時須脆，摩時須沾；縮要疾，展要催，鎖扣擠按，押摸落頂一齊發。

圖4-134

5. 臥虎膀

臥虎膀修煉時，須含虎膽虎威、狐狸心、狸豹身、牛直項、虎抱頭之意。

圖4-135　　　　　　　　　圖4-136

運用時要出奇莫測，不可定勢，主練直穿勁。

【行功方法】身體面向前方並腳自然站立，雙手自然下垂於兩腰側，凝神靜氣，自然呼吸。緊接，右腳後撤一步，左腳虛靈置於右腳前一寸處，右腿彎曲，含胸拔背，呈束身勢。同時，兩手經丹田處上翻，兩肘夾緊，兩手心向裡打開，目視前方（圖4-135）。上動微停，左腳向前踩出呈虎步，兩手翻轉下押於丹田處，丹田爆發，勁傳於膀尖，向前打出（圖4-136）。

【行進路線】六合起勢（左勢），四組轉身，再做四組轉身，六合收勢。

【要領】束身開勁要齊整，腳一沾地反彈疾進，用截法，步落身展膀前頂，打出直穿勁。

五膀連環

五膀連環又稱貫穿練法。起勢六合勢，左右臥虎膀、左右犁行膀、左右雲摩膀、左右裹封膀、左右押摩膀，左後轉身180°，左右臥虎膀、左右犁行膀、左右雲摩膀、左

右裹封膀、左右押摩膀，轉身收勢。

　　總之，膀法在練用中均有共同之處。練時後腿繃蹬並繃直，肩峰骨才可頂出，以猛為要。猛是出膀出寸步，牢記腿不直時肩峰骨不可頂出。前手不可前出，須緊貼丹田，抖膀時不可正抖，膀斜後才可將膀抖出。抖時須自然抖出，抖膀時若膀一抖不到位或不在緊要處，此時才可將緊貼丹田之手，上出摘陰，起肘擊人，反手摸落。這時的出手，必須是擊中帶顧，擊顧時手只需向上呈斜形，這個動作叫補手。用補手可險中出穩，穩中求勝，脫離危險。

第九節　四把

四把

　　四把是戴氏心意拳的傳統功法，為意拳之母，稱之為主力拳。它雖動作不多，然則邏輯嚴謹，前後自然順成。四把謂八式，八式合四拳。橫拳、挑領、斬手、鷹捉，每式一陰一陽為四拳八式。它動作簡練，內容豐富，是一個擅長爆發內勁的功法，稱之為六形合一。它一練眼，二練神，三練身，暗合十大形之意，有以短擊長的技擊特點。其拳技功法，採集心意拳之身法、步法、膀法、五行、形象等拳勢，是一種集自我修身、養性、技擊、觀摩為一體的功法。其中包含的步法有：寸步、踐步、快步、車輪步，包含的身法有：束展、橫送、旋轉、剛柔相濟、快慢相間、陰陽轉換、虛實互用。四把內含四把主拳，包括橫拳、挑頂、鷹爪、斬手炮。如踐步之後加頭手，名引手，此手法無論練用皆要打出滾勁。本法與橫

拳相同為顧擊之手。如打鷂入林將右拳虎口從外轉向下；斬手炮起手不可太高，宜與口齊；車行如風起手與鼻齊。總之，還須拳繞身，身繞拳，此謂潛入橫縱一思機。

四把精義

四把有「以一本心意之靈而散萬殊拳術之妙」，內中，無極而勢，太極而理，一氣混元，兩儀和合，三束、四梢、五行、八字、九歌明瞭，橫滾、斬截、挑頂、捉拿「四勁」俱全，雞腿、龍身、熊腰、鷹膀、猴背、虎抱頭「六藝」合一。左右平衡互練，上合天地之道，下和人生之理。四把以靜為本，以動為用。靜則無極而勢，虛一而靜；動則太極而理，陰陽兩儀。九節九竅九宮轉動，手眼身法步、精神氣力功「十目」皆體及其靜也，心如止水，心智超然。

四把行功順序有如人之成長順序：

（1）**無極勢**：先入無極之境，此時，三際心斷，四象飛空，心智超然，如入太空。

（2）**太極勢**：由無極勢而手抱丹田，端正身軀，進入太極之境。此時，守定靈性，念茲在茲，用志不分，乃凝其神。對應人生，則陰陽相合，生身有孕矣。

（3）**兩儀勢**：由太極勢而調勻呼吸，啟動舒展，進入兩儀境。此時，束為陽，展為陰，吸氣為陰，呼氣為陽，剛柔已分，陰陽已判。對應人生，則男女雖已判明，然其胎兒卻仍在母腹中躁動。

（4）**三才勢**：由兩儀勢進而演成按頭勢，先出頭，

後出手，再出步，以此進入三才之境。此時，形體均現，心意了然。對應人生，則仿如嬰兒出世，先頭後手而再足矣。

（5）**四象勢**：由三才勢進而再演頭手橫拳，二手挑翎，三手鷹捉，四手斬首炮，則進四象勢之境矣。對應人生，則男女之再生也。

（6）**八卦勢**：四拳之內，每拳兩勢，一勢屬陰，一勢屬陽，乘之即為八勢，此已八卦之境矣。如再加前後梢拳、蜻蜓點水、通天炮勢、摩脛（精）摸勁（鏡）等拳，還可再推演成八八六十四卦，推至甚廣，以致無窮。對應人生則萬千世界，衣食住行，男女戀情等，不一而足矣。總之，戴家拳獨以蹲丹田貫穿四把拳藝始終。

四把單操精義

一曰頭，頭為諸陽之首，也是周身運動的主帥，所以行拳時須先按頭，身為主體，步為運動之根，手之變化靈敏。自然界有五行，金、木、水、火、土，即可概括萬物之說。心意拳中以五行拳為要，即劈拳、崩拳、鑽拳、炮拳、橫拳之論。人體中有心、肝、脾、肺、腎，如想體魄健壯，內五臟得到平和，使人延年益壽，可鍛鍊五行拳。

人體五臟脾屬土，五行拳中橫拳屬土，萬物土中生。歌訣曰：「頭把橫拳勢南照」，四把功法中橫拳占首位即此意也。勢南照即練功者須面南背北，與自然學中南極北極，電磁場正極、負極有相應關係。人體前部為陰，背部為陽。古拳譜云：「東方左耳甲木，西方右耳庚辛金，南

方口丙丁火，北方眼壬癸水，中央戊己鼻屬土。」練功時面照南正合此意。五行生剋論中：北方為水，南方為火，水能剋火，自然之理。我位於北方屬水，彼位於南方屬火，兩方相敵，我可剋彼。

二曰挑頂，拳經云：「翻騰有虎豹之猛，反側俱鷹鷂之疾，方有勝算。」此勢專重左右換身，換勁，細心揣摩則能以肩、肘、手制人，使拳藝更進一層。橫拳與挑頂的連接動作是轉輪步，加鷂入林膀。挑頂為大舒大展之勢，四梢發則勁氣通暢，四梢即舌為肉梢，牙為骨梢，髮為血梢，指甲為筋梢。古譜云：「牙要透骨，舌要催齒，髮要衝冠，指要斷筋。」四梢發，練挑頂，是頂勁之要，非五指大參，指勁不能出矣。挑頂是心意拳散手中絕一技藝，所排第二位。

三曰鷹捉，是取十大形之鷹形，拳譜云：「鷹捉四平，足下存身。」鷹的合勁為最佳，其合勁是六合，即心與意合，意與氣合，氣與力合，肩與胯合，肘與膝合，手與足合，內外相合而為一，展示鷹形之抓勁，發揮鷹勢之雄風。動作結構在束身時務必要做到四平勢，即手與口平、肘與心平、膝與胯平、足與膝平。展身時勁力收合於足，足為身之根，為足下存身之意也。又曰：鷹抓屬木，手心屬木，手指屬火，鼻尖屬土，髮際屬金，故鷹捉又名「火到金回」之手。

四曰斬手炮，此勢有剛中而應之德，自然行險而順。妙似鷹虎捉兔，皆知兔去勢所在，當頭捕之有如天然湊巧，此乃技擊必備之法。斬手用「勁」之進退之法，以隨

敵，追敵，連追帶擊，應變無窮。因敵立法，自可獨逞鋒銳也。斬手炮是戴家拳七炮之一炮，其拳屬金，爆發勁力為最。束勢為裏勁、合勁、顧勁，展勢為斬勁、斷勁、勾勁、猛勁、砍勁，總之，以橫起順落為要。

四把拳有四股主勁，為四把功法中之精髓。後有連貫動作單點，單點為併步束勢，是補勁、落勁。落而隨起是通天炮捶，著重於車輪步，以護襠為要，上取下攻之勁，然後有進為攻，退為守，成其天、地、人三才勢。謂四把中最毒之勢，莫過於此。總之，四把是心意拳中融健身強體，進攻防守於一爐的功法。

拳譜曰：起手橫拳勢南照，展開四平前後梢，望眉斬截反見背，如虎搜山斬手炮，車（渠）行如風，鷹捉四平，足下存身；四把鷹熊非尋常，雞蛇鷹虎連環演，如虎搜山截手炮，所向無意純自然；預備行拳首為要，頭把橫拳勢南照，二把挑頂舒四梢，三把鷹捉六合勁，四把斬手逞英豪，演練悟出其中藝，拳理切磋奪魁元。

練起首按頭，車輪步、寸步、踐步，橫拳屬土，鶹入林屬水，挑頂又名挑翎屬火，鷹捉屬木，手心屬木，手指屬火，鼻尖屬土，頭髮邊屬金，此鷹捉所以又名火到金回之手也。斬手炮屬金，車行如風屬土，不退而疊步也，名曰車風入定。

四把拳為四單形之連貫練法，即六合拳論中詩句：起手橫拳勢南照，展開四平前後梢；望眉斬截反見背，如虎搜山斬手炮。

其中含有四種形象及望眉斬截的身法等，即勢勢虎

撲，把把鷹捉，步步不離雞行，反側皆以鷹膀。又身成六式，即雞腿、龍身、熊腰、猴背、鷹膀、虎抱頭，具備踩、撲、裏、束、訣五大格式。

功法詳解

【行功歌訣】

修面摸頭千斤掌，一寸二踐打橫拳；

轉身押塌鑽裏頂，進退鷹抓斬手炮；

追拳單點通天炮，車行如風倒輪手；

四把英雄非等閒，五行六合變勢難；

學者要得真消息，全在動靜兩字間。

【功法名稱】

(1)起勢六合勢；(2)右按頭勢；(3)一寸二踐右橫拳；(4)右鷂入林膀回身；(5)右挑頂；(6)進步左鷹抓；(7)右斬手炮；(8)上步右追拳；(9)右通天炮（車行如風）；(10)左虛靈步左刀輪手；(11)一寸二踐右橫拳；(12)右鷂入林膀回身；(13)右挑頂；(14)退步左鷹抓；(15)上步右斬手炮；(16)併步右單點；(17)右通天炮；(18)左通天炮（車行如風）；(19)左按頭勢；(20)一寸二踐左橫拳；(21)左鷂入林膀回身；(22)左挑頂；(23)退步右鷹抓；(24)左斬手炮；(25)併步左單點；(26)左通天炮（車行如風）；(27)右刀輪手；(28)左橫拳；(29)左鷂入林膀回身；(30)左挑頂；(31)進步右鷹抓；(32)左斬手炮；(33)上步左追拳；(34)左通天炮（車行如風）；(35)右虛靈步右刀輪手；(36)收勢。

第一節

1. 起勢六合勢

兩腳併步站立，兩腳尖向前對齊，兩手摟抱在丹田處，右手在內，左手在外，兩手心勞宮穴與氣海穴相對，口微閉齒叩，舌頂上齶，下頜微收，意守丹田，目視前方（圖4-137）。接上勢，兩腿曲膝下蹲束身，兩腿兩膝相併夾緊，同時隨束身和兩臂外旋，兩手翻轉下落，變為兩手心向前，十指向下，兩掌外緣相併靠在一起，頭微仰，目視前方（圖4-138）。上動不停，兩腳下蹬，兩腿伸直展身，同時兩手隨兩臂內旋，翻轉上起摟抱至丹田處，頭上頂，下頜微收，目視前方。承接上勢，右腳向右橫跨一步，腳尖內扣90°重心移於右腳，右腿曲膝下蹲束身，上體隨之左轉，左腳跟回至右腳前一寸，腳尖上蹺虛懸，呈為左虛靈步；同時，右手心與左臂外側相摩上起至左肩窩處，左手隨左臂內旋下落至左膝內側，變為手心向外，指尖向下，與左膝相平，頭微仰，目視前方（圖4-139）。

圖4-137　　　　　圖4-138　　　　　圖4-139

圖4-140　　　　　　　圖4-141　　　　　　圖4-142

不停，左腳向前踩出呈虎步，雙手在胸前交叉，隨展身左手變掌向前抖出，右手握拳收於右腰側（圖4-140）。

【要領】

（1）束身的同時，必須做到抱肩、裹胯、縮尾、含胸、拔背、提肛，使身形如竹瓦，束身後鼻尖、膝尖與腳尖，上下對齊，成一垂線。

（2）展身時，兩腳心（湧泉穴）下釘，頭頂（百會穴）上頂，有踩塌地和頂破天之意，身軀中正直立，不可左斜右歪，前俯後仰；頭頸正直，虛靈頂勁，不可僵滯。

（3）轉體束身與橫跨左轉步，要勁靈、快速、步穩。

2.右按頭勢

承接上勢，左腳前寸，重心移於左腿，左腿曲膝下蹲束身，右腳跟進提起至左膝內側，腳尖上蹺，呈左金雞獨立步。同時，左臂內旋，左手翻轉上裹至胸前，變為手心向裡，指尖與眉齊（圖4-141）。右手經體前的中線處順下弧翻轉上起至髮際處，變為手心向前，指向上，頭微仰，目視前方（圖4-142）。上動不停，右腳後退一步，

重心落於右腳，右腿曲膝下蹲束身，左腳跟回至右腳前一寸，腳尖上蹺虛懸，呈左虛靈步。同時，右手由髮際經百會、玉枕、啞門，從耳後順弧翻轉押落至體前，低於心窩一拳，變為拳心向上，拳面向前，左手翻轉下落收回洞中（注：丹田為洞中，亦稱虎窩，嘴為洞口）；頭微仰，目視前方。緊接，左腳向前踩出呈虎步，右腳後蹬，右腿繃直展身，同時，左手變掌，順下弧向前射出至體前，高於心窩一拳，右拳收回洞中，右臂曲肘靠在右肋；下頜微收，目視前方。

【要領】進步要快，膝頂要狠，退步束身要勁靈、束快、步穩，進退、起落要連貫協調，一氣呵成。

3. 一寸二踐右橫拳

承接上勢，左腳前寸，重心移於左腿，右腳過左腳向前邁進一步，重心移於右腿，左腳及時跟進置於右腳前一寸，腳尖上蹺虛懸，呈左虛靈步，拳掌姿勢不變，頭微仰，目視前方。緊接，左腳向前踩出呈左虎步，右腳後蹬，右腿繃直展身，同時，上體隨之左轉向前和右臂內旋，使右拳順下弧擰轉向前打出，高於心窩一拳。左掌護於右前臂內側，掌指向前，與右腕相齊，兩臂微曲，下頜微收，目視前方（圖4-143）。

【要領】寸步要大，踐步要遠，出拳要有螺旋擰轉之勁。

4. 右鷂入林膀回身

承接上勢，兩腳以腳跟為軸扭

圖4-143

轉，左腳尖內扣180°，右腳前寸，左
腳跟進，重心移於左腿，左腿曲膝下
蹲束身，右腳置於左腳前呈右虛靈
步。同時，隨身體右後轉束身，左臂
內旋護在右肩窩處，右拳臂外旋順弧
翻轉下落至左膝外側，右拳變掌掌心
向左與膝相平，頭微仰，目視前方
（圖4-144）。

圖4-144

【要領】轉體束身，右膀必須外
擺下塌，再隨上步時膀尖上起頂擊對
方心窩，並且連貫協調、靈活。

5.右挑頂

承接上勢，左腳後蹬，左腿繃直
展身，右腳向前踩出呈虎步，同時，
隨上體右轉，右掌順弧向前上挑，與
髮際相平，右臂伸直，左手經胸腹按
落至襠部，變為手心向下，指向右，

圖4-145

兩掌十指大炸，成為扇形掌，下頜微收，目視前方（圖
4-145）。

【要領】上挑下按要同時進行，下按之掌要勁達掌
心，上挑之掌要勁達肩、臂與指端。

6.進步左鷹抓

承接上勢，右腳前寸，重心移於右腿，左腳過右腳向
前邁進一步置於右腳前一寸處呈左虛靈步束身勢，同時，
左掌隨左臂腕外旋，經胸腹翻轉上起至右肩窩處，變為掌

| 圖4-146 | 圖4-147 | 圖4-148 |

心向左、指向上，與肩相平；右掌姿勢不變，頭微仰，目視前方，緊接，左腳向前踩出呈左虎步。同時，左掌背與右臂的內側相摩前伸至與右掌指相齊時，然後隨兩臂內旋，兩掌順弧向前翻轉抓落至襠部，變為左掌抱右拳，兩臂向下伸直，下頜微收，目視前方（圖4-146）。

【要領】兩掌翻轉抓捉對方頭與胸面部時，必須勁達兩掌指段，並且連貫協調，一氣呵成。

7. 右斬手炮

承接上勢，左腳前寸，重心移於左腿，右腳過左腳向前邁進一步，同時上體隨之左轉，左臂內旋，右臂腕外旋，左手護在右拳輪處，經胸腹翻轉上起至右腮處，右拳變為拳眼向前，拳面向上，與嘴相平，頭微仰，目視前方（圖4-147）。上動不停，右腳向前踩出呈虎步，同時上體隨之右轉向前和右拳臂內旋，左掌護右拳順上弧向前翻轉斬落至體前，低於心窩一拳，右拳變為立拳，左掌護在右前臂內側，下頜微收，目視前方（圖4-148）。

【要領】右拳橫裹翻滾上起與嘴平，勁達拳面，斬截

砸落低於心，勁達拳輪。手眼身法要
連貫協調，一氣呵成。

8. 上步右追拳

承接上勢，右腳前寸，重心移於
右腳，左腳過右腳向前邁進一大步，
右腳跟進，身體下蹲束身，同時，右
拳內旋打落至膝前，左掌護在右拳
背，變為掌指向下，與右拳面相平，
頭微仰，目視前方（圖4-149）。

圖4-149

【要領】上步快，出拳狠，勁達
拳面擊打對方丹田處。

9. 右通天炮（車行如風）

上動不停，重心移於左腿，曲膝
下蹲束身，右腳抬起至左膝內側，腳
尖上蹺與膝相平，成為左金雞獨立
步，同時，左掌與右拳隨兩臂外旋，
順弧向前翻轉上起，擊打對方胸面

圖4-150

部。右拳變為拳心向後，拳面向上，高與眼平；左掌背靠
在右前臂內側，頭微仰，目視前方（圖4-150）。

【要領】上步快、膝頂狠、步法穩，勁達拳面和膝尖。

第二節

1. 左虛靈步刀輪手

承接上勢，右腳向後退進一步，重心移於右腿，左腳
收回置於右腳前呈為左虛靈步，同時，右拳順弧向前押落

圖4-151　　　　　　　圖4-152　　　　　　　圖4-153

收回至洞中，左掌順上弧翻轉劈落至體前，低於心窩一拳，下頜微收，目視前方（圖4-151）。

【要領】右拳臂押落化解彼勢，左掌劈擊對方胸面部時，要勁達掌外緣。

2.一寸二剪右橫拳

承接上勢，左腳前寸，重心移於左腿，右腳過左腳向前邁進一步，重心移於右腿，左腳及時跟進至右腳前一寸，腳尖上蹺虛懸，成為左虛靈步，拳掌姿勢不變，頭微仰，目視前方（圖4-152）。緊接，左腳向前踩出呈左虎步，右腳後蹬，右腿繃直展身，同時，上體隨之左轉向前和右臂腕內旋，使右拳順下弧擰轉向前打出，高於心窩一拳。左掌心護在右前臂內側，掌指向前，與右腕相齊，兩臂微曲，下頜微收，目視前方（圖4-153）。

【要領】寸步要大，踐步要遠，出拳要有螺旋擰轉之勁。

3.右鷂入林膀回身

承接上勢，兩腳以腳跟為軸扭轉，左腳尖內扣180°

圖4-154正　　　　　　圖4-154反　　　　　　圖4-155

重心落於左腿，右腳前寸，左腳跟進，左腿曲膝下蹲束身，右腳置於左腳前呈右虛靈步，同時，隨右後轉體束身和左臂內旋，右拳臂外旋，左掌護右拳順弧翻轉下落至左膝外側，右拳變為拳心向左，拳面向下，與膝相平。左掌繼續護在右前臂內側，頭微仰，目視前方。緊接，右腳前寸一步，左腳跟進至右腳內側，兩腿曲膝下蹲束身，成為併步。同時右拳變為柳葉掌，掌心向左，手指向下，左手心與右臂相摩上起護在右肩窩處，頭微抬，目視前方（圖4-154正、圖4-154反）。

　　【要領】轉體束身，右膀必須外擺下塌，再隨上步時膀尖上起頂擊對方心窩，並且要連貫協調、靈活。

　　4. 右挑頂

　　承接上勢，右腳上一步，左腳後蹬，左腿繃直展身，成為右虎步。同時，隨上體右轉向前，右掌順弧向前上挑，與髮際相平，右臂伸直，左手經胸腹按落至襠部，變為手心向下，指向右，兩掌十指大炸，成為扇形掌，下頜微收，目視前方（圖4-155）。

【要領】上挑下按要同時進行，下按之掌要勁達掌心，上挑之掌要勁達肩、臂與指端。

5. 退步左鷹抓

承接上勢，右腳抬起，重心移於左腿，右腳過左腳向後退一步置於左腳前一寸處呈左虛靈步束身勢，同時，左掌隨左臂腕外旋，經胸腹翻轉上起至右肩窩處，變為掌心向左，手指向上，與肩相平；右掌姿勢不變，頭微仰，目視前方，緊接，左腳向前踩出呈左虎步。同時，左掌背與右臂的內側相摩前伸至與右掌指相齊時，然後隨兩臂腕內旋，兩掌順弧向前翻轉抓落至襠部，變為左掌抱右拳，兩臂向下伸直，下頜微收，目視前方（圖4-156）。

圖4-156

【要領】兩掌翻轉抓捉對方頭與胸面部時，必須勁達兩掌指端，並且連貫協調，一氣呵成。

6. 上步右斬手炮

承接上勢，左腳前寸重心移於左腿，右腳過左腳向前邁進一步，同時上體隨之左轉和左臂內旋，右臂腕外旋，左手護在右拳輪處，經胸腹翻轉上起至右腮處，右拳變為拳眼向前，拳面向上，與嘴相平，頭微抬，目視前方（圖4-157）。上動不停，右腳向前一步，成為右虎步；同時上體隨之右轉向前和

圖4-157

圖4-158

圖4-159

右拳臂內旋，左掌護右拳順上弧向前翻轉斬落至體前，低於心窩一拳，右拳變為立拳，左掌護在右前臂內側，下頜微收，目視前方（圖4-158）。

【要領】右拳橫裹翻滾上起與嘴平，勁達拳面，斬截砸落低於心，勁達拳輪。手眼身法要連貫協調，一氣呵成。

7. 併步右單點

承接上勢，右腳前寸，重心移於右腳，左腳跟進於右腳相併，身體下蹲束身，同時，右拳內旋向前下方點擊，左掌護於右拳背，頭微仰，目視前方（圖4-159）。

【要領】上步快，出拳狠，勁達拳面擊打對方丹田處。

8. 右通天炮

上動不停，重心移於左腿，曲膝下蹲束身，右腳抬起至左膝內側，腳尖上蹺與膝相平，成為左金雞獨立步。同時，左掌與右拳隨兩臂外旋，順弧向前翻轉上起，擊打對方胸面部。右拳變為拳心向後，拳面向上，高與眼平；左

圖4-160　　　　　　　　　　圖4-161

掌背靠在右前臂內側，頭微仰，目視前方。上動不停，右腳向前踩出呈虎步，右手握拳，右臂翻轉下押左腹部。

【要領】要上步快、膝頂狠、步法穩，勁達拳面和膝尖。

第三節

1. 左通天炮（車行如風）

承接上勢，右腳前寸一步，重心移於右腿，左腳抬起至右膝內側，腳尖上蹺與膝相平，成為右金雞獨立步。同時，右掌與左拳隨兩臂外旋，順弧向前翻轉上起，擊打對方胸面部。左拳變為拳心向後，拳面向上，高與眼平；右掌背靠在左前臂內側，頭微仰，目視前方（圖4-160）。

上動微停，左腳向後退一步，重心移於左腿，右腳收回置於左腳前呈為右虛靈步束身勢，同時，左拳順弧向前押落收回至洞中，右掌順上弧翻轉劈落至體前，低於心窩一拳，下頜微收，目視前方（圖4-161）。

【要領】左拳臂押落化解彼勢，右掌劈擊對方胸面

部。

2. 左按頭勢

3. 一寸二踐左橫拳

4. 左鷂入林膀回身

5. 左挑頂

6. 退步右鷹抓

7. 左斬手炮

8. 併步左單點

9. 左通天炮（車行如風）

第四節

1. 右刀輪手

2. 左橫拳

3. 左鷂入林膀回身

4. 左挑頂

5. 進步右鷹抓

6. 左斬手炮

7. 上步左追拳

8. 左通天炮（車行如風）

9. 右虛靈步右刀輪手

第三節、第四節的動作，與第一節、第二節中動作解釋相同，唯方向相反。

10. 收　勢

承接上勢，右腳過左腳後退一步，重心移於右腿，左腳收回至右腳前呈左虛靈步六合勢。上動不停，上體隨之

右轉，兩腳相併站立，成為併步，左拳右掌收回至洞中，左拳變為掌，兩掌摟抱至丹田處，隨之展身，兩手自然垂於身體兩側，目視前方。靜立片刻收功。

第十節　十法摘要

十法摘要

十法摘要是戴氏心意拳的精粹，是融身法、手法、步法為一體功法套路，三節、四梢、五行、身法八要、步法、手法、進法、顧法、三性調養等皆藏於內，十法貫為一體，久練武功必增，為戴家拳的典型功法之一。

第一節

1.預備勢

兩腳併攏，身體自然站立，兩手自然下垂於身體兩側，目視前方，頭頂天，足抓地，呼吸自然，心無所思，謂之無極。靜立片刻，兩手在丹田處緩緩合抱，同時，尾閭提，頭微仰，胸內含，腹內扣，呈倒立圓運動，兩腿慢慢彎曲，呈正立圓運動，兩手擦住兩股溝，小臂外旋邊垂邊翻，兩肘相夾，置於雙腿膝部，手指尖於膝蓋齊，目視前方一點，做束身之法。

上動微停，兩腳用力，身體慢慢直立，兩手回抱於丹田，下額內收，百會上頂，做展身之法。隨之，以兩腳跟為軸，身體左轉90°，重心移於右腿，束身，左腳置於右腳前呈左虛靈步束身勢。

2.押摩掌

承接上勢，左腳向前踩出呈虎步，
右手手心朝上，由右向左回裏，左手手
心朝下，由左向右裏，兩手在丹田處交
叉，上動不停，兩手翻轉，右手虛握拳
回抽至右腰側，左手橫掌向前擠出，手
心朝下，勁達掌外側（圖4-162）。

圖4-162

3.挖地炮

左腳前寸一步，右腳向前邁進一步，腳尖外撇，兩膝
相扣，呈右地盤步，隨身體下勢，左手握拳，手腕翻轉，
由下向起打，右手虛握拳至於右腰側，上動不停，兩腳用
力蹬地旋起，左腳向前邁進一步呈虎步，左手握拳回挎置
於左腰側，右手握拳向前向上沖起。

4.捉邊炮

右腳向前邁進一步，腳尖外撇，呈右地盤步，隨身體
下勢，右手握拳內旋回裏下押，左手握拳從右肘下方打
出。

5.摸邊炮

兩腳蹬地，身體旋起，左腳向前邁進一步，腳尖外
撇，呈左地盤步，隨身體下勢，左手握拳內旋回裏，右手
握拳從左肘下向左向下方打出。

6.通天炮

兩腳蹬地，身體旋起，左腳向前邁進一步，右腳再進
一步，抬腿提膝置於左膝內側，呈左金雞獨立勢，雙手收
回丹田處，隨之，右手握拳由丹田處往起打，左手護於右

| 圖4-163 | 圖4-164 | 圖4-165 | 圖4-166 |

手腕。

7. 地盤犁行膀

右腳向前向下踩出，腳尖外撇，兩膝相扣，呈右地盤步，隨身體下勢，左手握拳，手腕翻轉，下扣至右腳面，丹田橫滾調膀，勁達左膀尖，右手變掌護於左肩內側（圖4-163）。

8. 掛　畫

兩腳蹬地旋起，左腳向前邁進一步，踩出呈虎步，雙手變掌，兩臂在胸前交叉，右手向下向前按至襠部，左手隨身體旋起由下向前向上托與眉齊，勁達兩掌心（圖4-164）。

9. 托　塔

左腳前寸一步，右腳跟進一步，抬起置於左膝內側，呈左金雞獨立勢，右手手腕翻轉由陰變陽，向上裹托，左手下按於襠部（圖4-165）。上動不停，右腳向前踩出呈虎步，右手由掌變拳回掛於右腰側，左手向前推出勁達掌根（圖4-166）。

<table>
<tr><td>圖4-167</td><td>圖4-168</td><td>圖4-169</td></tr>
</table>

第二節

1. 轉身地盤鷂膀

以兩腳跟為軸，向左後旋轉180°，兩膝相扣，呈左地盤步，右手握拳隨轉身下勢下押於左腳面，左手護於右肩，丹田橫滾調膀，勁達右膀尖（圖4-167）。

2. 鮐 形

兩腳蹬地旋起，右腳向前蹬腳，勁達腳跟，兩手隨右腳前蹬交叉前推，掌心朝前（圖4-168）。上動不停，右腳向前踩出，呈右地盤步，上身下勢，兩手內旋隨束身下押於丹田處，隨之，丹田滾扣，兩腳蹬地旋起，左腳向前邁進一步踩出呈虎步，兩手拇指相扣隨展身向前推出，勁達兩掌根。

3. 龜 形

左腳前寸一步，右腳過左腳向前踩出呈虎步，右肘向前頂出，勁達肘尖，左手護於右肘裡側（圖4-169）。上動不停，兩腳蹬地旋起，前後交換呈龜形疊步，左手向前

圖4-170　　　　　　　　　　　圖4-171

摸出，右手回抽置於左臂內側。承接上勢，以左腳跟為軸
右後旋轉180°，右腳抬起置於左膝內側呈金雞獨立勢，上
體束身，右手裏托於右腮處，左手護於右肘內側，隨之，
右腳向前踩出呈虎步，左手向前裏按，右手回抽於左臂內
側，緊接，以右腳跟為軸左後旋轉180°，重心移於右腳，
左腳抬起置於右膝內側呈金雞獨立勢，上體束身，左手裏
托於左腮處，右手護於左肘內側，隨之，左腳向前踩出呈
虎步，左手向前摸出，右手護於左臂內側（圖4-170）。

4. 撥浪鼓手

左腳向前寸一步，右腳過左腳向前踩出呈虎步，左手
虛握拳，內旋翻轉下押，右手握拳隨展身從左臂下方打出。

5. 左燕劈翅

以兩腳跟為軸，向左旋轉90°呈馬步，兩手收回丹田
處，上動不停，右手變八字掌外旋裏架於右耳側，左手外
旋向左側下方劈出，勁達掌外沿（圖4-171）。

6. 燕 形

左腳向左旋轉90°，重心移於左腳，右腳過左腳向前

邁進一步，置於左腳前呈右虛靈步，上體束身，兩手回收至丹田處，上動不停，右腳向前踩出呈虎步，隨展身，右手插向前下方，左手裏推於右肩前，勁達兩掌。

7. 燕子取水

右腳前寸一步，腳尖外撇，左腳過右腳向前邁進一步，呈右仆步，兩手回收至丹田處不停，隨身體下勢，右手外旋裏掛右耳側，左手順左腿內側下挑於左腳內側。

8. 右燕劈翅

兩腳蹬地，身體旋起呈馬步，左手外旋裏掛於左耳側，右手外旋向右側下方劈出，勁達掌外沿。上動不停，身體右轉90°呈右虎步，左掌手腕翻轉，指尖朝下向前下方插推，右手外旋裏架於左肩處，緊接，兩腳跟向左扭轉90°呈馬步，左手外旋裏掛於左耳側，右手順左臂向右側下方劈出，勁達掌外沿。

9. 狸貓上樹迎面掌

右腳向右側方橫跨一步，重心移於右腳，上體束身，左腳置於右腳前呈左虛靈步，左手內旋回裏於丹田處。上動不停，左腳向左前方踩出呈虎步，右手隨展身向前敵面部推擊，勁達勞宮穴，左手護於左腰側。承接上勢，左腳向左前方寸步，重心移於左腳，上體束身，右腳置於左腳前呈右虛靈步，右手內旋回裏於丹田處，隨之，右腳向前方踩出呈虎步，左手隨展身向前敵面部推擊，勁達勞宮穴，右手護於右腰側（圖

圖4-172

4-172）。

10. 墊步撥浪鼓手

左腳墊步，右腳收於左腳前呈右虛靈步束身勢，左手握拳翻轉下押，右手回收至丹田處，不停，右腳向前邁進一步踩出呈虎步，隨之，左手回拉於左腰側，右手握拳向前打出。

11. 收　勢

右腳前寸，重心移於右腳，左腳過右腳向前邁進一步，身體右後轉180°，重心移於左腳；右腳再過左腳後插一步，重心移於右腳，左腳置於右腳前呈左虛靈步，隨之，右手向前向上裹起置於左肩前，左手護襠，上動不停，左腳向右腳併攏身體左轉蹲猴收勢。

第十一節　連環手

連環手

戴氏心意連環手，結構合理，內容豐富，是各種心意手法的巧妙組合。連環手勢勢連環，把把連動，步步緊逼，咬扣連纏，充分體現了戴氏心意拳、肘、膀、胯、膝、足勁節的綜合運用，技擊意義十分獨到，具有心動意到、意到氣行、氣行勁發的功效。常習此拳可疏通筋絡，調整氣血，養身健體。

第一節

1. 預備勢

兩腳併攏，身體自然站立，兩手自然下垂於身體兩

側，目視前方，頭頂天，足抓地，呼吸自然，心無所思，謂之無極。靜立片刻，兩手在丹田處緩緩合抱，同時，尾閭提，頭微仰，胸內含，腹內扣，呈倒立圓運動，兩腿慢慢彎曲，呈正立圓運動，兩手擦住兩股溝，小臂外旋邊垂邊翻，兩肘相夾，置於雙腿膝部，手指尖於膝蓋齊，目視前方一點，做束身之法。上動微停，兩腳用力，身體慢慢直立，兩手回抱丹，下額內收，百會上頂，做展身之法，恢復立正姿勢。

2. 三元手

左手在下，右手在上扣於丹田處，隨之，束身雙手相併兩臂內旋，由丹田處上提至洞口，手指朝前（圖4-173），上動不停，兩腳蹬地展身，兩臂外旋，兩手翻轉，隨展身回扣於丹田處。

3. 日月手

上體左轉90°，左腳向前邁進一步，重心移於左腿，右腳抬起置於左膝內側，腳尖朝前，隨之，上體呈束身勢，右臂外旋上滾，架於頭部上方，左手手心朝下按於襠部（圖4-174），目視前方。

4. 劈地雷

右腳向前邁進一步，身體下勢呈右地盤步束身勢，同時，右手下押回掛於右腰側，左手上裹下劈體前（圖4-175）。

5. 抱月勢

身體直立，重心移於左腳，右腳向後退一步，重心移於右腳，左腳收回置於右

圖4-173

圖4-174　　　　圖4-175　　　　　圖4-176

腳前呈左虛靈步束身勢，兩手隨之收回丹田處。

6. 臥虎勢

接上勢，左腳向前踩出呈虎步，兩手內旋上翻，隨之下押，左膀尖向前打出。

7. 通天炮

左腳前寸，重心移於左腿，右膝向前向上頂起，同時，右手握拳向上打起，左手護於右肘內側。

8. 摩摸手

右腳後退一步，重心移於右腿，左腳置於右腳前呈左虛靈步束身勢，同時，兩手回摸至胸前（圖4-176）。

9. 燕形手

左腳向前踩出呈虎步，兩手右上左下向前擠出，打開勁。

10. 入林膀

左腳前寸一步，重心移於左腿，右腳過左腳向前邁進一步，置於左腳前呈右虛靈步，同時，右膀內扣下押，左手護於右肩內側。上動不停，右腳前寸，左腳跟進，右膀

下旋上頂下押，隨之，右腳向右前方踩出呈虎步，左膀下押，右手護於左肩前。

11. 鑽拳手

右腳顛步，重心移於右腿，左腳過右腳置於右腳前一寸處呈左虛靈步，同時，左臂前抬，右臂置於左肘內側，上動微停，左腳向前踩出呈虎步，左肩下塌打出左鑽拳。

12. 擠按勢

左腳前寸，右腳過左腳呈右地盤步，同時雙手左前右後向前下按（圖4-177）。

13. 墊步勢

左腿旋起顛步，重心移於右腳，左腳向前踩出呈虎步，同時，左手向前打左劈拳。

14. 望月勢

左腳前寸，右腳向前邁進一步，重心移於右腳，左腳再向右腳後側插一步，同時，雙手逆時針旋轉，右手在上，左手在下向前上方推出，目視雙掌（圖4-178）。

圖4-177

15. 旋風肘

上動不停，以雙腳尖為軸，丹田帶動身體由右向左旋轉270°，隨之，左臂曲肘向前打出，右手護於左手腕，緊接，重心移於右腳，左腳收回右腳前呈左虛靈步束身勢，左臂外旋

圖4-178

翻轉下押，隨之，左腳向前踩出呈左
虎步，左臂內旋左手握拳向前點擊，
右手護於左手腕（圖4-179）。

16.鷂形膀

左腳前寸，重心移於左腿，右腳
過左腳向右前方踩出呈虎步，右膀尖
向右前方打出，左手護於右肩處。

17.雞嘴肘

上動微停，右腳前寸，重心移於

圖4-179

右腿，曲腿，左腳抬起置於右膝內側，呈束身勢，同時，
左手外旋下押，翻轉前頂，不停，左腳向前踩出呈虎步，
左手斜下劈，勁達膀尖，右手護於左肩前。

第二節

1.鷂翻身

以丹田為軸心帶動身體由左向右後旋轉180°，右腳向
左腳後倒插一步呈左地盤步，兩手交叉翻轉，左手護於右
肩前，右手護於左腰側。

2.退鮎形

右腳後退一步，重心移於右腳，左
腳置於右腳前呈右虛靈步束身勢，雙手
回抽下押，隨之翻轉打出，左腳向前踩
出呈左虎步（圖4-180）。

3.狸撲食

身體下勢，呈左地盤步，右手下插

圖4-180

於左腰側，左手護於右肩前。上動不停，兩腳蹬地旋起，重心移於左腳，右腳過左腳向前邁進一步，身體下勢，呈右地盤步，左手下插於右腰側，右手護於左肩前。上動不停，兩腳蹬地旋起，重心移於右腳，左腳過右腳向前邁進一步，雙手拇指相扣由下向上抽起，不停，左腳前寸，右腳跟進，雙手翻轉於丹田處，隨之，左腳向前踩出呈虎步，雙手握拳，拳心向下，向前點擊。

4. 右龍形

身體下勢，呈左地盤步，雙手右前左後下押於體前，不停，兩腳蹬地旋起，重心移於左腿，右腳抬起置於左膝內側，同時，雙手裹起，左手護於右肘內側。隨之，右腳向前蹬出，勁達腳跟，不停，右腳落地呈右地盤步，左掌下按於體前，右掌回抽於右腰側，不停，兩腳蹬地旋起呈右虎步，右掌向前推出，勁達掌根，左掌回拉於左腰側。

5. 左龍形

身體下勢，呈右地盤步，雙手左前右後下押於體前，不停，兩腳蹬地旋起，重心移於右腿，左腳抬起置於右膝內側，同時，雙手裹起，右手護於左肘內側，隨之，左腳向前蹬出，勁達腳跟，不停，左腳落地呈左地盤步，右掌下按於體前，左掌回抽於左腰側，不停，兩腳蹬地旋起呈左虎步，左掌向前推出，勁達掌跟，右掌回拉於左腰側。

6. 右虎形

左腳前寸，重心移於左腿，右腳過左腳向前邁進一步，踩出呈虎步，雙手拇指相扣，在左胸前裹挫向前推出，勁達掌根。

7. 蛇尋草

　　重心移於左腿，右腳收回置於左腳前呈右虛靈步，右手由丹田處向前橫裹豎撥，左手護於丹田處，不停，右腳向右前方邁進一步，重心移於右腿，左腳跟進置於右腳前呈左虛靈步，左手由丹田處向前橫裹豎撥，右手護於丹田處。上動不停，重心移於左腿，右腳收回置於左腳前呈右虛靈步，右手由丹田處向前橫裹豎撥，左手護於丹田處，不停，右腳向右前方邁進一步，重心移於右腿，左腳跟進向左前方踩出呈虎步，左手由丹田處向前橫裹豎撥，右手護於丹田處。

圖4-181

8. 貓上樹

　　左腳前寸，兩腳蹬地躍起，雙手內旋翻轉上下裹挫，隨之，左腳過右腳向前邁進一步呈左地盤步，雙手拇指相扣下按於體前（圖4-181）。

第三節

1. 雲摩膀

　　兩腳蹬地旋起，雙手合掌於胸前，上動不停，右腳橫跨一步，左腳過右腳橫跨一步，右腳過左腳再橫跨一步，同時，丹田帶動身體旋轉360°，呈右地盤步束身勢，雙手左上右下，手心相對隨身體旋轉橫裹於丹田處。不停，丹田帶動身體由右向左旋轉180°，雙手右上左下，手心相對隨身體旋轉橫裹於丹田處，隨之再轉回，緊接，兩腳蹬地旋起，重心移於右腿，左腳過右腳向前踩出呈虎步，左肘

向前頂出，勁達肘尖。

2. 螳螂手

左腳前寸，重心移於左腿，右腳過左腳向前邁進一步踩出呈虎步，雙手合掌向前射出，勁達指尖。上動不停，右腳前寸重心移於右腿，左腳置於右膝內側呈右金雞獨立步，同時，兩掌根相挨向上托起。

3. 十字膀

左腳向前踩出呈虎步，左手向前領起勁達肘尖，右手護於丹田處，不停，左腳前寸，重心移於左腿，右腳置於左腳前呈右虛靈步束身勢，右手向前領起勁達肘尖，左手護於丹田處，緊接，右腳前寸，左腳跟進，雙臂交叉下劈，隨之，右腳向前踩出呈虎步，右手斜下劈，勁達膀尖，左手護於右肩前，不停，兩腳疊步，左腳向前踩出呈虎步，左手斜下劈，勁達膀尖，右手護於左肩前。

第四節

1. 轉抖手

以兩腳掌為軸，身體向右後旋轉180° 呈右地盤步，右臂反手回撥，左臂回裏，上動不停，兩腳蹬地旋起呈右虎步，兩手翻轉，右手前穿，左手回拉於胸前（圖4-182）。

2. 乳把手

右腳前寸一步，重心移於右腿，左腳過右腳向前邁進一步，向前踩出

圖4-182

呈左虎步，雙手回裹於丹田處，隨之，上提於膻中穴翻轉，左手在前，右手護於左小臂向前穿出（圖4-183）。

圖4-183

上動不停，左腳前寸一步，重心移於左腿，右腳過左腳向前邁進一步，重心移於右腿，左腳過右腳再向前邁進一步踩出呈左虎步，雙手回裹於丹田處，隨之，上提於膻中穴翻轉，左手在前，右手護於左小臂向前穿出。

3. 連環手

左腳前寸一步，重心移於左腿，右腳過左腳向前邁進一步踩出呈虎步，右拳翻轉向前打出，左臂回拉於左腰側。上動不停，重心移於右腿，左腳過右腳再向前邁進一步踩出呈左虎步，左拳翻轉向前打出，右臂回拉於右腰側。緊接，左腳前寸一步，重心移於左腿，右腳過左腳向前邁出呈左虛靈步束身勢，後墊前寸，雙手互變前擊。

4. 鑽裹剪

右腳前寸一步，重心移於右腿，左腳過右腳向前邁進一步踩出呈虎步，雙臂翻轉回裹於丹田處，上提向前剪出，勁達雙肘。隨之，雙手下押於丹田處。

5. 六合勢

左腳前寸一步，重心移於左腿，右腳過左腳向前邁進一步，隨之，身體向右後旋轉360°，重心移於右腿，左腳置於右腳前呈左虛靈步束身勢。

第五節

1. 連珠炮

右腳前寸，雙腳連進五步，右前左後，雙臂下押，上動不停，左腳前寸，雙腳連進五步，左前右後，雙臂下押。

圖4-184

2. 雙剪肘

右腳前寸一步，重心移於右腿，左腳過右腳向前邁進一步呈束身勢，同時雙臂橫開，隨之，雙臂左下右上相合前穿。上動不停，兩腳後墊前寸，左臂曲肘前頂，隨之翻轉下押打出左膀，勁達膀尖。

3. 五走錘

左腳前寸一步，重心移於左腿，右腳過左腳向前邁進一步踩出呈虎步，同時，右拳前擊，左臂回拉，上動不停，重心移於右腿，左腳向前一步與右腳相併呈束身勢，左拳前擊，右臂回拉，左腳前寸一步，重心移於左腿，右腳過左腳向前邁進一步踩出呈虎步，同時，右拳前擊，左臂回拉，上動不停，重心移於右腿，左腳向前邁進一步踩出呈虎步，左拳前擊，右臂回拉（圖4-184）。

第六節

1. 挑攬手

以兩腳為軸，身體右後旋轉180°，重心移於左腿，右腳向前踩出呈虎步，左臂回裏，右臂外撥（圖4-185）。

圖4-185　　　　　　　　　圖4-186

2. 陽牽手

右腳前寸，重心移於右腿，左腳過右腳向前踩出呈虎步，左手手心朝上，左臂前穿，勁達指尖，同時，右臂翻轉，手心朝下回拉於右胸前。

3. 陰牽手

左腳前寸，重心移於左腿，右腳過左腳向前踩出呈虎步，右手手心朝上，右臂前穿，勁達指尖，同時，左臂翻轉，手心朝下回拉於左胸前。

4. 箭穿雲

右腳向右前方邁進一步，重心移於右腿，左腳過右腳向左前方踩出呈虎步，雙手回拉於胸前，隨之，兩臂翻轉，手心朝下，左前右後向前穿出，勁達指尖。上動不停，左腳向左前方邁進一步，重心移於左腿，右腳過左腳向右前方踩出呈虎步，雙手回拉於胸前，隨之，兩臂翻轉，手心朝下，右前左後向前穿出，勁達指尖（圖4-186）。

5. 鴛鴦掌

重心移於左腿，右腳回收置於左腳前呈左虛靈步束身

圖4-187

圖4-188

勢，雙臂翻轉由右向左橫裹於胸前，不停，右腳向右前方踩出呈右虎步，同時，右臂翻轉手心朝下由左向右橫撥，左手由左向右下方插掌。上動微停，右腳向右前方前寸，重心移於右腿，左腳回收置於右腳前，呈右虛靈步束身勢，雙臂翻轉由右向左畫弧回撥橫裹於胸前，不停，左腳向左前方踩出呈左虎步，同時，左臂翻轉手心朝下由右向左橫撥，右手由右向左下方插掌（圖4-187）。

6. 斜門肘

左腳向左前方前寸，重心移於左腿，右腳收回置於左腳前呈左虛靈步束身勢，右手上翻回裹，左手護於左胸前，不停，右腳向右前方踩出呈右虎步，同時，右臂翻轉，手心朝下，右肘尖向右前方頂擊，勁達肘尖（圖4-188）。

上動微停，右腳向右前方前寸，重心移於右腿，左腳收回置於右腳前呈右虛靈步束身勢，左手上翻回裹，右手護於右胸前，不停，左腳向左前方踩出呈左虎步，同時，左臂翻轉，手心朝下，左肘尖向左前方頂擊，勁達肘尖。

7. 蜓戲水

重心移於左腿，右腳收回置於左腳前呈左虛靈步束身勢，右手虛握拳回裹於右胸前，左手虛握拳護於左腰側，隨之，左腳前墊，右腳跟進，右拳翻轉手心朝下向前點擊。緊接，左腳前墊，右腳跟進，右臂曲肘，肘尖向前點擊（圖4-189）。

圖4-189

上動不停，右腳前寸，重心移於右腿，左腳置於右腳前呈右虛靈步束身勢，雙臂環抱回裹於丹田處。隨之，右腳前墊，左腳跟進，雙臂翻轉下押，右腳蹬，左腳向前踩出呈虎步，雙臂擰轉，左前右後，拳心朝下，向前點擊。

8. 鶴亮翅

以兩腳掌為軸，身體向右後旋轉180°，兩腿交叉，身體下勢呈右地盤步束身勢，同時，雙臂在胸前交叉翻轉亮翅身體兩側。

9. 劈胸掌

兩腳蹬地旋起，重心移於右腿，左腳過右腳向前踩出呈虎步，左掌回裹前挫，右掌護於右肘內側。左腳前寸，重心移於左腿，右腳過左腳向前邁進一步踩出呈虎步，右掌回裹前挫，左掌護於右肘內側（圖4-190）。

10. 連裹拳

右腳前寸，重心移於右腿，左腳過

圖4-190

右腳向前踩出呈虎步，左掌回裹
前挫，右掌護於右腰側。左腳前
寸，右腳跟進，重心移於右腿，
左腳過右腳向前踩出呈虎步，同
時，雙手連環裹挫。

圖4-191

11. 鑽裹剪

左腳前寸，重心移於左腿，
右腳置於左腳前呈左虛靈步束身
勢，同時，左手裡裹，右手外撥
在胸前畫弧，上動不停，右腳向前踩出呈虎步，右肘向前
剪出，勁達肘尖，左手護於右肘內側。

12. 摩摸押

右腳後退一步，重心移於右腳，左腳收回置於右腳前
呈右虛靈步束身勢，同時，右臂翻轉回押於丹田處，上動
不停，左腳向前踩出呈虎步，左臂翻轉，手心朝下，向前
方摸擠，勁達掌外沿（圖4-191）。

13. 收 勢

左腳前寸，重心移於左腿，右腳抬起置於左膝內側，
呈左金雞獨立勢，同時，左手回裹於右肩，右手護於右膝
內側。

上動微停，右腳後退一步，重心移於右腿，左腳置於
右腳前呈右虛靈步束身勢，右手回裹於左肩，左手護於襠
部，隨之，以兩腳為軸，身體向右旋轉90°，慢慢直立還
原呈立正姿勢。

第十二節　聯珠把

聯珠把

聯珠把為戴氏心意拳的又一綜合性套路，取五形、十大形中絕妙手法，上下動之間藏有邏輯關係，多為連環組合，動作快速整潔，實戰攻防鮮明。整套拳法，好學難練為一根頭，不能有斷勁，有一氣呵成之意。

【歌訣】

臥虎射球連環手，臥馬蹬槽連珠炮；

摩擠摸押追風炮，撥來鼓手押摩掌；

白鶴亮翅擊側方，玉女穿梭望月亮；

蟄龍升天穿心腿，挑翎鷹捉滾劈拳；

單點猴形退崩拳，雙把燕子來取水；

退步撕棉手敬掌，馬熊托塔來掛畫；

捉邊摸邊押摩膀，掘地沖天倒輪手；

轉身左右蛇形手，箭穿手接斬手炮；

金雞取嗉追押裡，退步掛腿一瞬間；

蜻蜓點水變雙把，裹拳虎形人字膀；

猿猴獻桃卡脖頸，車行如風連抽把；

摩精摸鏡順腰勢，橫拳抖翎雞束翅；

犁行膀子往前撞，美女梳頭叫門手；

窩心掌擊胸膛，雞形鷂形裹風膀；

剪拳裡拳閃鑽拳，雙把跌膝追風炮；

魁星閘勢十字勁，鐵壁合圍則收場。

圖4-192　　　　　圖4-193　　　　　圖4-194

第一節

1. 預備勢

兩腳併攏，身體自然站立，兩手自然垂於身體兩側，目視前方。頭頂天，足抓地，呼吸自然，氣沉丹田，心無所思，謂之無極。隨之，兩手虛握拳於兩腰側（圖4-192）。頭向左轉，目視左前方。

2. 臥虎直穿

上身左轉90°，右腳後退一步，重心移於右腿，左腳置於右腳前呈左虛靈步，丹田內扣，呈束身勢，左肩沉扭，左手起鑽，肘尖裡扭，虛握拳下押於丹田處，同時，右手豎裹於左肩前，手腕翻轉回掛（圖4-193）。

上動不停，左腳向前踩出呈虎步，左膀向前直穿，勁達膀尖，右手虛握拳於左肩處（圖4-194）。

3. 寸踐射球

左腳前寸一步，重心移於左腿，右腳過左腳向前邁進一步置於左腳前，呈左虛靈步束身勢，雙手握拳交叉翻滾

圖4-195　　　圖4-196　　　圖4-197

押於丹田處左上右下（圖4-195），上
動不停，左腳向前踩出呈虎步，雙手由
丹田處上捧翻滾，左拳前衝於對方心口
齊呈45°，右拳回掛於右耳處（圖4-
196）。

4. 連環手

右腳向前墊一步，左腳仍向前邁進
一步踩出呈虎步，兩臂在腹前連環回
掛，右拳回裏於右腰側，左拳向前打出
（圖4-197）。

圖4-198

5. 臥馬蹬槽

左腳前寸，重心移於左腿，右腳抬
起經左膝內側，向前下方蹬出，勁達腳
後跟，右手握拳向前打出，左手握拳回
拉於左腰側（圖4-198）。

6. 連珠炮

左腳前墊，右腳前推，循環推進，

圖4-199

圖4-200　　　　　圖4-201　　　　　圖4-202

雙手握拳在腹前連環回掛，不停，右腳向前踩出呈虎步，左手握拳向前打出，右手握拳回拉於右腰側（圖4-199）。

7. 追風炮

重心移於右腿，左腳過右腳向前邁進一步置於右腳前，呈右虛靈步束身勢，左臂外挎，隨之，右臂與左臂交叉，兩臂上滾，上動不停，左腳向前踩出呈虎步，雙臂翻轉左前右後下押於丹田處（圖4-200）。

8. 摩擠摸押

左腳前寸，重心移於左腿，右腳過左腳向前邁進一步踩出呈虎步，左臂回拉摩擠於左腰側，右手變掌摸押於腹前（圖4-201）。

9. 押摩掌

以兩腳為軸，身體下勢呈右地盤步，同時，右手回掛於右耳側，左手前戳於對方陰部（圖4-202）。

10. 撥浪鼓手

兩腳蹬地旋起，重心移於右腿，左腳過右腳向前邁進

圖4-203　　　　　　圖4-204　　　　　　圖4-205

一步踩出呈虎步，隨之，右手握拳向前打出，隨之，回拉收於右腰側，左手握拳向前打出（圖4-203）。

11. 白鶴亮翅

重心移於右腿，左腳回撤一步，身體右轉90°下勢，呈右地盤步，雙手雞手在腹前交叉，隨之上翻，向身體兩側拍打（圖4-204）。

12. 玉女穿梭

右腳墊地躍起，重心移於右腿，左腳置於右腳前呈左虛靈步束身勢，同時，雙手雞手在腹前交叉，上動不停，左腳向前踩出呈虎步，雙手翻轉，兩小臂向前擠出（圖4-205）。

13. 推窗望月

承接上勢，兩臂左右橫裹。

14. 蟄龍蹬天

重心移於左腿，右腳從肚裡掏出前蹬，同時，雙手上挫，上動不停，身體下勢，兩膝相扣呈右地盤步，隨之雙手下按。

第二節

1. 挑翎

兩腳蹬地旋起，身體向右後旋
轉180°，重心移於左腿，右腳置於
左腳前，呈右虛靈步，左手上裹護
於右肩，右手下垂護襠，上動不
停，右腳向前踩出呈虎步，右手五
指大炸向前向上挑出，左手下按護
於襠部（圖4-206）。

圖4-206

2. 鷹 捉

重心移於左腿，右腳置於左膝內側呈左獨立步束身
勢，左手下押回裹於胸前，右手護於左臂內側，上動不
停，兩腳疊步，重心移於右腿，左腳置於右膝內側，隨
之，左腳向前踩出呈虎步，左手沿右臂上挫，兩手翻轉下
押回抓於襠部。

3. 斬手炮

重心移於左腿，右腳過左腳向前邁進一步置於左腳
前，呈右虛靈步束身勢，右手雞手裹於右腮前，左手護於
右肘內側（圖4-207）。

上動不停，右腳向前踩出呈虎步，右手雞手向前向下
打出劈拳，左手護於右手手腕處（圖4-208）。

4. 單 點

重心移於右腿，左腳向右腳靠攏併步呈束身勢，右手
握拳向前向下打出，左手護於右拳面（圖4-209）。

圖4-207　　　　　　圖4-208　　　　　　圖4-209

5. 猴　形

重心移於左腿，右腳置於左膝內側呈左獨立步束身勢，上動不停，右手回裹向前向上翻轉前射，左手隨之也向前翻轉前射，緊接，右腳向前踩出呈虎步，雙手拇指相扣，向前推出。

6. 退步崩拳

右腳後退一步，左腳置於右腳前呈左虛靈步束身勢，左手握拳下押回裹護於右拳眼，右手下垂腹前，不停，左腳向前踩出呈虎步，右拳向前向上打出，左拳回拉護於左腰側。

7. 雙　把

右腳墊步，左腳向前踩出呈虎步，雙手拇指相扣向前推出。

8. 燕子取水

左腳前寸，右腳過左腳向前邁進一步，踩出呈虎步，雙手掌托相挨，隨展身左上右下向前推出。

9. 退步撕棉手

右腳後退一步，左腳置於右腳前呈左虛靈步束身勢，左手前挫，右手回按形成撕棉勁（圖4-210）。

10. 敬 掌

承接上勢，左腳向前踩出呈虎步，右手翻轉向前向上裏挫，左手回按護於右肘內側。

圖4-210

11. 馬熊合一

左腳前寸，重心移於左腿，右腳抬起置於左膝內側，隨之，雙臂在胸前打開勁，上動不停，右腳向前踩出呈虎步，右手回拉於右腰側，左手握拳下闖於右膝處。

12. 托塔掛畫

右腳前寸，重心移於右腿，左腳抬起置於右膝內側，隨之，右手上托，左手下按，上動不停，左腳向前踩出呈虎步，左掌前推，右手握拳回拉於右腰側。

13. 捉邊摸邊炮

左腳前寸，右腳過左腳向右前方邁出呈虎步，右手翻轉雞手向右前方打出。上動不停，右腳前寸，左腳過右腳向左前方邁出呈虎步，左手翻轉雞手向右前方打出。

14. 押摩膀

左腳前寸，重心移於左腿，右腳向前邁進一步，兩腿交叉呈地盤步，左臂翻轉下押，右手護於左肩前。

15. 掘地炮

承接上勢，左臂翻轉上勾，隨之，兩腳蹬地旋起，左

腳過右腳向前邁進一步踩出呈虎步，右手握拳向前向上打出，左手握拳回拉於左腰側。

16. 沖天炮

左腳前寸，重心移於左腿，右腳抬起置於左膝內側，隨之，右拳向前向上打出，左手護於右臂內側（圖4-211）。

圖4-211

17. 倒輪手

右腳後退一步，重心移於右腿，左腳置於右腳前呈左虛靈步束身勢，右手回抽，左手前劈。

18. 蛇形手

重心移於右腿，左腳向左前方邁進一步踩出呈虎步，左手雞手回裏翻轉向左前方橫撥，右手雞手手心朝上置於右腰側。

上動不停，左腳前寸，重心移於左腿，右腳經左腳身體向右後轉180°，右手雞手回裏翻轉向右前方橫撥，左手雞手手心朝上置於左腰側。

第三節

1. 箭穿手

右腳前寸，重心移於右腿，左腳過右腳向前邁進一步，置於右腳前呈左虛靈步束身勢，左手向前穿出，右手回裏於左肩前，不停，左手回抽，右手向前穿出，隨之，左腳向前踩出呈虎步，左手向前穿出，右手回裏於左肩前。

圖4-212　　　　　圖4-213　　　　圖4-214

2. 斬手炮

左腳前寸，重心移於左腿，右腳過左腳向前邁進一步踩出呈虎步，右手上挫向下斬截，左手護於右手手腕處。

3. 追押裡拳

右腳前寸，左腳跟進，同時，右手握拳前追（圖4-212）。不停，右腳後退一步，左腳置於右腳前呈左虛靈步束身勢，雙手下押於腹前（圖4-213）。

圖4-215

隨之，左腳向前踩出呈虎步，雙臂翻轉向前打出（圖4-214）。

4. 金雞取嗉

左腳前寸，重心移於左腿，右腳過左腳向前邁進一步，重心移於右腿，左腳抬起置於右膝內側，雙手雞手裡裹，左前右後向前射出（圖4-215）。

5. 掛 腿

右腳後退一步，左腳隨之後掛，雙手回摸。

圖4-216　　　　　圖4-217　　　　　圖4-218

6. 蜻蜓點水

左腳前寸，重心移於左腿，右腳抬起置於左膝內側，右手握拳向前點擊（圖4-216）。

7. 摟　把

右腳後退一步，左腳置於右腳前呈左虛靈步束身勢，雙手左前右後回摸，隨之，左腳向前踩出呈虎步，雙手拇指相扣向前推擠（圖4-217）。

圖4-219

8. 裹　拳

左腳前寸，重心移於左腿，右腳過左腳向前邁進一步，置於左腳前呈虛靈步，雙手左右橫裹（圖4-218），然後拇指相扣向前推擠。

9. 人字膀

右腳前寸，重心移於右腿，左腳經右腳向左前方邁進一步踩出呈虎步，同時，右手回裹於左肩前，左手下押於右腹後，勁達左膀尖（圖4-219）。

圖4-220   圖4-221

10. 手起身落

身體右轉，右腳向右前方寸步，重心移於右腿，左腳抬起置於右膝內側呈右獨立步束身勢，雙手相併上托於口（圖4-220）。

11. 抽 把

左腳後退一步，重心移於左腿，右腳置於左腳前呈右虛靈步束身勢，雙手左前右後回摸於腹前，上動不停，右腳向右前方邁進一步，重心移於右腿，左腳抬起置於右膝內側呈右獨立步束身勢，雙手相併由腹前向上抽起。

12. 摩精摸鏡

右腳向右側邁步，左腳跟進，隨之，左腳向左側邁進，右腳跟進，雙手在身體兩側摩摸。

13. 順腰勢

右腳後退一步，重心移於右腿，左腳置於右腳前呈左虛靈步束身勢，右手握拳於右腰側，左手護右拳，不停，左腳向前踩出呈虎步，右拳向前打出，左手護於右腕處（圖4-221）。

圖4-222　　　　圖4-223　　　　圖4-224

14. 金雞抖翎

身體向後轉180°，重心移於左腿，右腳向前踩出呈虎步，右臂上撐，左手向左下方劈出（圖4-222）。

15. 金雞束翅

左腳上步，重心移於左腿，右腳置於左腳前呈右虛靈步束身勢，左手回裏於右肩前，右手下押於左腰側（圖4-223）。

16. 犁行膀

承接上勢，重心移於左腳，右腳抬起置於左膝內側，右手上裏，左手護於右肘內側（圖4-224）。

隨之，右腳向前邁進一步踩出呈虎步，左手回裏下押於右膝前，右手護於右腰側。

第四節

1. 美女梳頭

左腳前寸，重心移於左腿，右腳抬起置於左膝內側呈左獨立步束身勢，左手回裏於面前，不停，左手下押於左

圖4-225　　　　　圖4-226　　　　　圖4-227

腰側，右手上提於耳側（圖4-225）。

2.叫門手

右腳後退一步，左腳置於右腳前呈右虛靈步束身勢，左手手背向前向上打出，右手護於左腰側（圖4-226）。

3.窩心掌

左腳前寸，右腳過左腳向前邁進一步踩出呈虎步，左手收於左腰側，右手立掌向前推出（圖4-227）。

4.雞　形

右腳前寸，重心移於右腿，左腳置於右膝內側呈右獨立步束身勢，左手虛握拳向前點擊，右手護於左肘內側（圖4-228）。不停，左腳向前踩出呈虎步，左臂回裹下押右腰側，勁達左肩，右手護於左肩前（圖4-229）。

5.鷂　形

左腳向前邁進一步，重心移於左腿，右腳向右前方邁進一步，左手護於左腰側，右臂向右前方畫弧下押於襠前（圖4-230）。

圖4–228　　　　圖4–229　　　　圖4–230

圖4–231　　　　圖4–232　　　　圖4–233

6. 剪 拳

右腳向後退一步，重心移於右腿，左腳收回右腳前，呈左虛靈步束身勢，隨之，兩手左右橫裹。左腳向前踩出呈虎步，雙肘向前剪出（圖4–231）。

7. 鑽 拳

左腳前寸，重心移於左腿，右腳過左腳向前邁進一步置於左腳前，呈右虛靈步束身勢，右臂前領，左手護於右肘內側（圖4–232）。上動不停，右腳向前踩出呈虎步，右臂回拉下押，右肘尖對左腳面，勁達右膀尖，左手護於

圖4-234

圖4-235

圖4-236

右肩前（圖4-233）。

8. 追風炮

右腳前寸，重心移於右腿，左腳過右腳置於右腳前，呈左虛靈步束身勢，左臂由左向右裹，右手搭於左臂上（圖4-234）。

上動不停，左腳向前踩出呈虎步，雙手左前右後向前打出（圖4-235）。

圖4-237

9. 雙 把

左腳前寸，重心移於左腿，右腳向前邁進一步置於左腳前，呈右虛靈步束身勢，雙手收於丹田處，上動不停，右腳向前踩出呈虎步，雙手拇指相扣向前推出。

10. 攔馬疊膝

右腳前寸，重心移於右腿，左腳抬起從右膝內側向前蹬出，同時，左手握拳向前打出，右手握拳收於右腰側。

11. 魁星勢

左腳向前落地，重心移於左腿，右腳向左腳相併呈束身勢，雙手橫裹（圖4-236）。上動不停，右腳向前邁進一

步踩出呈虎步，右臂上架，左臂下押於丹田處（圖4-237）。

12. 鐵壁合圍

身體向左旋轉90°，右腳向左腳併攏呈束身勢，雙手合於丹田處，上動不停，身體慢慢直立，雙手隨身體起立分按於身體兩側，行功結束。

第十三節　五趟閘勢錘及續五趟閘勢錘

閘勢是戴氏心意拳一個秘不外傳的傳統功法，也是套路中內容最多、結構最複雜的功法。其特點是結構嚴密，內容豐富，束展幅度大，吞吐變化多。

閘勢

有詩云：起手螳螂世無雙，上下翻飛肘進前。

　　　　　黃鵲落如金彈打，起退落阻得真傳。

　　　　　起為挫落為鈎，步似車輪彈打球。

古譜曰：勢而曰閘，意胡取？手取其鈎阻、撒落，如下禁門之千斤閘。然以螳螂冠於其上者何也？蓋取其起推落阻之勁，或取螳螂擋車，有進無退之意。然此拳非僅閘勢也，而統名之曰：閘勢者，何也，因重視閘勢，故以閘勢名之耳。此拳起是螳螂手，落是閘勢，實含起落不空之意。又螳螂一名天馬，為物之最勇猛者，有進法無退法，有起推落阻之勁。其食物用刁形，足兒著地如雷聲，打一把螳螂手屬之。又螳螂轉輪示勇，氣懾齊壯，拒斧見，稱捷逾天馬，阻者止也。

附：螳螂閘勢是山東螳螂拳師金世魁所傳授，有五趟

圖4-238　　　　　　　圖4-239

閘勢及續五趟閘勢，其中有心意拳之拳法，並以心意為主。

閘時是退而進，例如：右手閘時，退左足於右足之側，再出右足閘下，閘下時可變推掌。又閘勢即螳螂手之落法也。

第一趟

1. 起 勢

身體站立，兩手自然垂於身體兩側，靜立片刻，兩腿微曲，丹田回扣呈束身勢，同時，兩手上提翻轉於身體兩側（圖4-238）。

2. 臥虎勢

以兩腳為軸，丹田旋轉，身體向左旋轉90°，重心移於右腿，左腳置於右腳前呈左虛靈步束身勢，上動不停，左腳向前踩出呈虎步，兩臂翻轉下押前頂，勁達膀尖。

3. 一寸二剪射球勢

左腳前寸，重心移於左腿，右腳過左腳向前邁進一

圖4-240　　　　　　　　圖4-241

步，左腳再過右腳向前踩出呈虎步，同時，雙手翻轉下
押，然後，右臂翻滾上架，左手虛握拳向前擊打（圖4-
239）。

4. 雙閘勢

　　右腳後退一小步，重心移於右腿，左腳過右腳向後退
一步，重心移於左腿，右腳置於左腳前呈左虛靈步束身
勢，右臂曲肘上剪，不停，右腳向前踩出呈虎步，右臂下
押於丹田處，勁達膀尖（圖4-240）。

　　左腳後退一小步，重心移於左腿，右腳過左腳向後退
一步，重心移於左腿，左腳置於右腳前呈右虛靈步束身
勢，左臂曲肘上剪，不停，左腳向前踩出呈虎步，左臂下
押於丹田處，勁達膀尖。

5. 魁星勢

　　左腳前寸，重心移於左腿，右腳向前與左腳相併呈束
身勢，同時，右臂上裹下押，隨之，左臂上裹下押展身
（圖4-241）。

6. 上步連環手

重心移於右腿，左腳向前踩出呈虎步，右臂下押於右腰側，左手虛握拳向前擊打。

上動不停，左腳前寸，重心移於左腿，右腳過左腳向前邁進一步踩出呈虎步，左臂翻轉回拉於左腰側，右手虛握拳向前擊打。

第二趟

1. 撥浪鼓手

重心移於右腿，左腳向前踩出呈虎步，右臂下押於右腰側，左手虛握拳向前擊打，上動不停，左腳前寸，重心移於左腿，右腳過左腳向前邁進一步踩出呈虎步，左臂翻轉回拉於左腰側，右手虛握拳向前擊打。

2. 一馬三箭

重心移於右腿，左腳向前踩出呈虎步，右臂下押於右腰側，左手虛握拳向前擊打，上動不停，重心移於右腿，左腳收回右腳前呈左虛靈步束身勢，左臂下押於左腰側，隨之向前踩出呈虎步，右手虛握拳向前擊打。

3. 攔馬踏膝

左腳前寸，重心移於左腿，右腳抬起置於左膝內側，左手虛握拳向前擊打，上動不停，右腳向前下方蹬出，右手握拳收回右腰側，左手虛握拳向前擊打（圖4-242）。

圖4-242

第三趟

1. 單劈單點

以兩腳為軸，身體向左旋轉90°，重心移於左腿，右腿抬起，置於左膝內側呈金雞獨立勢，同時，右掌由右向左回劈，左拳點擊前方（圖4-243）。

2. 單砸錘（馬奔蹄）

右腳後退一步，重心移於右腳，左腳置於右腳前呈右虛靈步束身勢，同時，左掌由左向右回裹，右臂上掛。上動不停，左腳向前踩出呈虎步，右臂下砸，勁達膀尖，左手回拉於左腰側（圖4-244）。

3. 左右犁行膀

左腳前寸，重心移於左腿，右腳抬起，隨之，右臂翻轉，右手握拳，上擊於左前方，左手握拳護於右臂內側（圖4-245），緊接，右腳向右前方踩出呈虎步，左臂經由外側下砸，勁達膀尖，右手回拉於右腰側。

上動不停，右腳前寸，重心移於右腿，左腳抬起，置

圖4-243　　　　　圖4-244　　　　　圖4-245

於右膝內側，隨之，左臂翻轉，左手
握拳，上擊於右前方，右手握拳護於
左臂內側。緊接，左腳向左前方踩出
呈虎步，右臂經左臂外側下砸，勁達
膀尖，左手回拉於左腰側。

圖4-246

4. 劈胸掌

重心移於右腿，左腳回撤置於右
腳前，呈左虛靈步束身勢，右臂回拉
於右腰側，上動不停，左腳向前踩出呈虎步，同時，右臂
翻轉擰裹，右掌向前裹挫（圖4-246）。

5. 攔馬跌膝

左腳前寸一步，重心移於左腿，右腳抬起向前踏出，
同時，右手回拉於右腰側，左手虛握拳向前打出。上動不
停，右腳著地踩出呈虎步，左手回拉於左腰側，右手虛握
拳向前打出。

第四趟

1. 摩擠摸押

以兩腳掌為軸，身體向左旋轉90°，重心移於右腳，
左腳置於右腳前，呈左虛靈步束身勢，同時，右臂回裹下
押回拉於右腰側，上動不停，左腳向前踩出呈虎步，左掌
向前摸押，勁達掌外沿（圖4-247）。

2. 摧胸貫甲

左腳前寸，重心移於左腿，右腳置於左腳前呈左虛靈
步束身勢，右臂曲肘上擺，勁達肘尖（圖4-248）。

圖4-247　　　　圖4-248　　　　圖4-249

3. 拗勢斬手炮

右腳向前踩出呈虎步，右臂翻轉向前打出，左手護於右肘彎處。

4. 蜻蜓點水

右腳前寸，重心移於右腿，左腳置於右膝內側，呈右金雞獨立勢，左手虛握拳向前點擊（圖4-249）。

5. 剪拳與裡拳

圖4-250

左腳向前踩出呈虎步，雙臂前曲向前頂出，勁達肘尖。上動微停，左腳收回置於右腳前，呈右虛靈步束身勢，同時，兩臂翻轉收回丹田處。上動不停，左腳向前踩出呈虎步，雙手向前打出，勁達掌外沿。

6. 托　塔

左腳前寸，重心移於左腿，右腳置於左膝內側，呈左金雞獨立勢，左手下押，右手上托（圖4-250）。

7. 掛　畫

右腳後退一步，顛地，左腳向前踩出呈虎步，左掌向

前推出，右掌回拉於右腰側。

上動不停，左腳前寸，重心移於
左腿，右腳過左腳向前踩出呈虎步，
左拳向前打出，右拳回拉置於右腰側
（圖4-251）。

圖4-251

第五趟

1.押摩膀

以兩腳為軸，身體向左後旋轉180°，重心移於右腳，
左腳置於右腳前呈左虛靈步束身勢，同時，左臂裏挫，右
手護於左臂內側，上動不停，左腳前寸，右腳過左腳向前
邁進一步踩出呈虎步，隨之，左臂回拉，右臂下押，勁達
右膀尖。

2.左右追風炮

以兩腳為軸，身體下勢，右轉90°呈右地盤束身勢，
同時，左臂曲肘上牮，右臂後拉，上動不停，兩腳蹬地旋
起，重心移於右腳，左腳過右腳向前踩出呈虎步，同時，
兩臂翻轉，左前右後，隨展身向前打出。緊接，以兩腳為
軸，身體下勢，左轉90°呈左地盤束身勢，同時，右臂曲
肘上牮，左臂後拉（圖4-252）。上動不停，兩腳蹬地旋
起，重心移於左腳，右腳過左腳向前踩出呈虎步，同時，
兩臂翻轉，右前左後，隨展身向前打出。

3.左右連珠炮

右腳前寸，重心移於右腿，左腳過右腳向前邁進，重
心仍在右腿，前墊後寸，同時，兩臂在胸前中心線直立圓

圖4-252　　　　　　　　　圖4-253

畫弧前擊。上動不停，重心移於左腿，右腳過左腳向前邁
進，重心仍在左腿，前墊後寸，同時，兩臂在胸前中心線
直立圓畫弧前擊。

4. 左旋右轉

右腳前寸，重心移於右腿，左腳過右腳向前邁進一
步，身體下勢呈左地盤束身勢，同時，右臂立肘下押，左
手握拳從右肘下擊出。上動不停，兩腳蹬地旋起，重心移
於左腿，右腳過左腳向前邁進一步，身體下勢呈右地盤束
身勢，同時，左臂立肘下押，右手握拳從右肘下擊出。

第六趟

1. 起落摸

以兩腳為軸，身體向左後旋轉180°，重心移於右腿，
左腳置於右腳前呈左虛靈步束身勢，同時，左臂曲肘上
裹，右手護於左臂內側，上動不停，左腳向前踩出呈虎
步，兩臂翻轉，手心朝下，下按，隨之，左手回拉於左腰
側，右手下按於胸前（圖4-253）。

圖4-254

圖4-255

2. 左斜門肘

重心移於左腿，右腳向右前邁進一步踩出呈虎步，左臂曲肘由左向右橫打，右手握拳回拉收於右腰側（圖4-254）。

3. 栽錘飛錘

右手握拳下押打栽錘，左手握拳上剪打飛錘（圖4-255）。

4. 右斜門肘

重心移於右腿，左腳向左前邁進一步踩出呈虎步，右臂曲肘由右向左橫打，左手握拳回拉收於左腰側。

5. 栽錘飛錘

右手握拳下押打栽錘，左手握拳上剪打飛錘。

6. 撥浪鼓手

左腳疊步，重心移於左腿，右腳置於左腳前呈右虛靈步束身勢，同時，雙手搓拉，不停，右腳向前踩出呈虎步，右手虛握拳向前打出。

7. 疊肘背錘

重心移於左腿，丹田帶動身體由右向左旋轉90°，右腳與左腳相併呈束身勢，兩臂在胸前交叉，隨之，右腳向右側橫跨一步呈馬步，丹田爆發，兩臂橫頂，勁達肘尖，不停，兩臂翻轉打背錘（圖4–256）。

圖4–256

8. 柳手摸眉

重心移於左腿，丹田帶動身體由左向右旋轉90°，右腳與左腳相併呈束身勢，兩臂在胸前互搓，隨之，右腳向前踩出呈虎步，丹田爆發，右掌向前推出，勁達掌根。上動不停，右腳前寸，重心移於右腿，左腳過右腳向前邁進一步，呈左虛靈步束身勢，兩臂在胸前互搓，隨之，左腳向前踩出呈虎步，丹田爆發，左掌向前推出，勁達掌根。

第七趟

1. 雙 把

以兩腳跟為軸，丹田帶動身體由右向左旋轉180°，重心移於右腿，左腳置於右腳前，呈左虛靈步束身勢，雙手回收於丹田處，上動不停，左腳向前踩出呈虎步，雙手拇指相扣向前打出，勁達掌根。

2. 上下勢

左腳前寸，重心移於左腿，右腳向左腳併攏呈束身勢，左手虛握拳，由左向右橫裹，右手護於丹田處，不停，身

圖4-257　　　　　　　圖4-258　　　　　　　圖4-259

體展身，左手下翻，右手上滾於額前（圖4-257）。

3.一馬三箭

左腳向前邁進一步，重心移於左腿，右腳抬起向前蹬出，同時，左手握拳向前打出，右手握拳回拉於右腰側。

4.角　錘

右腳向前邁進一步，重心移於右腿，左腳過右腳向前邁進一步，踩出呈虎步，雙手握拳收回丹田處，左手在下，右手上掛，兩手握拳向前打出。

上動不停，左腳前寸，右腳跟進，重心再移於右腿，左腳向前踩出呈虎步，雙手握拳收回丹田處，左手在下，右手上掛，兩手握拳向前打出（圖4-258）。

5.雲中撥月

左腳前寸，重心移於左腿，右腳向前蹬出，勁達腳跟，同時，兩臂上滾（圖4-259）。

上動不停，身體下押呈右底盤步，雙手拇指相扣於丹田處，兩腳蹬地旋起，重心移於右腿，左腳過右腳向前踩出呈虎步，雙掌向前推出，勁達掌根。

6.鷂入林膀

身體下勢呈左底盤步，左手護於右肩前，右手下插於體前。

7.掛畫托塔

兩腳蹬地旋起，重心移於左腿，右腳過左腳向前邁進一步呈虎步，右上左下向前按打，上動不停，重心移於左腿，右腳置於左膝內側，左挑右按。

8.中心錘

右腳向前踩出呈虎步，右手虛握拳向前打出，左手虛握拳收於左腰側。

第八趟

1.陰把

承接上勢，丹田帶動身體由右向左旋轉180°，兩手收回丹田處，呈左虛靈步束身勢，不停，左腳向前踩出呈虎步，兩手上裹於洞口，隨之畫一圓弧左前右後下按於體前（圖4–260）。

2.鴛鴦掌

左腳向左前方邁進一步踩出，重心移於左腿，右腳過左腳向右前方邁進一步踩出呈虎步，雙手右上左下由右向左畫一圓弧向右前方打出（圖4–261）。

上動不停，右腳向右前方邁進一步，重心移於右腿，左腳過右腳向左前方邁進一步踩出呈虎步，雙手左上右下

圖4–260

圖4-261　　　　　圖4-262　　　　　圖4-263

由右向左畫一圓弧向左前方打出。

3. 追　錘

左腳前寸，右腳過左腳向正前方邁進一
步踩出呈虎步，右臂上翻，左掌向前推出，
上動不停，右腳前寸，左腳過右腳向正前方
邁進一步踩出呈虎步，左臂上翻，右掌向前
推出（圖4-262）。

4. 地　銳

圖4-264

左腳向後退一步，呈右地盤步，左手握拳上擊，右手
握拳置於丹田處（圖4-263）。

5. 天　擊

兩腳蹬地旋起，重心移於右腿，不停，左腳向前邁進
一步，墊步，右膝抬起上頂，右拳隨右膝向上擊打（圖
4-264）。

6. 和尚撞鐘

右腳墊步，重心移於右腿，左腳向前踩出呈虎步，雙
手打開勁，頭前頂，勁達前額（圖4-265）。

圖4-265　　　　　　圖4-266　　　　　　圖4-267

　　上動不停，重心移於左腳，右腳過左腳向前邁進一步，左臂下押回拉於左腰側，右拳向前打出。

第九趟

1.前後梢錘

　　身體向左後旋轉180°，重心移於右腳，左腳置於右腳前呈左虛靈步束身勢，雙手握拳置於身體兩側，上動不停，左腳向前踩出呈虎步，左手握拳向前打出，右手握拳向後甩擊（圖4-266）。

2.左右砸錘

　　左腳前寸，重心移於左腿，右腳過左腳向前邁進一步踩出呈虎步，同時，右手握拳回掛再向前砸出，左手護於右肘內側（圖4-267），上動微停，右腳前寸，重心移於右腿，左腳過右腳向前邁進一步踩出呈虎步，同時，左手握拳回掛再向前砸出，右手護於左肘內側。

3.栽　錘

　　左腳前寸，重心移於左腿，右腳置於左腳前呈右虛靈

圖4-268　　　　　　圖4-269　　　　　　圖4-270

步束身勢，雙手握拳於丹田處，隨
之，右腳向前踩出呈虎步，雙手握
拳向前栽打（圖4-268）。

4. 擺　錘

右腳前寸，左腳過右腳向前邁
進一步踩出呈虎步，雙手握拳向身
體兩側擺擊（圖4-269）。

5. 角　錘

左腳前寸，右腳過左腳向前邁

圖4-271

進一步踩出呈虎步，雙手握拳翻轉回擊（圖4-270）。

6. 截　錘

右腳前寸，左腳過右腳向前邁進一步踩出呈虎步，雙
手握拳向身體前方截擊（圖4-271）。

7. 追　錘

左腳前寸，右腳向左腳併攏呈束身勢，雙手握拳向前
追擊（圖4-272）。

圖4-272

圖4-273

第十趟

1. 左右裹風膀

左腳墊，重心移於左腿，右腳向前邁進一步踩出呈虎步，右手握拳向前打出，左手握拳收於左腰側。上動不停，身體向左後旋轉180°，重心移於右腿，左腳置於右腳前呈左虛靈步束身勢，左手雞手橫裹，右手護於左肘內側，不停，左腳向前踩出呈虎步，左手下押於丹田處，左腳前寸，重心移於左腿，右腳置於左腳前呈右虛靈步束身勢，右手雞手由右向左橫裹，隨之，右腳向前踩出呈虎步，右手回裹下押，手腕翻轉向前筟肘。

2. 滾手地盤

以兩腳掌為軸，身體向左後旋轉180°，呈左地盤步束身勢，同時，右手下劈，左手護於右肩前（圖4-273）。

3. 敵　球

右腳墊，身體旋起，重心移於右腿，左腳前蹬呈束身勢，兩手手心相背於丹田處，不停，右腳向前踩出呈虎

圖4-274　　　　　　圖4-275　　　　　　圖4-276

步，兩手翻轉向前托擊（圖4-274）。

4.臥 盤

以兩腳為軸，身體向後旋轉180°，呈右地盤步束身勢，左手下押右腳前，右手護於左肩前（圖4-275）。

5.霹靂（追風）掌

兩腳蹬地旋起，重心移於右腿，左腳置於右腳前向前踐步，雙掌在胸前畫弧劈擊（圖4-276）。

6.中心錘

承接上勢，重心移於左腿，右腳向前邁進一步踩出呈虎步，右手握拳向前打出，左手回拉於左腰側。

總 回

1.白鶴亮翅

以兩腳為軸，身體向左旋轉90°，右腳向左腳後倒插一步，呈左地盤步束身勢，兩臂翻轉在胸前交叉下押於身體兩側。

2. 射球勢

兩腳蹬地旋起，重心移於左腿，右腳向前踩出呈虎步，同時，右手握拳回掛於右耳側，左手握拳向前打出。

3. 探海捶

右腳後退一步，身體下蹲呈左地盤步束身勢，右手握拳下押於右腳面，左手回掛於左耳側（圖4-277）。

圖4-277

4. 踐步射球勢

兩腳蹬地旋起，重心移於右腿，左腳過右腳向前邁進一步踩出呈虎步，右手握拳回掛於右耳側，左手握拳向前打出。

5. 四閘勢

右腳後退一小步，重心移於右腿，左腳過右腳後退一步，重心移於左腿，右腳置於左腳前呈左虛靈步束身勢，右臂曲肘上剪。上勢不停，右腳向前踩出呈虎步，右臂下押於丹田處，勁達膀尖；左腳後退一小步，重心移於左腿，右腳過左腳向後退一步，重心移於右腿，左腳置於右腳前呈右虛靈步束身勢，左臂曲肘上剪；不停，左腳向前踩出呈虎步，左臂下押於丹田處，勁達膀尖。

6. 魁星勢

右腳向左腳相併呈束身勢，同時，右臂上裹下押，隨之，左臂上裹下押展身。

7. 收　勢

承接上勢，左腳前寸，重心移於左腿，右腳向前邁進

一步踩出呈虎步，同時，右臂上裹於頭部上方，左臂下押於丹田處。上動不停，以兩腳為軸，身體向左後旋轉180°，重心移於左腿，右腳置於左膝內側，呈左獨立步束身勢，左手裹於右肩前，右手護於襠部。隨之，右腳後退一步，重心移於右腿，左腳置於右腳前呈左虛靈步束身勢，同時，右手護於左肩前，左手護於襠部。微停，身體右轉90°，左腳與右腳相併，身體直立收功。

第十四節　六合拳

六合拳

　　六合拳，是戴氏心意散手的綜合訓練技法，其中蘊含了戴氏心意徒手拳的21種手法、10種步法、4種膀法、5種腿法，集中體現了戴家拳勁力起、落、橫、順的綜合變化。

　　六合拳，合起來練，手法環環緊扣，步法變化多端，膀法連綿不斷，具有很高的欣賞性和健身性；拆開來練，身法束展分明，拳勢把把陰陽，招法勁節細膩，充分展現了戴家拳「拳打臥牛之地」的特徵，具有獨到的技擊性。

【歌訣】

截手六合察四方，弓箭虎步占中央；
游龍戲水劈地雷，蟄龍蹬天穿心腿；
烈馬分鬃擊敵膛，單剪追風往前追；
裹拳連環攻中防，寸步劈拳橫變順；
水中按瓢陰陽魚，手足合一上下托；
二龍戲珠點步亭，攔馬跌膝轉燕形；

進退連環臥虎膀，催胸貫甲補單點；

押擱前衝雙擺頭，靈蛇展身前後梢；

寸踐虎步連珠炮，坐盤掘地帶上剪；

柔身探海補單點，通天變裡劈肋間；

提藍崩拳固中進，射球莫忘捅穴間；

墊步快步丟摟抽，鍾馗穿靴雙托手；

鷂子束翅穿林術，綿裡藏針內藏追；

起手螳螂展身錘，下頂上押連環手；

拗步地瑞一瞬間，鷹捉四平步要奸；

撥浪鼓手往前穿，單劈單點單闖錘；

翻手地盤鷹捉兔，江水拍岸取中央；

六勢連環勢更巧，白鶴玉女穿梭手；

蛇形柔進顧中取，猿猴獻桃取天咽；

捉邊摸邊兩旁打，背角走林變乳把；

黑熊出洞左右擊，疊肘背錘兩旁打；

狸貓撲鼠迎面掌，疾步前寸雙陰手；

魁星闖勢十字勁，靈猿歸元來收場。

第一節

1. 靈猿出洞

兩腳併攏，身體自然站立，兩手自然垂於身體兩側，目視前方。靜立片刻，身體下勢束身，兩手邊垂邊翻，兩肘相夾，置於雙腿膝部，手指尖與膝蓋齊，收臀、裹胯、縮尾，丹田回扣，含胸拔背，兩肩下沉，頭要微仰卻要正，目視前方一點，做蹲猴勢。隨之身體慢慢直立，兩手

回抱丹田，下額內收，頭部上頂，
丹田翻滾內收，挺胸豎脊。上動微
停，以右腳跟為軸，身體左轉
90°，重心移於右腿，束身，左腳
置於右腳前呈虛靈步，隨束身左手
手心朝外，下垂於左腿內側，右手
手心朝下置於左肩處，右肩自隨，
右手刀掌隨丹田橫轉出手，左手回
掛收至左腰側（圖4-278）。

圖4-278

上動不停，丹田由左向右橫
滾，左腳向前踩出呈虎步，右手虛
握拳回裹收至右腰側，左手變刀掌
向前抖出（圖4-279）。

2. 游龍戲水

承接上勢，重心移於右腳，左
腳收回右腳前，呈左虛靈步束身

圖4-279

勢，左手隨左腳收回內旋回裹至左胸前，上動不停，左腳
向前邁進一步，腳尖外撇，身體下勢呈左地盤步，隨之，
右手從右腰側裹挫於胸前與左手交叉，不停，左手外旋回
抽至左腰側，右手外旋下按於左腳前。

3. 蟄龍蹬天

重心移於左腳，身體由束變展，右手內旋裹起，掛於
右腰側，右腳向前蹬出，勁達腳跟，左手隨右腳前蹬向前
推出，上動不停，右腳向前踩出呈虎步，右手向前推出，
勁達掌外沿，左手回收於左腰側。

4. 青龍探爪

右腳前寸，重心移於右腿，左手在前，右手貼於左臂內側向前裏起，隨之，左腳向前蹬出，勁達腳跟，上動不停，左腳向前落地呈左地盤步，右手變鷹手隨左腳蹬出向前抓出下按於左腳前，左手回收於左腰側，上動不停，兩腳蹬地旋起呈左虎步，左手向前推出，勁達掌外側，右手回收於右腰側。

5. 烈馬分鬃

左腳前寸一步，右腳過左腳向前邁進一步，緊接，左腳繼續向前邁出，右腿有跪意向上抬起，膝與地面平行，同時束身，雙手由丹田向胸前交叉剪起（圖4-280）。

圖4-280

上動微停，左腳向前踩出呈虎步，右手虛握拳向左膝處下扣，左腳前寸，右腳跟進，左手虛握拳隨丹田翻滾向前向下扣出，身體向右橫轉，左膀尖、膝尖、腳尖呈一直線，右手回撥至右腰側。

6. 單剪追風

左腳前寸一步，右腳過左腳向前踩出呈虎步，右手向前剪出，左手護於右肘內側（圖4-281）。

動不停，右腳前寸一步，左腳經右腳向前踩出呈虎步，兩手翻轉向前打出，體現江水拍岸之勢（圖4-282）。

圖4-281

圖4-282　　　　圖4-283　　　　圖4-284

7. 裹拳連環

左腳前寸一步，右腳過左腳向前踩出呈虎步，右手外旋從左肘下方向前向上裹出，上動不停，身體下勢，兩膝相扣呈右地盤步，左肩前送，右肩沉扭，右手回撥至右腰間，左手外旋向前向上挫出（圖4-283）。隨即兩腳蹬地旋起呈右虎步，左手回撥至左腰間，右手外旋手心朝裡，向前向上裹挫（圖4-284）。

圖4-285

8. 捧撐奪疊

右腳前寸一步，重心移於右腿，左腳向前一步置於右腳前呈左虛靈步，左手虛握拳先橫裹後豎挫起於左腮前，右手回撥護於左肘內側（圖4-285）。上

動不停，右腿繃蹬，左腳向前踩出呈虎步，左手向前向下劈擊，右手護於左手腕（圖4-286）。

9. 水中按瓢

重心移於右腿，左腳收回右腳前呈左虛靈步，左手在

圖4-286

圖4-287

圖4-288

前，右手貼於左臂內側回領於胸前，上動不停，左腳向前踩出呈虎步，兩手手心向下按於腹前，勁達勞宮穴（圖4-287）。

10.二龍戲珠

重心移於右腿，左腳後退一步，身體下勢，兩膝相扣呈右地盤步，左手外旋回撥，右手置於右腰側（圖4-288）。上動不停，左腿繃蹬，右膝前挺呈虎步，同時，右手裡旋上挫，左手回抽護於右肘裡側。右腳向後退一步，左腳置於右腳前呈左虛靈步，左手拇指壓著無名指和小指向前向上裹挫，右手回裹於右腰側（圖4-289），上動不停，左腳向前踩出呈虎步，左手外旋向前直戳對方乳部（圖4-290）。

圖4-289

圖4-290

圖4-291　　　　　圖4-292　　　　　圖4-293

11. 跌膝飛燕

左腳前寸一步，右腳跟進一步，抬起置於左膝內側，隨之，右腳向前鑽出，左手回裹至右肩前，右手向前插擊（圖4-291）。右腳向前踩出呈虎步，左手下押，右手上翻向前推擊（圖4-292）。

12. 臥虎膀法

右腳抬起經左膝內側後退一步，左腳緊接後退置於右腳前呈左虛靈步，同時，左手內旋回裹，右手護於左肘內側，上動不停，左腳向前踩出呈虎步，左手下押，左膀向前打出，右手護於左肩前（圖4-293）。

13. 貫甲點水

左腳前寸一步，右腳跟進一步置於左腳前呈右虛靈步，右肘向左橫擺至中門線，左手護於右拳面（圖4-294）。上動不停，右腳向前踩出呈虎步，右手虛握拳向前反背打出，左手護於右拳背（圖4-295）。右腳向前寸一步，左腳跟進與右腳並齊呈束身勢，右手內旋實握拳向前下方點擊，左手護於右拳背（圖4-296）。

圖4-294　　　　圖4-295　　　　　圖4-296

圖4-297　　　　　　圖4-298

14. 烏牛擺頭

　　左腳墊步，右腳置於左腳前呈右虛靈步，同時，雙手握拳在腹前交叉內旋上翻（圖4-297）。

　　上動不停，右腳向前踩出呈虎步，雙手握拳外旋貫擊對方雙耳（圖4-298）。

第二節

1. 靈蛇展身

　　右腳裡扣，左腳外擺，身體向左後旋轉180°，呈左地

圖4-299   圖4-300   圖4-301

盤步，雙手隨身體下勢旋轉下劈（圖4-299）。

上動不停，身體旋起呈左虎步，雙手變刀掌，右手前擊，左手後擊。

2.追風趕月

左腳前寸一步，右腳抬起經左膝內側向前踹出，左手收回左腰側，右手虛握拳隨右腳前踹向前打出（圖4-300）。上動不停，左腳前墊，右腳緊跟，左腳再向前墊步，右腳向前踩出呈虎步，兩手連環出擊。

3.掘地上剪

右腳前寸，重心移於右腿，左腳向前邁進一步，身體下坐，兩腳擰轉呈左地盤步，右手虛握拳收回腰間，左手握拳從右臂上方向前方打出（圖4-301）。

上動不停，兩腳蹬地旋起呈右虎步，右手變掌由右腰側向上向前剪出，左手變掌護於右肘內側。

4.柔身探海

身體向左旋轉90°，重心移於左腿，右腳收回左腳前呈右虛靈步，右臂外旋裡挎（圖4-302）。

圖4-302

圖4-303

圖4-304

上動不停，身體向右旋轉90°，右腳向前踩出呈虎步，右臂裡旋外擺反背打出，左手護於右肘裡側。

5. 通天變裡

右腳前寸一步，左腳過右腳向前邁進一步，緊接右腳再向前邁進一步，提起於左膝內側，同時，右手外旋下扣再內旋上翻，打通天炮，左手護於右手腕（圖4-303）。上動不

圖4-305

停，右腳向前踩出呈虎步，同時，右手手心朝下在胸前翻轉向前打出，勁達右掌外沿（圖4-304）。

6. 提籃崩拳

右腳前寸一步，重心移於右腿，左腳過右腳向前邁進一步置於右腳前呈左虛靈步，右手回掛於左腹前與左拳相對（圖4-305）。上動不停，左腳向前踩出呈虎步，右手撥轉收於右腰側，左手握拳向前上方打出（圖4-306）。

圖4-306　　　　　圖4-307　　　　　　圖4-308

7. 射球捅穴

左腳前寸一步，右腳向前邁進置於左腳前呈右虛靈步，同時，兩手虛握拳左拳在上、右拳在下，下押於丹田處（圖4-307）。上動不停，右腳向前踩出呈虎步，左手外旋上滾，停於左耳旁，右手向前打出（圖4-308）。

8. 丟摟抽把

右腳前寸一步，左腳向前邁進置於右腳前呈虛靈步束身勢，兩手變掌左上右下回裹至左腰側（圖4-309）。

上動不停，左腳向前踩出呈虎步，兩手拇指相扣由胸前直推而出，緊接，左腳前寸，右腳向前墊步，重心移於右腳，左腳置於右腳前呈虛靈步束身勢，兩手內旋回裹摟於腹前，隨之，左腳向前踩出呈虎步，兩手拇指相扣由腹前向前推出。

上動不停，左腳前寸，右腳過左腳向前邁進一步，重心移於右腳，左腳置於右腳前呈虛靈步束身勢，兩手內旋回裹摟於腹前，隨之，左腳向前踩出呈虎步，兩手拇指相扣由腹前向前上方抽起推出（圖4-310）。

圖4-309　　　　　　　圖4-310　　　　　　　圖4-311

9. 野馬闖槽

左腳前寸一步，重心移於左腿，右腳抬起置於左膝內側，兩手內旋在胸前回剪，上動不停，右腳向右前方踩出呈虎步，兩手外旋下翻向腹前栽出，兩手手背相對。隨之，兩手上翻向前剪出，勁達肘尖，緊接，右腳前寸，左腳跟進，兩手下翻向前押出，勁達前臂。上動不停，以兩腳為軸，身體向左旋轉180°，重心移於右腿，左腳抬起置於右膝內側，兩手內旋在胸前回剪，上動不停，左腳向左前方踩出呈虎步，兩手外旋下翻向腹前栽出，兩手手背相對，隨之，兩手上翻向前剪出，勁達肘尖，緊接，左腳前寸，右腳跟進，兩手下翻向前押出，勁達前臂。

10. 鍾馗穿靴

左腳後撤，重心移於右腳，左腳抬起置於右膝內側，兩手收回丹田處，手腕外翻，兩手在胸前畫弧，置於左膝兩側（圖4-311）。

上動不停，左腳向前踩出呈虛步，同時，兩手手心朝外，手指朝下，向前下方托出（圖4-312）。

圖4-312　　　　　圖4-313　　　　　圖4-314

第三節

1. 鷂子穿林

左腳尖內扣，身體向右後旋轉180°，右腳收回置於左腳前呈虛靈步，上動不停，右腳向前踩出呈虎步，同時，右手在身前繞一圓形，打鷂膀，左手護於右肩前。

2. 綿裡藏針

右腳前寸一步，左腳向前邁進置於右腳前呈虛靈步，同時兩手在胸前翻滾，左手手心朝外，右手手心朝下，護於左肘內側（圖4-313）。上動不停，左腳向前踩出呈虎步，左手內旋下押，肘尖貼近心口，隨束身左手臂向前射出，右手護於左肘內側（圖4-314）。

3. 起手螳螂

左腳向前寸一步，右腳向前邁進置於左腳前呈虛靈步，同時，左手隨束身回裹至左腰側，右手向前向上領起，肘尖正對對方前胸（圖4-315）。上動不停，右腳向前踩出呈虎步，左手虛握拳從右肘下向前點出，右手回掛

圖4-315　　　　　　圖4-316　　　　　　圖4-317

至右耳邊。

4. 下頂上押

右腳前寸一步，左腳向前邁進一步抬起置於右膝內側，左手在胸前翻轉反背向前點出，右手下押護於左肘內側（圖4-316）。上動不停，左腳向前踩出，右腳緊跟過左腳向前邁進一步呈虎步，右手向前向上剪起，肘尖直對正前方，左手回裏下押護於右肘內側（圖4-317）。

圖4-318

5. 拗步地瑞

右腳前寸一步，重心移於右腿，左腳抬起高不過膝，由左向右掃踢，右手隨束身回裏（圖4-318）。上動不停，左腳向前踩出呈虎步，左手手心朝下向前向下按出，右手回抽至右腰側。

6. 金雞食米

左腳前寸，重心移於左腿，右腳抬起置於左膝內側，兩手左手在上、右手在下，在腹前交叉翻轉呈束身勢，上

動不停，右腳向右側踩出呈虎步，右
手虛握拳向右前方打出，左手護於右
肘內側，緊接，右腳前寸，左腳跟
進，右肘向前剪起，隨之，右腳前
寸，左腳跟進，右肘下翻右膀向下押
擊。上動不停，以右腳為軸向左旋轉
180°，重心移於右腿，左腳抬起置於
右膝內側，兩手腹前交叉翻轉，右手
在上左手在下呈束身勢。

圖4-319

　　上動不停，左腳向前踩出呈虎
步，左手虛握拳向左前方打出，右手
護於左肘內側，緊接，左腳前寸，右
腳跟進，左肘向前剪起，左腳前寸，
右腳跟進，左肘下翻左膀向下押擊。

7. 鷹捉四平

　　左腳向前踩出，右腳向前墊步，
左腳再向前邁進提起置於右膝內側，

圖4-320

左手外旋翻扣，右手護於左手腕處（圖4-319）。

　　上動不停，左腳向前踩出呈虎步，兩手由洞口向前向
下扣押於襠部（圖4-320）。

8. 撥浪鼓手

　　左腳前寸一步，右腳向前邁進一步置於左腳前呈虛靈
步，左手裡旋下押。

　　上動不停，右腳向前踩出呈虎步，左手外旋回掛至左
腰側，右手虛握拳，向前方打出至對方心窩。

圖4-321　　　　　圖4-322　　　　　圖4-323

第四節

1. 單劈單點

左腳外擺，右腳裡扣，向左後轉180°，重心移於左腿，右腳挫起置於左膝內側，呈束身勢，右手虛握拳隨身回裹於左胸前，左手虛握拳向前點擊（圖4-321）。上動不停，右腳向

圖4-324

右橫跨一步，左腳抬起置於左膝內側，膝有頂意，呈右金雞獨立步，同時，左手內旋回掛，右手外旋回裹於右耳側（圖4-322）。隨之，左腳向前踩出呈左虎步，右手握拳下押於左膝處，左手回拉於左腰側（圖4-323）。

2. 飛鷹捉兔

右腳過左腳向前踩出，腳尖外展，身體迅速下壓呈地盤步，左手虛握拳收回左腰側，右手虛握拳隨身體下勢扣出，勁達膀尖（圖4-324）。上動不停，身體旋起，右腳向前踩出，同時，右手裡旋向右胸前上方打出，左手回拉

圖4-325　　　　圖4-326　　　　圖4-327

於左腰側（圖4-325）。

3. 江水拍岸

重心移於左腿，右腳抬起置於左膝
內側，雙手右手在上，左手貼於右肘內
旋向上裏挫，隨之翻扣，再向上架起
（圖4-326）。上動不停，右腳向前踩
出呈虎步，隨展身兩手裏旋上翻下押，
抖江水拍岸之勁。

圖4-328

4. 六勢連環

右腳尖外展，身體下壓呈半地盤
步，左手裏裏置於右膝外側，右手護於
左肩（圖4-327）。上動不停，左腳向
前踩出，腳尖外展，身體下壓呈左側半
地盤步，右手外旋前挫，左手收回置於
右肘裏側（圖4-328）。上動不停，右
腳向前踩出呈虎步，右手裏旋回裏向前
頂肘，左手護於右拳面（圖4-329）。

圖4-329

圖4-330　　　　　　　圖4-331　　　　　　　圖4-332

　　上動不停，右腳向前寸一步，重心移於右腿，左腳抬起向前蹬出，勁達腳跟，直擊對方丹田處（圖4-330），同時，兩手交叉翻滾上架於頭部上方。上動不停，左腳落地，右腳向前墊步，左腳再向前邁進，置於右腳前呈左虛靈步，同時，兩手翻轉下押於丹田處，目視正前方（圖4-331）。上動不停，左腳向前踩出呈虎步，同時，雙手拇指交叉相扣，由下向上向前抽把抖出（圖4-332）。

5. 白鶴穿梭

　　身體向右旋轉90°，重心移於左腳，右腳向左，過左腳呈地盤步，隨身體下勢右手向左畫弧與左手在腹前交叉，緊接兩腳蹬地旋起，兩手上翻於頭部上方，隨之束身，兩手下押於兩腰側。上動不停，兩腳蹬地旋起，右轉90°呈右虎步，兩手於腹前交叉下翻向前打出，身體右轉90°，重心移於左腳，右腳向左過左腳呈地盤步，隨身體下勢右手向左畫弧與左手在腹前交叉，緊接兩腳蹬地旋起，兩手上翻於頭部上方，隨之束身，兩手下押於兩腰側。

　　上動不停，兩腳蹬地旋起右轉90°呈右虎步，兩手在

圖4-333　　　　　　圖4-334　　　　　　圖4-335

腹前交叉下翻向前打出。

第五節

1.蛇形柔進

　　左腳前寸一步，重心移於左腿，右腳置於左腳前呈右虛靈步，同時，右手收回丹田處，隨束身先內旋再外旋於胸前撥轉（圖4-333）。上動不停，右腳向右斜前方踩出，同時右小臂向右前方滾打，左腳隨之跟進一步，置於右腳前呈左虛靈步，同時束身，右手回裹收回丹田處，左手隨束身先內旋再外旋於胸前撥轉。上動不停，右腳向右斜前方踩出，同時右小臂向右前方滾打，左腳隨之跟進一步置於右腳前呈左虛靈步，同時束身，右手回裹收回丹田處，左手隨束身先內旋再外旋於胸前撥轉（圖4-334）。

2.猿猴獻桃

　　右腳前寸一步，重心移於右腿，左腳抬起置於右膝內側呈束身勢，左手手心朝上前插，左肩前送（圖4-335）。上動不停，右肩前送右手前插，左腳向前踩出呈虎步，兩

手拇指相扣向前推擊。

3. 捉邊摸邊

左腳前寸一步，重心移於左腿，右腳過左腳向前邁進一步，腳外撇，身體下勢，兩膝相扣呈右地盤步，左手回掛下押，右手從左小臂上方向前打出。緊接，兩腳蹬地旋起呈左虎步，右手回掛下押，左手從右小臂上方向前打出。上動不停，右腳前寸一步，重心移於右腿，左腳過右腳向前邁進一步，腳外撇，身體下勢，兩膝相扣呈左地盤步，右手回掛下押，左手從右小臂上方向前打出，緊接，兩腳蹬地旋起呈右虎步，左手回掛下押，右手從左小臂上方向前打出。

4. 背角走林

左腳前寸一步，重心移於左腿，右腳過左腳向右前方邁進一步踩出呈虎步，右手領起至右耳側，隨右腳踩出向下劈出，左手護於右肘內側，上動不停，右腳前寸，左腳過右腳向正前方踩出呈虎步，左手向前挫出，右手回掛護於左肘內側，隨之，左腳前寸，右腳過左腳向前踩出呈虎步，右臂曲肘由右向左橫擺，左手護於右手手腕處。

5. 乳把前擊

右腳前寸，重心移於右腿，左腳過右腳置於右腳前呈左虛靈步，兩手相疊內旋上裹於胸前，左手上右手下。上動不停，左腳向前邁進踩出呈虎步，兩手隨展身向前點擊（圖4-336），緊接，

圖4-336

左腳前寸，重心移於左腿，右腳與左腳相併呈束身勢，兩手收回胸前，右手隨束身向前剪出，勁達肘尖，左手護於右肘內側。上動不停，左腳向前邁進一步呈虎步，左手下押隨展身左膀押擊對方。

6. 黑熊出洞

左腳向左前方寸一步，重心移於左腿，右腳跟進置於左腳前呈右虛靈步，同時，左手虛握拳上翻於左胸前，右手護於左手腕，緊接，右腳向右前方踩出呈虎步，左拳向前上方打出，上動不停，右腳向右前方寸一步，重心移於右腿，左腳跟進置於右腳前呈左虛靈步，同時，右手虛握拳上翻於右胸前，左手護於右手腕，緊接，左腳向左前方踩出呈虎步，右拳向左前上方打出。上動不停，重心移於右腰側，隨之，左腳向左前方踩出呈虎步，右手向左前方上方打出，右手護於左手外側，緊接，右腳向右前方踩出呈虎步，右手回抽於右腰側，左手握拳向右下方打出。

第六節

1. 疊肘背錘

以兩腳掌為軸，身體向左後旋轉180°，左手握拳收回左腰側，右手握拳向左下方打出，左腳前寸，右腳過左腳向前邁進，身體向左旋轉90°，呈半馬步，隨身體旋轉，兩手虛握拳，拳背相對，曲肘於胸前，丹田抖動翻滾，兩肘向兩側反背打出，兩腳向前移動，兩手翻轉左前右後向前下方點擊（圖4-337）。上動不停，左腳前寸，右腳過左腳向前邁進，身體向左旋轉90°，呈半馬步，隨身體旋

圖4-337　　　　　　圖4-338　　　　　　圖4-339

轉，兩手虛握拳，拳背相對，曲肘於
胸前，丹田抖動翻滾，兩肘向兩側反
背打出，兩腳向前移動，兩手翻轉左
前右後向前下方點擊（圖4-338）。

2.狸貓撲鼠

　　左腳向左橫跨一步，右腳隨之跟
進，重心移於右腳，右腳置於前呈左
虛靈步，同時，隨束身右手裡旋回裹
於丹田處，左手回掛收於左腰側（圖4-339）。

圖4-340

　　上動不停，左腳向前踩出呈虎步，右手外旋下押於右
腰側，左手隨展身呈八字掌向右前上方撲出，勁達掌根
（圖4-340）。

　　上動不停，右腳向右斜前方邁進一步，左腳隨之跟進
置於右腳前呈右虛靈步，同時，隨束身，左手裡旋回裹於
丹田處，右手回掛收於右腰側，上動不停，左腳向前踩出
呈虎步，左手外旋下押於左腰側，右手隨展身呈八字掌向
左前上方撲出。

圖4-341   圖4-342

3. 疾步陰手

左腳前寸一步，右腳過左腳向前踩出一步，緊接左腳再向前邁出，置於右腳前呈虛靈步，同時，隨束身，兩手先收回丹田處，再向前向上挫出，左手在上，右手護於左肘裡側（圖4-341）。

上動不停，左腳向前踩出呈虎步，兩手外旋由上而下捋出，勁達掌心，目視前方（圖4-342）。

4. 魁星閘勢

左腳前寸一步，右腳向前跟進兩腿相併，束身，右手呈蛇形掌外旋向上挫出，左手裡旋回收至丹田處（圖4-343）。上動不停，左手呈蛇形掌外旋由丹田處向上挫出，右手裡旋回收至丹田處（圖4-344），緊接，右腳向前一步踩出呈虎步，同時，兩手交叉於胸前，左手裡旋下押，右手外旋向上滾出，隨展身打出上捧下押的十字勁力（圖4-345）。

5. 靈猿歸元

右腳尖裡扣，左腳尖外展，身體向左旋轉180°，左腳

圖4-343　　　　　圖4-344　　　　　圖4-345

前寸一步，右腳跟進一步抬起置於左膝內側，左手護於右肩。上動不停，右腳向後退一步，左腳隨之跟進，置於右腳前成虛靈步，隨束身左手手心朝外下押於左膝內側，右手護於左肩。

上動不停，左腳外展，身體向左旋轉90°，右腳跟進，兩腿相併，兩手下垂於膝尖齊，兩肘相夾，收臀、裹胯、縮尾，丹田回扣地出，含胸拔背天收，頭部微仰，氣沉丹田。靜蹲片刻，兩腿緩緩直起，兩手合抱丹田，呈立正姿勢後，兩手分別垂立於兩側，行功結束。

第十五節　咬扣

咬扣

咬扣為王映海傳其子王仲廉的功法，既可單練也可對練，單練排序為順序1～42；對練又稱接手或摩手，做法為甲方練單數、乙方練雙數。

1. 出手托塔

六合起勢（左勢）（圖4-346），左腳向前邁進一

圖4-346　　　圖4-347　　　　圖4-348

步，左手由下向上回裏再外旋向前推擊（圖4-347）。隨之，重心移於左腿，左腳向前邁進一步踩出呈虎步，同時，右手向前推擊，左手收於左腰側（圖4-348）。

2. 左右挎

右腳退後一步，重心移於右腿，左腳置於右腳前呈左虛靈步束身勢，兩手左右回挎（圖4-349）。

3. 上　擠

左腳向前踩出呈虎步，雙手左前右後相併向前向下擠按（圖4-350）。

4. 下押襠裡躦

左腳前寸，重心移於左腿，右腳向前踩出呈虎步，右手翻轉向前下押，勁達膀尖（圖4-351）。

5. 返步擺肘陰膀打

重心移於右腿，左腳過右腳向前邁進一步，左臂翻轉，隨進步由左向右擺肘下押，勁達膀尖（圖4-352）。

6. 束身閉肩補陰把

重心移於右腿，左腳後退一步，隨之，重心移於左

圖4-349　　　　圖4-350　　　　　　圖4-351

圖4-352　　　圖4-353　　　　圖4-354

腿，右腳向前邁進一步踩出呈虎步，右手回掛，左手向
前推擊（圖4-353）。

7. 返步截手單穿掌

重心移於左腿，右腳向前邁進一步踩出呈虎步，左
手回掛，右手向前挫出（圖4-354）。

8. 含胸吞腹出丟把

重心移於右腿，左腳過右腳後退一步置於右腳前呈
左虛靈步，隨之，左腳向前邁進一步踩出呈虎步，雙手
拇指相扣隨右腳出步向前推出（圖4-355）。

圖4-355　　　　　　圖4-356　　　　　　圖4-357

9.化手點頭取胸膛

左腳前寸，重心移於左腿，右腳過左腳向前邁進一步，右手翻轉小臂下押，左手回挎護於肘內側（圖4-356）。

10.倒插地盤撩下陰

承接上勢，身體下勢呈左地盤步，右手向前撩擊，左手護於右肩前（圖4-357）。

圖4-358

11.提步伏身發機手

兩腳蹬地旋起，重心移於右腿，左腳抬起置於右膝內側，左手提於胸前，右手收於丹田處，上動不停，左腳向前踩出呈虎步，左手變掌向前橫劈，右手收於右腰側（圖4-358）。

12.領住敵手迎面錘

左腳後退一步，重心移於左腿，右腳向前踩出呈虎步，右手變拳向前打出，左手收於左腰側（圖4-359）。

圖4-359　　　　　圖4-360　　　　　圖4-361

13. 斜身化錘橫挫掌

右腳後退一步，重心移於右腿，左腳向前踩出呈虎步，左手變掌向前挫出，右手虛握拳收護於左胸前（圖4-360）。

14. 身內化掌出雙把

身體回縮，兩手收於丹田處，左腳後退一步，右腳收於左

圖4-362

腳前呈右虛靈步束身勢，不停，右腳向前踩出呈虎步，兩手翻轉向前推出（圖4-361）。

15. 吞吐纏繞外裹拳

左腳後退一步，重心移於左腿，右腳向前踩出呈虎步，右手變掌向前裹挫出，左手收護於右胸前（圖4-362）。

16. 返步暗手反中節

右腳前寸，重心移於右腿，左腳過右腳向前邁進一步，左手翻轉小臂下押，右手回挎護於左肘內側（圖

圖4-363

圖4-364

圖4-365

4-363）。

17.斜身跌膀補左手

左腳向前踩出呈虎步，右手翻轉
於左肩前推出，左手護於襠前（圖
4-364）。

18.退步伏身起龍腿

重心移於左腿，右腳過左腳向後
退一步，重心移於右腿，身體呈束身

圖4-366

勢，左腳抬起向前蹬出，勁達腳跟；左手護於襠前，右手
回裹護於左肩前（圖4-365）。

19.攔腿上步出托掌

左腳向前邁進一步，重心移於左腿，右腳向前邁進一
步呈虎步，左掌向前推出，右掌護於襠前（圖4-366）。

20.夾住手腕肺一拳

重心移於左腿，右腳過左腳向後退一步，重心移於右
腿，左腳置於右腳前呈左虛靈步束身勢，隨之，兩手回夾
於胸前，上動不停，左腳向前邁進一步踩出呈虎步，右手

圖4-367　　　　　　圖4-368　　　　　　圖4-369

握拳向前打出，左手護於左腰側
（圖4-367）。

21. 返步翻腕踩足面

重心移於左腿，右腳過左腳
向前邁進一步下踩，呈右虛靈步
束身勢，隨之，右手回轉下押於
丹田處，左手護於右肩前（圖
4-368）。

圖4-370

22. 提腿原步貓把爪

右腳過左腳向後退一步，重心移於右腿，左腳抬起置
於右膝內側呈束身勢，兩手右上左下起挫於胸前，隨之，
左腳向前邁進一步，左手變掌向前抓出，右手於左肘內側
向前抓出（圖4-369）。

23. 車輪返步開胸掌

左腳前寸，重心移於左腿，右腳過左腳向前邁進一步
踩出呈虎步，隨之，右手變掌向前向上裏挫，左手回掛於
右肘內側（圖4-370）。

圖4-371　　　　　　圖4-372　　　　　　圖4-373

24. 橫步截掌鹿形肘

右腳過左腳向後退一步，重心移於右腿，左腳置於右腳前呈左虛靈步束身勢，左手變掌由左向右截擊（圖4-371），不停，身體下勢呈左半地盤步，左肘由左向右橫裹。

25. 身內化肘閘熊膀

兩腳蹬地旋起，重心移於右腿，

圖4-374

左腳過右腳向前邁進一步踩出呈虎步，左手下押於腹前勁達膀尖，右手回掛於右腰側（圖4-372）。

26. 起手柔勁克膀法

左腳向後退一步，重心移於左腿，右腳置於左腳前呈右虛靈步束身勢，雙手變掌於丹田處（圖4-373）。

27. 左旋右轉吐劈掌

重心移於右腿，左腳過右腳向前邁進一步踩出呈虎步，隨之，左手變掌向前向上裹挫打劈拳，右手護於左肘內側（圖4-374）。

圖4-375　　　　　圖4-376　　　　　圖4-377

28. 狸貓上樹變陰把

左腳過右腳向後退一步，重心移於左腿，右腳抬起置於左膝內側呈左獨立步束身勢（圖4-375）。雙手變掌由丹田處裹挫於胸前，上動不停，右腳向前踩出呈虎步，雙手拇指相扣下押前擊，勁達掌根。

29. 掇肘吸食起抽把

重心移於右腿，左腳置於右腳前呈左虛靈步束身勢，隨之，雙手變掌由丹田處向前向上裹抽（圖4-376）。

30. 左手解開右手挫

重心移於左腿，右腳過左腳向後退一步，兩膝相扣呈左地盤步，隨之，重心移於左腿，右腳向前踩出呈虎步，右手變掌向前裹挫，左手護於左腰側（圖4-377）。

31. 退步挑挎摩摸掌

重心移於右腿，左腳過右腳向後插一步，兩膝相扣呈右地盤步，隨之，左手變掌向前挑挎，右手護於右腰側（圖4-378）。

圖4-378　　　　　圖4-379　　　　　圖4-380

32. 捋住敵手水漂瓦

兩腳蹬地旋起，左腳後撤一
步，兩膝相扣呈左地盤步，隨
之，左手變掌向後回捋於左腰
側，右手隨左手回捋的同時向前
裏挫（圖4-379）。

33. 倒插一步挑攔手

兩腳蹬地旋起，右腳向前邁

圖4-381

進一步，重心移於右腿，左腳過右腳向前邁進一步呈左虛
靈步，隨之，左手變掌向前向上挑攔，右手隨左手上挑的
同時下撥（圖4-380）。

34. 你 挫

右腳過左腳後撤一步，重心移於左腿，右腳向前邁進
一步呈虎步，隨之，右手變掌向前向上裏挫，左手護於左
腰側（圖4-381）。

35. 我閉肘

重心移於左腿，右腳過左腳向前邁進一步踩出呈虎

圖4–382　　　　　圖4–383　　　　　　圖4–384

步，隨之，左手變掌向前向下閉對方肘，右手隨左手下閉回挎於左肩前（圖4–382）。

36. 化你肘手

重心移於右腿，左腳過右腳後退一步，隨之，左腳向前邁進一步，左手變掌回挎，右手隨左手回挎上掛於右肩前。

37. 起雞肘

兩腳前寸呈左弓步，隨之，左手變掌向前向上頂肘，右手護於左肘內側（圖4–383）。

38. 肘　手

39. 肘

40. 手快打遲肘

重心移於右腿，左腳過右腳向後退一步，隨之，雙手變掌在胸前交叉回挎。

41. 中間連抖手

兩膝相扣呈右地盤步，隨之，雙手變掌隨下勢在胸前抖手（圖4–384）。

圖4-385　　　　　　　　　　圖4-386

42. 進退連環手　連環共六手

兩腳前後進退，隨之，雙手虛握拳，隨步法進退打撥浪鼓手（圖4-385）。

43　收　勢

右腳後退一步，重心移於右腿，左腳收於右腳前呈左虛靈步束身勢，不停，兩腳蹬地旋起，右轉身，立正收勢（圖4-386）。

附　錄
戴氏心意拳傳承

　　衍傳後裔，續系接脈，謂中華民族的傳統美德，戴氏心意拳同樣遵循這一歷史沿革，讓戴氏心意拳一代一代衍傳下來，並能使後裔連根系祖，緬懷列祖列宗，現將第一至第五代及其第六代部分傳人所發展的弟子分門列錄，並望後人續史接脈，代代歸宗緬根。

第一代戴隆邦傳：

戴文良　戴文熊　郭維漢

第二代戴文熊門下弟子：

戴良棟　賈大俊　溫老六　李洛能　王德熊　孫述論等

第三代戴良棟門下弟子：

戴　魁　戴鴻勳

第四代戴魁門下弟子：

王映海　王步昌　王德勝　高陞禎　馬二牛　岳蘊忠
段錫福　趙萬躍　任　榮　任大華　田九元　郭映田
何聚蘭　邢德勝　史雄霸　高樹聲　柳煥英　李　森
等

第四代戴鴻勳門下弟子：

戴桂蘭　渠本源　孔繁新　段　仙　范　生　程元龍

閆敦瑾 等

第五代高陞禎門下弟子：

高錫善 高錫全 馬繼忠 趙守榮 戴常隆 師大錄
王 躇 等

第五代段錫福門下弟子：

段志善 戴寶書 段天林 李 琦 李月清 段天和
武 昆 逯憲容 霍永利 等

第五代馬二牛門下弟子：

梁峰躍 史曉東 康祁林 楊鐵明 岳存明 閆啟大
薛和平 等

第五代趙萬躍門下弟子：

趙水根 杜培義

第五代岳蘊忠門下弟子：

岳建祖 袁培超 李秀寧 曹繼植 郭瑾剛 孔慶明
王沁文 王紹德 王晉通 王忠禮 閆 淦 段志剛
岳培玉 暢里慶 楊學森 賈太生 閆龍昌 薛士山
等

第五代田九元門下弟子：

田汝文

第五代段仙門下弟子：

段樹棋 段樹雄 穆金橋 張啟茂 崔秀文 龐世華
楊勇偉 段 斌 等

第五代王步昌門下弟子：

王映貴 劉必耀 張玉嶺 郭子貴 張立道 程振福
程國祥 張希杰 張 健 韓金喜 馬漢功 梁彥競

龐傳喜　王仲策　劉福樂　梁潤喜　宋建三　等

第五代王映海門下弟子：

王仲祉　王仲廉　王全福　龐高鵬　劉恩斌　王喜成
王喜忠　陳振家　吳振德　郭瑾通　陳晉福　王　毅
楊宗俊　喬俊海　郭繼強　喬炳智　景信杰　彭俊義
劉前生　高拴毛　高全喜　白剛兒　王寶榮　王寶田
王潤祥　王虎兒　王福龍　梁曉峰　王太晨　王小軍
王　答　史耀鵬　史志航　陳建有　陳計生　陳申才
張樹仁　張潤喜　張志剛　張思勇　張麗華　劉世榮
劉削生　武秀鳳　武秀剛　武　泉　程成功　程　文
程三丑　馮學貴　華桂林　交　紅　閆基亮　杜來遠
杜奴娃　李玉柱　李樹根　沈海華　單　良　周武華
龐鐵兒　趙建國　郝根義　郭里貞　蔡永宏　戴天剛
高偉偉　余德鵬　薛連厚　梁文章　安建英
原田惠二　北西勝海　光子圭一　水上英也
柏原誠　前田互　瀨尾明弘　佐藤宏信　唐重健太郎
江口博　森本濠　李泰良　王仲心　王仲意　王仲拳
等

第六代傳人王仲廉名下弟子：

白印俠　喬三兒　張建明　河野強　高瑞杰　高永生
梁海東　筱原圭　等

第六代傳人陳振家名下弟子：

陳　晨　陳　馨　陳鴻翔　石奇峰　劉永明　張麗華
袁　麗　王俊杰　程俊杰　鄭鴻飛　王書航　郭奇剛
王鴻飛　陳建新　閆波世　王　宇　陳羿名　郭恩豪

李志剛　楊劍強　苗林平　張俊龍　閆　澤　范書豪
張家盛　任　偉　楊劍飛　杜俊鵬　田志雄　張利民
李　壯　鮑玉靜　王書豪　王志偉　等

第六代傳人郭瑾通名下弟子：

郭峻景　郭鵬景　郭曉景　孫　鏪　梁福林　渠　源
韓志偉　申佩明　郭家熠　柳　韋　楊淞俞　董銀奎
霍炳金　翟豪杰　蘇　融　蘇　琪　張　鵬　張　嬌
武文強　鄭　江　孔德蒲　武國樑　王炫傑　王禕菲
霍帥君　王耀磊　王欣衍　王澤棟　程澤浩　曹鯨鱈
王　瀚　白　茹　王瑞敏　高鴻飛　胡　岳　張　帥
孫逸飛　岳玉晶　楊　麒　范一鳴　郭紹鑫　郭凱鑫
王福鑫　閆亞佳　呂麗豔　張　靜　陳元朝　王南翔
胡佳欣　許江維　郭佳輝　程佳彬　李苑榕　胡文添
武心如　李慧娟　梁乃川　許乃軒　申晨陽　郭高邑
賈佩晉　韓亞甜　韓辰杰　等

第六代傳人陳晉福名下弟子：

陳　陽　陳鴻翔　史鵬飛　孫　彪　李建輝　苗建輝
武義平　武　平　高　雄　郝繼友　段寶權　張　忠
等

第六代傳人王喜成名下弟子：

蔣　濤　劉淑華　張玉牛　趙肖波　梁治國　王存池
呂趙軍　陳　浚　公衍鋒　李建磊　張海柱　孔立峰
郭永富　秦長偉　馬文君　劉佳超　時　源　王德華
梁旭杰　王軍凱　葛目征宏　佐佐木雄大　江頭正泰
神谷竟光　藤川和夫　等

第六代傳人王喜忠名下弟子：

劉世君　鄧有生　王曉博　王文博　等

第六代傳人梁曉峰名下弟子：

原文慶　張澤田　孟　濤　陳勳奇　劉根泉　等（由
於梁曉峰一系傳承範圍較廣，傳承人員較多，目前其班輩
已排至第十代，因本書篇幅有限，不便一一書寫留名）

第六代傳人景信杰名下弟子：

景守華　景守彪　等

第六代傳人劉前生名下弟子：

劉志剛　劉志強　等

第六代傳人彭俊義名下弟子：

彭劍鋒　彭劍婷　等

第六代傳人王寶榮名下弟子：

李　威　應　豪　黃智群　賈瀟揚　武子嚴　郭亞杰
石藝可　胡佳奇　郭亞茹　高興華　催　楊　等

第六代傳人王太晨名下弟子：

劉朱君　朱自明　劉建平　暢玉謙　馬保國　駝　琛
甯連生　姚沁春　王天佑　馮懷飛　劉革偉　陶　軒
梁柳軍　陳少基　石　弧　王盛鑒　李亦勳　李建磊
張玉牛　巴飛龍　巴蜀越　等

第六代傳人高錫全名下弟子：

申迪秀　朱　虎　李杰誠　梁建軍　高光雷　高光強
高麗琴　高光澤　楊文國　趙五蛙　高榮鵬　高光峰
王建軍　王青海　趙學信　趙學貴　白瑾全　郭　全
呂懷宏　趙震宇　渠鐵鋼　賀勝利　冀永星　劉志宇

田耀東　修衛松　裴博通　李振亞　等

第六代傳人馬繼忠名下弟子：

許曉峰　盧澤景　胡建彪　董載武　李來全　劉建軍
龐瑞明　王五娃　張利明　呂樂生　馬彪　等

第六代傳人李秀寧名下弟子：

趙忠仁　程　杰　白福明　劉江舟　彭建剛　王承晶
王　洪　劉文杰　趙國棟　范　鵬　范晶鑫　趙　圳
劉夢圓　閆家豪　王　瑛　吳搏君　魏寅塘　等

第六代傳人王映貴名下弟子：

王仲勇　王仲剛　王文靖　等

第六代傳人郭子貴名下弟子：

郭　瑞　羅鐘祥　高會近　劉江鴻　陳　剛　李建偉
唐建峰　胡民哲　任俊智　李　杰　張磊磊　張忠政
張雲凱　等

第六代傳人張立道名下弟子：

張宏綱　張建斌　張建萍　岳俊強　高　穎　許雲富
陳良杰　郝耿彪　李錫鵬　王立凡　等

第六代傳人張啟茂名下弟子：

逯衛國　逯保國　鄭德旺　段發剛　李紅光　岳利勇
喬　剛　鄭俊生　等

第六代傳人趙水根名下弟子：

岳三強　趙　靜　等

第六代傳人穆金橋名下弟子：

馬天龍　郝桂寶　渠松霖　楊　凱　程麒源　韓益民
陳繼偉　史作瑾　史德全　王宏杰　何維洋　高　其

程新軍	徐大宇	胡煜旭	王淮生	李唐風	郭廣裕
王　萍	范雅婷	胡明哲	任斌午	蘇仙鵬	范東升
李佳華	郭俊毅	高惟鈞	孫東山	劉金言	韓宇飛
吳典慶	馬宇軒	趙宏偉	唐一宋	段宇飛	張哲源
喬　寧	任雲飛	冀　哲	陸雅晴	田中保	史順起
申梓楠	代全鵬	高靜壯	劉曉娟	楊瑞榮	張　榮
楊曉靜	楊昊天	趙亞峰	等		

第六代傳人段天林名下弟子：

趙林山	范　強	范　駿	梁　軍	梁　藝	王　偉
王成陽	王天祥	陳繼偉	程錦輝	成新軍	韓益民
劉金言	喬人鳳	李　娟	王永娟	薛利榮	等

第六代傳人戴寶書名下弟子：

戴　光	趙宏澤	李建華	馬國亮	周莉強	戴世偉
郝培富	張峰強	李　晶	劉　全	段　相	范天雄
楊黎彪	權亞輝	武俊鵬	武帥鵬	孫　銳	王　珂
趙雪飛	梁朝偉	張雲凱	柳英俊	李曉瀚	李為正
韓金龍	等				

第六代傳人王毅名下弟子：

王晨悅	高志國	武　龍	崔鳴岐	周小青	楊永輝
郭永偉	翟冰峰	朱煜麟	高　婧	王　蔚	田一亨
高俊杰	郝俊彥	帥雪薇	程國凱	郭　倩	賈　哲
田時汀	馬君凱	程　聖	霍鑫宇	霍鑫旺	高悅庭
等					

編　後

　　戴氏心意拳，民間亦稱戴家拳或心意六合拳等。由於此拳受多種主客觀因素的影響，歷代由家族內部承襲，近300年來一直秘不外傳，獨為戴家之秘技，鮮為人知。心意大俠戴魁「穴點六十二」以後，其技才又為世人所重視。

　　1984年，山西省根據國家體委的要求到祁縣挖掘整理祁縣的傳統武術文化時，王映海師父及其師兄馬二牛的思想開始轉變，積極配合。此後二十餘年，王映海盡其所學，傳授拳藝，還悉心教授國外弟子，架起了一座座中外友誼的橋樑。

　　多年來，在恩師王映海、師伯任大華、師兄王全福、王仲廉的悉心教誨下，本人經過三十餘載的考證研練，終於完成了《戴氏心意拳功理秘技》一書。本書將戴氏心意拳原傳拳術功法做了比較系統的歸納，以饗讀者，但總覺得不盡人意，這表明我對戴家拳博大精深的武學內涵領悟尚不精深，今後還需不斷努力追求更高的境界。

　　本書今天能夠與讀者見面，首先感謝祁縣縣委、縣政府的支持和幫助。感謝已故恩師王映海的悉心傳授，師伯任大華精心講解以及眾師兄弟的大力相助，尤其感謝師兄王全福、王仲廉的傾情奉獻，此書出版，也慰其在天之

靈。北京科學技術出版社王躍平女士、山西瀚海文化工作室王占偉先生對本書的出版給予了極大幫助。

感謝祁縣民政局局長許曉峰、馬彪對其拳理、內功修養見解的詳盡闡述，以及祁縣廣播電視臺台長吳遵民對影像的傾情策畫與拍攝。感謝弟子山西岐元堂生物科技有限公司董事長、山西鳴岐堂中醫養生文化研究院院長崔鳴岐及其工作人員牛俊飛、史寶聰在書稿的出版、編排策畫中給予的極大幫助。在書稿的校對工作中弟子高志國、郝俊彥，友人郭瑾如精心校對，特別是啟蒙師戴寶書把平生珍藏的拳譜全部獻出，並進行了全面細緻的校對，給戴家拳留下了最珍貴的文字，其中弟子高志國對戴氏心意拳功理、功法有自己獨到的見解，徒侄邢曉亮對書中史料的出處進行核實查對。在影像的拍攝與後期製作工作中，祁縣廣播電視臺新聞記者李廣進、程海軍、王曉麗、張時瑞、呂瑋、曹雨亭、常江做了大量的工作。書中功照由師父王映海、其子王仲廉、啟蒙師戴寶書、師兄郭瑾通、弟子王晨悅、高志國、崔鳴岐、武龍、周小青、楊永輝、高婧、賈哲、田時汀、郝俊彥、程國凱、王蔚、田一亨、郭倩等完成。山西德博印業有限公司董事長高英在初稿校對、拍照及圖片處理過程中傾心相助，對此書的出版，亦盡其所能。對上述諸君的盡力相助，在此一併深表謝意！

在今後的習武生涯中，我將繼續不遺餘力地將戴家武學逐一研究整理，把國家歷史文化名城祁縣——晉商瑰寶之古老的武術文化，奉獻給社會，造福於人類。

王　毅

歡迎至本公司購買書籍

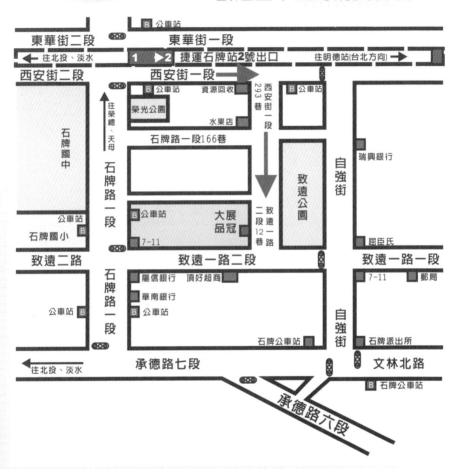

建議路線

1.搭乘捷運‧公車

　　淡水線石牌站下車，由石牌捷運站2號出口出站(出站後靠右邊)，沿著捷運高架往台北方向走(往明德站方向)，其街名為西安街，約走100公尺(勿超過紅綠燈)，由西安街一段293巷進來(巷口有一公車站牌，站名為自強街口)，本公司位於致遠公園對面。搭公車者請於石牌站(石牌派出所)下車，走進自強街，遇致遠路口左轉，右手邊第一條巷子即為本社位置。

2.自行開車或騎車

　　由承德路接石牌路，看到陽信銀行右轉，此條即為致遠一路二段，在遇到自強街(紅綠燈)前的巷子(致遠公園)左轉，即可看到本公司招牌。

國家圖書館出版品預行編目資料

戴氏心意拳功理秘技／王毅　編著
——初版，——臺北市，大展，2019〔民108.04〕
面；21公分 ——（形意・大成拳系列；9）
ISBN 978－986－346－244－6（平裝）

1. 拳術　2. 中國

528.972　　　　　　　　　　　　　　108001940

戴氏心意拳功理秘技

編 著 者／王　　毅
責任編輯／李金莉　李博倫
發 行 人／蔡森明
出 版 者／大展出版社有限公司
社　　址／台北市北投區（石牌）致遠一路2段12巷1號
電　　話／（02）28236031・28236033・28233123
傳　　眞／（02）28272069
郵政劃撥／01669551
網　　址／www.dah-jaan.com.tw
E - mail／service@dah-jaan.com.tw
登 記 證／局版臺業字第2171號
承 印 者／傳興印刷有限公司
裝　　訂／眾友企業公司
排 版 者／弘益電腦排版有限公司
授 權 者／北京科學技術出版社
初版1刷／2019年（民108）4月

定 價／400元

大展好書　好書大展
品嘗好書　冠群可期

大展好書　好書大展
品嘗好書　冠群可期